초등학생이 꼭 알아야 할
날씨와 기후

초등학생이 꼭 알아야 할
날씨와 기후

WEATHER by John Farndon, Sean Callery,
illustrated by Miranda Smith

Copyright © 2020 by Scholastic Inc.

All rights reserved.

This Korean edition was published by DARUN Publisher in 2022 by arrangement with Scholastic Inc., 557 Broadway, New York, NY 10012, USA through KCC(Korea Copyright Center Inc.), Seoul.

이 책은 (주)한국저작권센터(KCC)를 통한 저작권자와의 독점 계약으로 다른에서 출간되었습니다. 저작권법에 의해 한국 내에서 보호를 받는 저작물이므로 무단 전재와 복제를 금합니다.

들어가는 글 6
지구의 날씨 8
변하는 날씨 11
극단적인 날씨 12

쉬지 않는 공기 14

지구를 덮은 대기 16
오로라 18
대기의 물 20
여러 군데로 나뉘는 햇살 22
온도 24
낮과 밤 27
하늘의 태양 28
계절 30
기단 32
전선 34
공기 전쟁 37
고기압과 저기압 38
다양한 바람 40
무역풍 42
극동풍을 맞닥뜨린 펭귄들 45
편서풍 46
대기의 강 48
바람 부는 날 50
우주의 날씨 53

놀라운 매일 54
구름이 만들어지는 과정 56
하층 구름 58
중층 구름 60
상층 구름 62
특이한 구름 64
낮게 뜬 구름 67
비 68
눈 70
서리 73
안개 74
도시의 날씨 76
지역 날씨 78
빛의 속임수 80
이상한 날씨 83

위험한 날씨 84
허리케인의 탄생 86
허리케인의 위력 88
카트리나 90
폭풍이 지나간 자리 92
구조 95
전선 폭풍 96
소나기구름 98
번개 100

세인트존스에 떨어진 눈 폭탄 102
슈퍼셀 104
토네이도 106
미국 3개 주를 강타한 토네이도 108
토네이도 앨리 110
폭풍 추격자 112
눈 폭풍 114
모래 폭풍 116
처참했던 사건들 119

날씨 관측 120
신화와 전설 123
내일의 날씨 124
날씨 관측 장비 126
북극 얼음 측정 129
기상 관측소 130
우주의 관측 장비 132
우리 집 관측소 134
디지털 천재 136
앙상블 일기예보 139
일기도 141
진실 또는 거짓 142
일기예보 144
허리케인 추적 146
허리케인 헌터 148
날씨 관측의 역사 151

연중 날씨 152
기후대 154
사막 156
엘니뇨 158
몬순 160
고대의 수수께끼 162

해류 164
북극의 한기 166
이주하는 동물들 169

기후 위기 170
기후 연대표 172
화산이 만드는 날씨 177
변화하는 기후 179
해로운 기체들 180
영향 183
산불 184
불의 대륙 187
건조 188
날씨 재앙 190
하루 시간표 192
날씨 영웅 194
날씨 연구의 미래 197

단어 풀이 198

목차

들어가는 글

날씨는 멋지기도 하고 거칠기도 하고 좀 이상하기도 해요. 소용돌이치는 바람이나 커다란 파도를 일으키기도 하고, 바다를 꽁꽁 얼리기도 하고, 눈부시게 화창한 여름날을 선사하기도 하지요. 날씨는 사람들이 느끼고 행동하는 방식에 매일 영향을 미칩니다. 우리는 이 커다란 힘을 이제야 막 이해하기 시작했어요.

지구는 태양으로부터 다양한 생명이 살아가기에 딱 적당한 거리만큼 떨어져 있어요. 덕분에 너무 뜨겁지도 차갑지도 않고, 너무 습하지도 건조하지도 않고, 너무 바람이 불지도 너무 잔잔하지도 않지요. 그래서 지구를 〈곰 세 마리〉 이야기의 주인공 이름을 따 '골디락스 행성'이라고도 불러요. 곰의 집에서 골디락스가 먹은 수프처럼 '온도가 적당하기' 때문이에요. 우리 태양계에 있는 다른 행성들은 지구만큼 운이 좋지 않았어요. 목성은 350년이 넘도록 큰붉은점이라는 폭풍에 휩싸여 있고, 태양과 너무 가까운 금성의 하늘은 부글부글 끓어오르고 있답니다.

이 책에서는 지구의 날씨가 어떻게 움직이고 기후(오랜 시간의 날씨를 종합해 평균을 낸 것)가 어떻게 변하는지 살펴볼 거예요. 우리는 기술의 발전으로 아주 편하게 살지만, 그 때문에 지구 대기가 바뀌고 있어요. 이 세상의 모든 동물과 이들의 서식지는 지금 엄청나게 많은 변화를 겪고 있지요. 우리의 미래를 위해 날씨를 이해하는 일이 그 어느 때보다 중요해요.

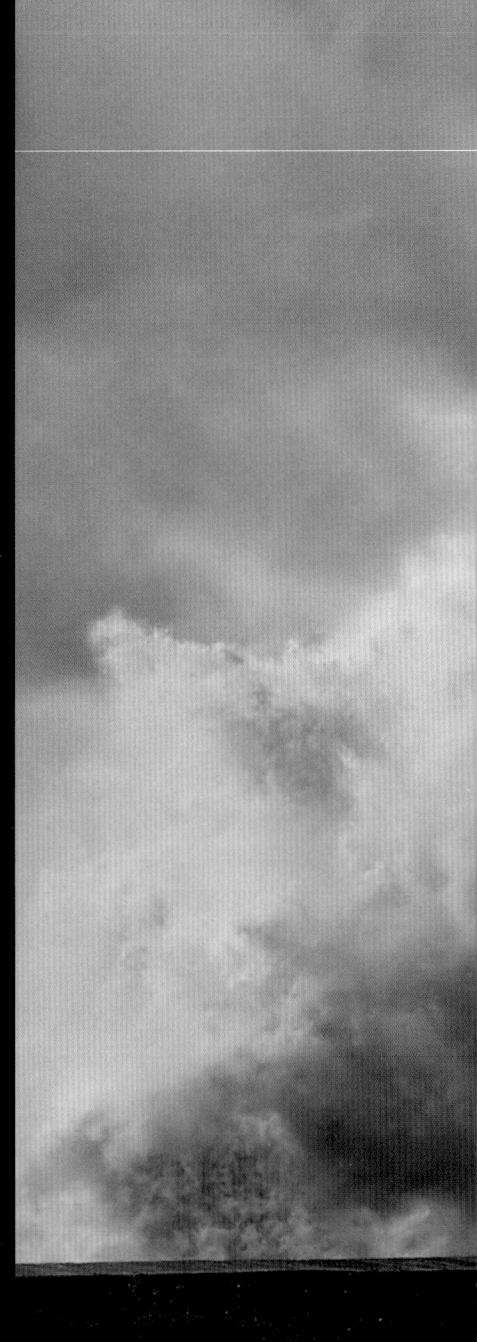

거대 폭풍이 포르투갈의 도루강 항구에 들이닥쳤어요. 시속 140에서 150킬로미터의 돌풍이 아주 커다란 파도를 일으키며 아무도 바다에 나가지 못하게 만들어요.

지구의 날씨

우리가 사는 지구는 중력에 붙잡힌 대기로 둘러싸여 있어요. 대기의 가장 아래층인 대류권(16~17쪽을 보세요) 여기저기서 일어나는 사건을 날씨라고 불러요. 우리는 더운 여름과 추운 겨울, 눈과 비, 하늘을 떠다니는 구름과 같은 현상을 통해 날씨를 느껴요. 하지만 우리가 보는 날씨 현상은 빠르고 정신없이 변하는 대기의 전체 움직임 중에 아주 작은 부분일 뿐이랍니다.

빛나는 별

날씨를 결정하는 건 지구가 아니라 1억 5,000만 킬로미터 떨어진 태양이에요. 태양에너지는 우주 공간을 지나서 지구로 흘러들어 오는데, 지구가 둥글다 보니 지역마다 다른 각도로 들어와요. 이 때문에 불균형해진 열에너지를 지구 전체에 고르게 퍼뜨리기 위해서 대류권의 공기와 바다의 물이 소용돌이치며 쉴 새 없이 움직이지요. 지구는 많은 부분이 물로 덮였어요. 지구 전체의 물은 더 늘거나 줄지 않아요. 바닷물은 가만히 두어도 수증기(눈에 보이지 않는 기체 상태의 물)로 바뀌지만, 태양열은 더 많은 바닷물을 수증기로 바꾸어요. 그 결과, 구름 속 물방울들이 점점 더 커지다가 비, 진눈깨비, 눈이 되어 지표면으로 내려와요. 이런 식으로 물순환이 계속 일어난답니다. 계절도 태양 덕분에 생겨요. 지구의 자전축이 기울었기 때문에, 지구가 태양 주위를 돌 때 어떤 부분은 더 따뜻해지고 어떤 부분은 더 차가워지면서 여름과 겨울이 찾아온답니다.

완벽한 행성

지구는 액체 상태의 물이 존재하기 딱 알맞은 거리에서 태양 주변을 돌고 있어요. 액체 상태의 물은 생명이 살아가는 데 꼭 필요해요. 과학자들은 생명체가 사는 행성을 발견하기를 바라면서, 우주에서 지구처럼 알맞은 온도와 환경을 지닌 '골디락스 존'을 찾고 있어요. 태양계에 있는 다른 행성들을 살펴보고 나면, 지구의 날씨가 아무리 궂어 보여도 별거 아니라는 사실을 깨닫게 될 거예요. 예를 들어 수성에는 대기가 아예 없어요! 태양의 에너지로부터 수성을 지켜 줄 보호막이 하나도 없다는 뜻이지요. 수성으로 날아들어 온 태양풍은 수성 자기장과 만나서 플라스마(전자가 자유로이 돌아다녀 전기가 잘 흐르는 기체) 회오리바람을 일으켜요. 화성은 대기층이 있지만, 엄청나게 얇아서 밤이면 기온이 영하 73도까지 떨어져요. 토성에서는 따뜻한 기체의 흐름이 북극 높은 곳에서 육각형 모양으로 소용돌이치고 있답니다.

8개 중 3번째

지구는 태양계 행성 가운데 태양에서 3번째로 가까워요. 태양으로부터 떨어진 거리는 굉장히 중요해요. 지구는 태양의 온기를 만끽하면서도, 태양풍을 막아 주는 자기장과 해로운 태양 복사를 차단하는 오존층의 보호를 받고 있어요.

해류

거북이가 해류를 타고 있나 봐요. 바다를 가로지르는 거대한 흐름인 해류는 날씨에 커다란 영향을 미쳐요. 얕은 바다에서 흐르는 표층 해류는 바람 때문에 발생해요. 이 해류는 적도 위쪽이나 아래쪽에 있는 거대한 고리들을 따라 물을 순환시켜서 열을 지구 전체에 골고루 퍼뜨려요. 차가운 해류인 한류는 열대 해안가의 날씨를 더 습하고 시원하게 해주고, 따뜻한 해류인 난류는 더 북쪽이나 남쪽 지역의 날씨를 온화하게 해주지요. 깊은 바다에서 흐르는 심해 해류는 염분과 수온 변화 때문에 발생해요. 심해 해류도 열을 퍼뜨리는 걸 돕지만, 달팽이처럼 느릿느릿 움직이다 보니 지구를 한 바퀴 도는 데 1,000년이 걸리기도 한답니다.

지구의 날씨 9

변하는 날씨

지구 기후는 항상 극적으로 변해 왔어요. 북극과 남극이 열대지방만큼 무더웠던가 하면, 갑자기 적도까지 빙하로 덮일 만큼 추운 빙하기가 찾아오기도 했지요! 지난 1만 년 동안은 지구 기후가 안정적이고 온화했어요. 하지만 최근 사람들의 활동 때문에 지구의 평균 기온이 1.15도나 높아졌어요. 이 때문에 지구에 혼란이 일어나고 있답니다.

옛날의 변화

약 40억 년 전에 대기가 생기면서 지구는 액체 상태의 물이 충분하고 햇빛이 비치는 '골디락스 행성'이 됐어요. 그렇다고 지구 기후에 큰 변화가 없었다는 말은 아니에요. 한때는 지구가 정말로 꽁꽁 얼었던 적도 있지요. 6억에서 8억 년 전, 앞으로 다시는 없을 만한 심한 빙하 시대가 찾아왔어요. 약 5,500만 년 전에는 기온이 평균 23도까지 높아지면서 악어나 야자수가 북극권 위쪽에서도 살 정도로 따뜻해졌지요! 지구 역사에는 빙하 시대가 적어도 5번 있었고, 우리는 그중 한 시대에 살고 있어요. 지난 1만 년 동안은 평균 기온 15도 정도로 온화한 '간빙기'랍니다.

눈덩이 지구
과학자들은 지구가 7억 년 전에 가장 춥고 긴 빙하 시대를 겪었을 거로 생각해요. 거대한 빙하들이 온 지구를 뒤덮었지요. 지구는 최소 1억 2,000만 년 동안 꽁꽁 언 상태였답니다.

속도가 너무 빨라

기후변화가 너무 극단적이면 수많은 동식물종이 버티지 못하고 죽어 버리는 대멸종이 일어날 수 있어요. 1950년 이후, 사람들이 배출하는 탄소량이 400퍼센트 이상 늘어났어요. 가장 큰 원인은 에너지를 얻으려고 석탄이나 석유와 같은 화석연료를 태우는 행동이에요. 이산화탄소는 열을 대기 안에 가두어 지구를 따뜻하게 만들어요. 지난 140여 년 동안 지구 평균 기온이 1.15도 증가했어요. 이 증가량이 고온 현상을 일으키고 산꼭대기에 쌓인 눈이나 바다에 뜬 빙산을 녹이고 동식물의 서식지를 바꾸고 있어요. 앞으로 몇십 년 동안 폭염, 홍수, 가뭄, 산불, 허리케인과 같이 격렬한 날씨가 더 자주 찾아올 거예요.

맹렬한 산불

지구 기후가 점점 더 덥고 건조해진 탓에 강력한 산불이 더 자주 발생해요. 전 세계의 타기 쉬운 땅 가운데 4분의 1에서 산불이 자주 일어나는 기간이 더 길어졌어요. 기온이 올라가면, 자연적인 산불의 가장 큰 원인인 폭풍과 번개가 더 자주 일어나지요.

파괴력

극단적 날씨 현상은 인류 역사 내내 있었지만, 최근 들어 더욱 자주 일어나고 있습니다. 우리가 앞으로 마주하게 될 몇 가지 현상을 소개할게요.

폭염이 더 심해지고 기간도 길어져 가뭄으로 이어질 거예요.

비가 더 많이 오고 폭우도 자주 내려 홍수가 더 잦아질 거예요.

거대하고 강력한 허리케인이 100년 전보다 3배 더 자주 미국에 도착하고 있어요.

극단적인 날씨

놀랍게도 현재 인류를 가장 위협하는 날씨 현상은 바로 견디기 힘든 폭염의 열기예요. 최근 전 세계에 일어난 위험한 날씨 현상을 소개할게요.

눈 폭풍
2010년 2월, 북아메리카에 눈 폭풍이 연달아 불었어요. 미국 워싱턴 덜레스 공항에는 눈이 82.3센티미터 쌓이며 신기록을 세웠어요. 눈 폭풍이 지나간 후, 미국의 68.1퍼센트가 눈으로 뒤덮였답니다.

우박 폭풍
2017년 5월 8일, 미국 콜로라도주 덴버에서 출퇴근 시간에 우박 폭풍이 발생했어요. 야구공만 한 우박이 떨어지자 사람들은 차와 버스 안에 꼼짝없이 갇혔지요. 주 역사상 가장 파괴적인 이 폭풍으로 약 2조 8,000억 원어치의 재산 피해를 입었어요.

가장 큰 우박은 지름이 20센티미터나 돼요.

산불
2018년 11월 8일부터 25일까지 이어진 미국 캘리포니아주 북부의 산불 때문에 파라다이스 마을은 채 하루도 되지 않아 쑥대밭이 됐어요. 최소 85명이 죽고, 땅 620.53제곱킬로미터가 불타고, 건물 1만 8,804채가 무너졌지요. 피해 규모는 9조~12조 원어치예요.

허리케인
2017년 9월 20일, 4등급 허리케인 마리아가 푸에르토리코 야부코아 근처에 상륙했어요. 그 결과 2,975명이 목숨을 잃고 약 108조 원어치의 피해를 당하면서 푸에르토리코 전체가 재난 지역으로 지정됐어요.

가뭄
2019년 11월, 남아프리카 일부 지역이 가뭄 재난 지역으로 지정됐어요. 어떤 곳은 5년 동안 거의 비가 오지 않았지요. 전문가들은 1,000년 만에 최악의 가뭄이 찾아왔다고 설명했어요.

역사를 바꾼 날씨

날씨는 역사의 주요 사건에도 영향을 미쳤어요. 1588년, 스페인의 국왕 펠리페 2세는 영국의 여왕 엘리자베스 1세를 무찌르러 함대를 끌고 나갔어요. 하지만 이 역사적인 전투에서 펠리페 2세의 초승달 대형 함대는 북쪽으로 몰아치는 거센 바람에 산산조각이 나버렸지요. 1776년에는 영국군을 피해 달아나는 조지 워싱턴 장군의 미국 군대를 뉴욕 이스트강의 안개가 숨겨 줬어요. 안개가 없었다면 영국군이 미국독립혁명을 막았을지도 몰라요. 1912년 4월, 대형 여객선 '타이태닉'이 빙산에 부딪혀 침몰한 것도 날씨 때문이었어요.

역사에서 일기예보가 가장 결정적 역할을 한 사건은 1944년 6월 노르망디 상륙작전입니다. 당시 연합군은 서유럽을 침공해 나치 독일군을 무찌를 준비를 하고 있었지요. 6월 초, 영국기상청의 스태그 대령과 팀원들은 날씨가 나쁠 거라 예상하고 6월 5일로 계획했던 침공을 미뤘어요. 그리고 6월 6일에 잠깐 날씨가 나아질 거라는 예상이 적중해서 침공에 성공했지요. 연합군을 지휘한 아이젠하워는 훗날 다음과 같이 말했어요. "우리가 성공한 건 독일보다 우리 기상학자가 더 훌륭했기 때문입니다."

홍수
2018년 7월과 8월, 몬순 우기(160~161쪽을 보세요)를 맞은 인도 남부 케랄라 주에 거의 100년 만에 최악의 홍수가 일어났어요. 최소 430명이 목숨을 잃고, 수조 원의 피해가 발생했답니다.

오스트레일리아 산불
2019년 9월부터 2020년 2월까지 오스트레일리아에서 지난 수십 년을 통틀어 최악의 산불이 발생해 넓은 지역을 불태웠어요. 특히 뉴사우스웨일스 지역이 피해가 심했어요. 최소 12만 6,000제곱킬로미터가 불타고 33명이 죽었으며 집 수천 채가 무너졌지요.

태풍
2013년 11월, 이제까지 기록된 가장 강력한 태풍 가운데 하나인 하이옌이 팔라우, 미크로네시아, 필리핀, 베트남, 중국 남부를 강타했어요. 이로 인해 6,300명 이상이 목숨을 잃고 약 7조 원어치의 피해를 입었어요.

쉬지 않는

공기

지구를 덮은 대기

지구의 구명조끼

대기가 없다면 지구는 죽은 행성일 거예요. 대기는 기체로 된 담요라고 할 수 있지요. 대기는 우리가 숨 쉴 수 있는 공기만 주는 게 아니에요. 지구가 얼지 않도록 태양열을 가두고 치명적인 태양 광선을 막아서 생명을 보호하지요. 대기에는 5개의 층이 있지만, 모든 날씨 현상은 가장 낮은 층인 대류권에서 일어나요.

가장 높은 층

지구 대기는 높은 층으로 갈수록 점점 옅어지다가 고도 100킬로미터에 있는 경계선인 '카르만 라인'부터는 사라져요. 여기서부터 우주가 시작되지요. 어떤 과학자들은 가장 높은 층인 외기권도 지구 대기로 치지만, 그렇지 않은 과학자들도 있어요. 이 과학자들은 외기권을 대기가 사라져 가는 우주의 일부로 여겨요.

대기는 무엇으로 이루어져 있을까?

지구 대기는 기체, 물, 먼지가 섞인 무색의 혼합물이에요. 가장 많은 기체는 질소와 산소랍니다. 아르곤과 이산화탄소, 그리고 아주 적은 양만 있는 미량 기체도 들었어요. 물의 양은 온도에 따라 달라지는데, 대기 속의 물은 대부분 대류권에 모여 있어요.

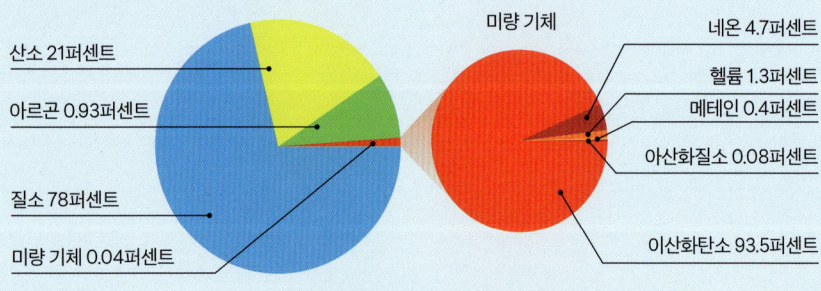

- 산소 21퍼센트
- 아르곤 0.93퍼센트
- 질소 78퍼센트
- 미량 기체 0.04퍼센트
- 미량 기체
  - 네온 4.7퍼센트
  - 헬륨 1.3퍼센트
  - 메테인 0.4퍼센트
  - 아산화질소 0.08퍼센트
  - 이산화탄소 93.5퍼센트

부피에 따른 대기 기체 성분

외기권

지표면에서 높이 90~600킬로미터

특징: 공기가 매우 옅고 동쪽에서 서쪽으로 강한 바람이 불어요.

온도: 바닥에서 영하 120도, 꼭대기에서 2,000도

오로라
깜박이는 무지갯빛 오로라는 보통 열권에서 나타나요(18~19쪽을 보세요).

열권

중간권계면

중간권

지표면에서 높이 50~90킬로미터

특징: 공기가 옅고 차가워요. 동쪽에서 서쪽으로 강한 바람이 불어요.

온도: 바닥에서 영하 15도, 중간권계면에서 영하 120도

별똥별
별똥별은 중간권에서 운석이 타오르면서 남긴 흔적이에요.

성층권계면

성층권

지표면에서 높이 평균 10~50킬로미터

특징: 아래쪽에 차갑고 무거운 공기, 위쪽에 따뜻하고 가벼운 공기가 있어요. 폭풍이나 복잡한 기체의 흐름이 없고, 구름도 거의 없어요.

온도: 바닥에서 영하 51도, 성층권계면에서 영하 15도

극구름
성층권은 매우 건조해서 구름이 거의 없지만, 겨울에는 극지방 근처에 극성층권구름이 생겨요.

대류권계면

대류권

지표면에서 높이 평균 10킬로미터지만 최고 17킬로미터까지 높아져요. 겨울에는 극지방에서 7킬로미터, 적도 근처에서 14.5킬로미터로 높이가 바뀐답니다.

특징: 우리가 들이마시는 공기가 여기 있어요. 모든 날씨 현상이 여기서 일어나요.

온도: 바닥에서 15도, 대류권계면에서 영하 51도

높이높이 날아라
여객기는 대부분 공기가 잔잔하고 저항이 적어서 연료를 아낄 수 있는 1만 670미터 높이에서 비행해요.

열권

가장 얇고 가장 뜨거운 층

열권의 기체는 엄청나게 얇지만, 태양에서 오는 자외선을 흡수해서 온도가 높아요. 이 층은 전하를 띤 입자인 이온을 포함하고 있어서 이온권이라고도 불러요.

국제우주정거장(ISS)

궤도
국제우주정거장은 지표면에서 평균 400킬로미터 떨어진 궤도를 돌고 있어요. 이곳의 대기는 굉장히 얇지만, 저항력이 일어날 만큼의 공기는 있어요. 국제우주정거장은 매달 저항 때문에 2킬로미터 정도 낮아진 고도를 다시 조정해요.

중간권

가장 차가운 층

중간권의 기체는 태양에서 열에너지를 충분히 흡수하기에는 너무 얇어요. 그래서 고도가 올라갈수록 기온이 급격히 떨어지는 가장 차가운 층이 됐지요. 하지만 운석의 속도를 늦추고 운석과 마찰해 태워 버릴 정도의 공기는 있답니다.

관측 로켓

로켓으로 연구해
중간권은 연구하기 어려워요. 기상 관측 기구나 비행기가 그렇게까지 높이 올라가지 못하기 때문이지요. 그래서 과학자들은 '관측 로켓'을 쏘아 올려 데이터를 모아요. 예를 들어 관측 로켓이 내보낸 화합물은 부풀어 오르면서 하얀 구름을 만들어요. 이 구름 모양을 보고 중간권의 기체가 어느 정도로 복잡하게 흐르는지 계산할 수 있답니다.

성층권

잔잔한 층

성층권에는 공기를 섞어 줄 기체의 흐름이나 폭풍이 없어요. 그래서 따뜻하고 가벼운 공기가 차갑고 무거운 공기 위에 있어요. 위로 올라갈수록 공기가 뜨거워지고, 가장 꼭대기 공기는 지상에서보다 1,000배나 얇아요. 또 성층권에는 해로운 자외선을 막아 주는 지구의 필터, 다시 말해 오존층이 있어요.

풍선 조사관
하늘에 띄워 기상을 관측하는 장비를 '라디오존데'라고 해요. 풍선이 달린 관측 기구에 라디오존데를 묶어 보내지요. 올라가면서 2미터마다 데이터를 수집하다가 풍선이 터지면 땅으로 떨어져 돌아와요.

블루 제트
성층권에서는 가끔 희귀한 번개가 쳐요. '블루 제트'라고 부르는 이 번개는 뇌우에서 생겨 위로 치는데, 성층권 바닥에서 꼭대기까지 시속 3만 6,000킬로미터로 이동할 수 있어요. 이 밝은 파란 빛의 번개가 정확히 어떻게 생겨나는지는 아직까지 수수께끼랍니다.

대류권

날씨가 발생하는 층

기체, 물, 먼지를 포함해 대기의 약 80퍼센트가 대류권에 있어요. 그리고 열이 이 모든 걸 휘저으면서 날씨가 생겨나지요. 대류권의 대류는 물이나 공기 속에서 열이 이동하는 방법이에요. 따뜻하게 데워진 공기는 가벼워서 위로 올라가고, 차갑게 식은 공기는 무거워서 밑으로 내려가지요.

구름
다양한 종류의 구름은 각기 다른 높이에서 만들어져요 (56~57쪽을 보세요). 얇고 성긴 새털구름은 높은 곳에서, 층층이 쌓인 층구름이나 두터운 쌘구름은 낮은 곳에서 생겨나요. 모루구름은 대류권계면까지 우뚝 솟아오른 쌘비구름이에요.

모루구름

오로라

캐나다, 알래스카, 시베리아, 그린란드, 스칸디나비아반도의 겨울밤은 길고 어두워요. 하지만 아이슬란드에서 찍은 이 사진처럼, 극지방에서는 가끔 오로라가 나타나 칠흑처럼 새까만 밤하늘을 환하게 밝혀 준답니다. 자연에서 펼쳐지는 가장 화려한 불빛 쇼는 지구 양쪽 끝 하늘에서 나타나요. 북쪽의 오로라는 북극광, 남쪽의 오로라는 남극광이라 불러요.

오로라는 태양에서 나와 전하를 띤 채 지구로 온 입자가 지구 대기의 기체 입자들과 엄청난 속도로 충돌하면서 번쩍이는 현상이에요. 오로라는 지구 자기장이나 자기권이 움푹 들어간 극지방 위에서 나타나요. 다른 곳에서는 자기장이 태양의 폭격을 막아 주지만, 극지방 주변에서는 방어막이 약해져서 태양의 공격이 밀고 들어와요. 극지방에서 자기장이 움푹한 부분은 타원 모양이기 때문에 오로라도 거대한 왕관 같은 고리 모양을 이루지요.

오로라는 지평선 너머에 넓게 퍼진 광채는 물론이고 끈 모양, 반원 모양, 물결치는 커튼 모양 등 다양한 형태로 나타나 선명한 색상으로 밤하늘을 밝혀요. 오로라를 만드는 태양 입자의 흐름은 태양의 흑점에서 나와요. 이 흐름을 '태양풍'이라고 부르지요. 흑점은 11년마다 한 번씩 가장 활발하게 활동해요. 이 시기에 오로라도 가장 아름답고 찬란하게 빛난답니다.

지구에 있는 물의 총량: 13억 8,600만 세제곱킬로미터

지표면 물 가운데 바닷물의 비율: 96.5퍼센트

얼음 형태의 물: 2퍼센트

지하수: 0.5퍼센트

민물: 지구에 있는 물의 아주 적은 비율만이 민물이에요.

대기의 물

끊임없는 움직임

대기는 세상에서 가장 커다란 스펀지예요. 눈에 보이지 않지만, 대기층의 공기 중에는 14경(1경은 10을 16번 곱한 수) 리터나 되는 물이 수증기 형태로 떠다니고 있어요. 구름을 만드는 셀 수 없이 많은 물방울은 빼고도 말이에요. 수증기는 대기의 가장 낮은 층인 대류권에만 있어요. 모든 날씨 현상이 일어나는 곳이랍니다.

생명수

물은 지구보다도 오래됐어요. 어떤 물은 태양보다 더 오래됐을 수도 있어요. 아주 먼 옛날에 지구로 왔지만, 정확히 어떻게 왔는지는 아무도 몰라요. 오늘날 지구에 있는 모든 물은 오래전부터 있던 바로 그 물이에요. 몇 번이나 반복해서 쓰이는 거랍니다.

기화

물 28그램을 증발시키려면 태양에너지 1만 7,000칼로리가 필요해요. 바로 이 에너지가 전 세계 날씨의 시작이랍니다. 수증기는 물로 변하면서 에너지를 대기로 다시 내보내요. 대기 속의 물에는 대도시에 수억 년 동안 전력을 공급할 만큼 많은 에너지가 담겨 있어요.

풀잎에 맺힌 이슬을 확대한 모습

나뭇잎 가장자리에 맺힌 이슬

이슬점

공기는 어떻게 그렇게 많은 물을 머금고 있을까요? 공기 분자 사이의 아무것도 없는 공간에 물이 딱 들어맞기 때문이에요. 공간이 더는 남지 않게 된 포화 공기는 물을 머금고 있지 못해요. 만약 공기가 더 따뜻해지면 공간이 넓어져서 물이 다시 들어갈 수 있어요. 하지만 공기가 차가워지면 공간이 줄어들고 수증기가 압축하면서 액체 상태의 물로 바뀌어요. 이런 현상이 일어나는 시점을 이슬점이라 부른답니다.

빙글빙글 도는 물

물은 끊임없이 상태를 바꾸며 날씨를 만들어요. 짭짤한 바닷물은 오래됐어요. 반면 민물은 공기 중에 있다가 비로 내려 강과 호수를 통해 다시 바다로 들어가고, 고체 상태의 얼음, 액체 상태의 물, 기체 상태의 수증기로 계속 모습을 바꿔요. 이 커다란 고리를 물순환이라고 불러요. 날씨는 물순환이 작동하는 과정에서 일어나는 현상이랍니다.

구름 형성
수증기가 따뜻한 공기를 따라 위로 올라간 뒤, 식으면서 응결해 구름이 돼요.

구름의 구성 성분
구름은 떠다닐 만큼 가벼운 물방울과 얼음 결정으로 이루어져 있어요.

태양열
태양이 바다를 데우면 물 일부가 수증기로 증발해요.

강수
구름 입자가 너무 커지면 비나 눈이 되어 땅으로 떨어져요.

피어오르는 수증기
물은 식물의 잎에서 증발하거나 증산하기도 해요.

식물이 흡수하는 물
빗물 일부가 땅으로 스며들면 식물들이 뿌리로 빨아들여요.

땅 위를 흐르는 물
빗물 대부분은 강과 개울을 흘러 바다로 돌아가요.

습도

습도는 공기 중에 있는 수증기의 비율이에요. 맑고 푸른 하늘은 모통 사막과 같이 습도가 낮고 건조한 지역에서 잘 보여요. 그렇지 않은 지역에서도 봄이나 바람이 동쪽에서 불어올 때 자주 보이지요. 습도가 높아지면 하늘에 구름이 짙게 드리우고 안개가 껴요. 열대 우림은 종종 모락모락 피어나는 수증기로 둘러싸이곤 해요.

코스타리카 열대우림에서 수증기가 피어오르고 있어요.

스페인령 그란카나리아섬의 모래사막 위로 맑고 푸른 하늘이 보여요.

습도는 상대적

공기가 따뜻하면 습도가 높아도 선명한 푸른 하늘이 나타나요. 공기가 머금을 수 있는 수분이 온도에 따라 변하기 때문이지요. 그래서 날씨 전문가들은 공기 중 수분의 전체 양을 뜻하는 절대습도를 사용해요. 반면, 특정 온도에서 공기가 머금을 수 있는 총 수분량에 비해 지금 얼마나 많은 수분이 있는지를 상대습도라고 하지요. 상대습도는 퍼센트를 써서 백분율로 나타내요.

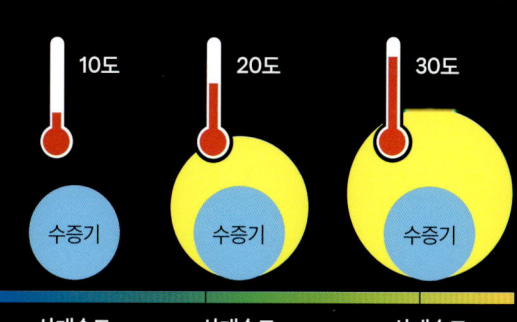

여러 군데로 나뉘는 햇살

생명에 필요한 에너지

태양은 1시간마다 4해(1해는 1경의 1,000배) 3,000경 줄(J: 에너지 단위)이라는 어마어마한 양의 에너지를 지구로 보내요. 이 세상 모든 사람이 1년 동안 사용하는 양보다도 많지요. 이 에너지는 대부분 빛과 적외선(열)의 형태로 대기를 통과하던 중 공기에 부딪혀 흩어지며 반짝이는 햇빛을 만들어요. 지표면까지 도착한 에너지는 땅과 바다를 데우고 날씨로 지구를 휘젓는답니다.

들어오는 에너지, 나가는 에너지

대기는 연약해 보이지만, 실제로는 태양 광선의 거의 절반을 막아요. 땅까지 도달하는 광선은 52퍼센트밖에 안 돼요. 23퍼센트는 대기에 있는 구름, 수증기, 기체, 먼지에 흡수되고 나머지는 우주로 다시 튕겨 나가지요.

태양 광선

태양은 지구를 향해 사나운 방사선을 쉬지 않고 내뿜는 거대한 원자로예요. 방사선의 41퍼센트는 가시광선이에요. 50퍼센트는 적외선처럼 파장이 너무 길어서 눈에 보이지 않아요. 나머지 9퍼센트를 차지하는 엑스레이, 감마선, 자외선과 같은 빛은 파장이 짧아서 위험해요. 다행히 대기의 위쪽 층들이 이 광선들을 막아서 우리를 보호해 준답니다.

태양에너지의 17퍼센트

구름에 반사돼 우주로 다시 튕겨 나가요.

온실효과

지구 대기에 있는 기체는 마치 온실처럼 열을 가둬서 다양한 생물이 살 수 있게 해 줘요.

온실 지구

만약 이산화탄소, 수증기, 메테인과 같은 몇몇 기체가 대기에 없었다면 지구는 얼음장처럼 차가웠을 거예요. 이 기체들은 열을 흡수했다가 다시 내보내는 성질이 있어요. 그래서 땅이 방출하는 온기가 우주로 날아가 버리지 않도록 붙잡을 수 있지요. 이런 현상을 '온실효과'라 불러요. 온실에 있는 유리처럼 햇빛은 들여보내지만 온기가 빠져나가는 건 막기 때문이에요. 과학자들은 지표면까지 도달하는 태양에너지의 양을 '일사량'이라 부른답니다.

땅 효과

태양에너지 일부는 지표면에서 바로 반사돼요. 하지만 일부는 땅에 흡수됐다가 천천히 열로 방출되지요. 바로 이 열이 날씨를 만들어요. 그런데 어떤 표면은 태양에너지를 많이 흡수했다가 열로 방출하지만, 어떤 표면은 조금만 흡수하고 대부분을 반사해요. 오른쪽 그림은 여러 표면이 태양에너지를 반사하는 비율을 보여 줘요. 이 비율을 '알베도'라고 부른답니다.

5 퍼센트

포장도로

8 퍼센트

흙으로 덮인 땅

20 퍼센트

초록 들판

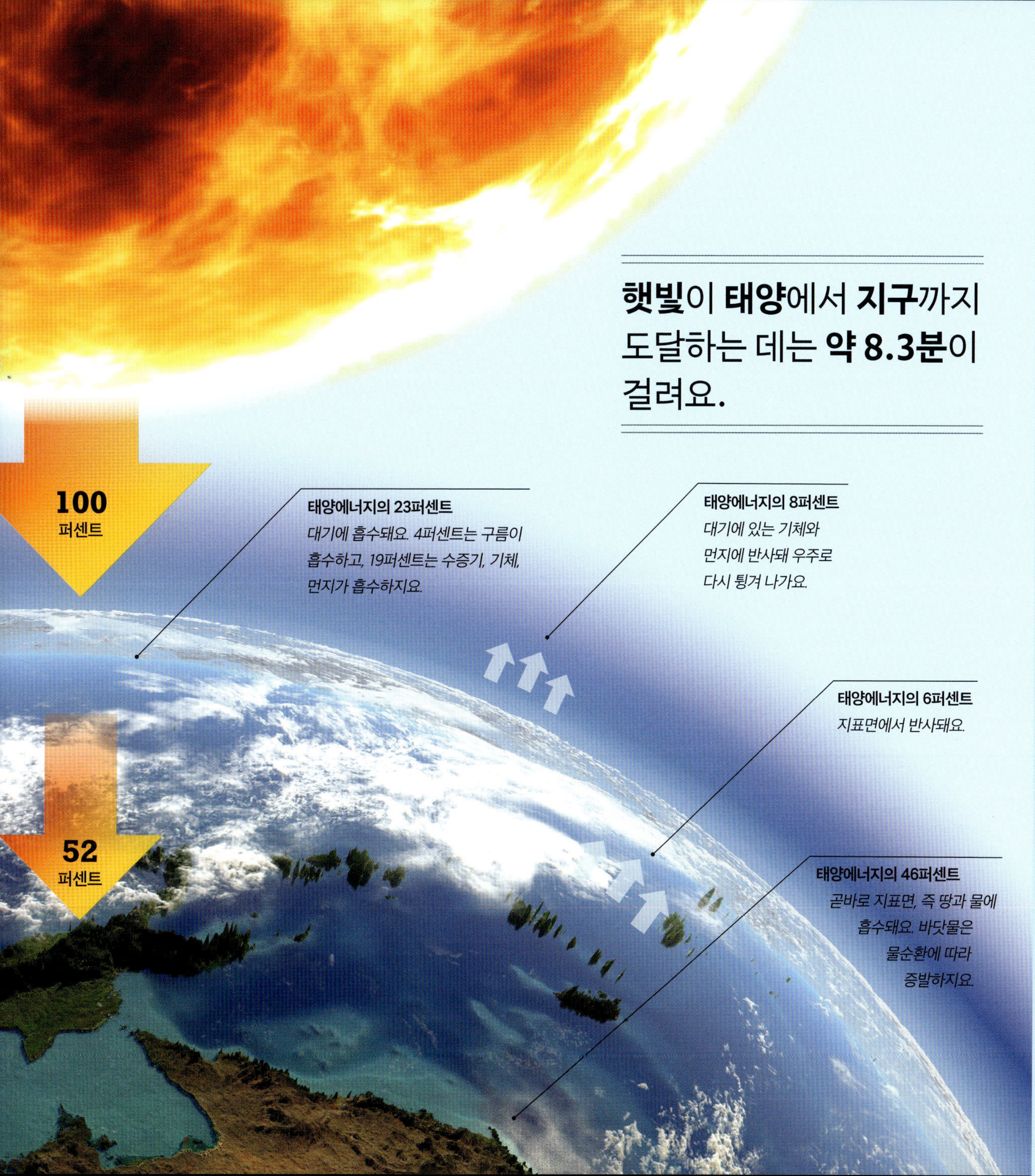

햇빛이 태양에서 지구까지 도달하는 데는 약 8.3분이 걸려요.

100 퍼센트

태양에너지의 23퍼센트
대기에 흡수돼요. 4퍼센트는 구름이 흡수하고, 19퍼센트는 수증기, 기체, 먼지가 흡수하지요.

태양에너지의 8퍼센트
대기에 있는 기체와 먼지에 반사돼 우주로 다시 튕겨 나가요.

52 퍼센트

태양에너지의 6퍼센트
지표면에서 반사돼요.

태양에너지의 46퍼센트
곧바로 지표면, 즉 땅과 물에 흡수돼요. 바닷물은 물순환에 따라 증발하지요.

밀밭 — 30 퍼센트
사막 — 45 퍼센트
극지방 — 90 퍼센트

극점
극지방은 지구에서 알베도가 가장 높아요. 하얀 눈과 얼음이 태양 빛 대부분을 고스란히 반사하기 때문이지요.

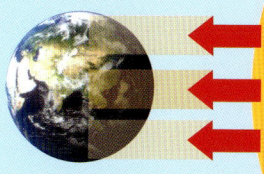

뜨겁게, 빠르게
지표면이 햇빛에서 흡수한 열을 천천히 내보내면, 위에 있는 공기가 따뜻해져요. 공기는 강풍에서 폭우까지 온갖 날씨 현상을 만들어 낼 에너지를 얻어요. 공기 분자는 열을 받으면 더 빠르게 움직여요. 더 뜨거울수록 더 빠르고 활기차게 움직이지요. 기온은 공기 분자가 얼마나 빠르게 움직이는지를 알려 주는 측정 단위랍니다.

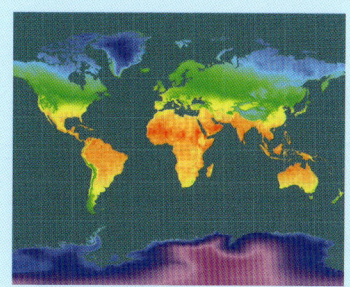

평균 기온
연평균 기온 지도를 보면 햇빛이 각 지역에 어떻게 내리쬐는지 알 수 있어요. 태양 광선을 거의 수직으로 받는 적도지방이 가장 뜨거워요. 지도에는 빨간색으로 나타나지요. 추운 극지방은 파란색과 보라색이랍니다.

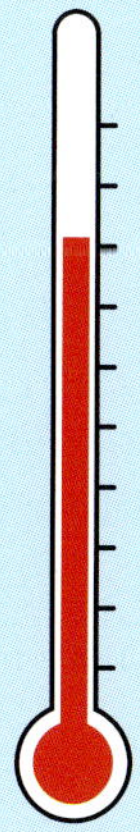

가장 더운 곳과 가장 추운 곳

56.7도
캘리포니아 데스밸리

영하 89.2도
남극대륙 보스토크 기지

여러 군데로 나뉘는 햇살

온도

커다란 차이

혹시 지금 스웨터를 입고 있나요? 아니면 반소매 티셔츠 차림인가요? 기온은 우리가 살아가는 방식에 영향을 미쳐요! 기온은 보통 지표면에서 1.2미터 떨어진 곳에서 측정하지요. 여러분이 사는 지역과 환경에 따라 기온은 크게 달라져요. 도시에 사는지 바다 근처에 사는지, 얼마나 높은 곳에 사는지에 따라 기온이 전혀 다르지요. 바로 이런 온도 차이가 날씨 변화를 일으키는 힘이에요.

너무너무 추워

2020년 1월은 알래스카에서 2012년 이후로 가장 추운 1월이었어요. 1970년과 함께 역대 13번째로 추운 겨울을 기록했지요. 알래스카 주민들은 영하 21도의 온도에서 벌벌 떨어야 했어요. 하지만 지구의 나머지 지역은 대부분 지금까지 기록된 가운데 가장 따뜻한 1월을 보냈답니다.

온도 측정

기온은 그늘에서 재어야 해요. 안 그러면 직사광선 때문에 실제보다 높게 측정될 수 있거든요. 그래서 기상학자들은 환풍구가 있는 흰 상자 안에 온도계를 넣는데, 이 상자를 '백엽상'이라고 부르지요. 온도는 화씨, 섭씨, 켈빈이라는 단위로 측정해요(이 책에 나오는 온도는 모두 섭씨 기준이에요). 0켈빈(화씨 영하 459.67도, 섭씨 영하 273.15도)은 '절대 영도'라고 불러요. 이 세상 모든 것이 도달할 수 있는 가장 낮은 온도랍니다!

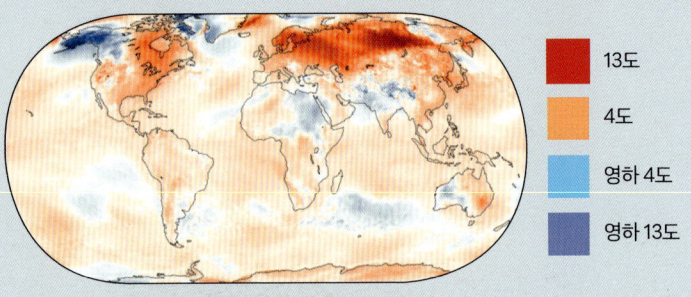

2020년 1월, 지표면 근처 평균 기온

13도
4도
영하 4도
영하 13도

평균 온도

일 평균 기온은 하루 동안 매시간 측정한 기온을 다 더한 뒤 24로 나눈 값이에요. 월 평균 기온은 일 평균 기온을 다 더한 뒤 그달의 일수로 나누고요. 그렇게 해서 2020년 1월이 이제까지 기록된 가운데 가장 더운 1월이었다는 사실을 알아냈어요.

높은 곳은 시원해

산꼭대기는 항상 춥고, 어떤 곳은 항상 눈에 덮여 있어요. 하지만 산봉우리만 추운 게 아니에요. 보통은 따뜻한 땅에서 멀어질수록 공기도 더 추워져요. 높이에 따른 기온 변화는 보통 100미터당 0.6도로 일정해요.

너무너무 더워

오스트레일리아 시드니의 기온이 가장 높은 달은 2월이에요. 22.3도 정도지요. 하지만 2020년 초 산불이 걷잡을 수 없이 퍼져 나가며, 2020년 1월 4월 시드니 부근 펜리스의 기온이 48.9도까지 높아졌어요. 그날 하루 펜리스는 지구에서 가장 더운 장소였답니다.

움직이는 열

열은 절대 멈추지 않아요. 한 장소가 다른 장소보다 더 뜨거우면, 열은 무조건 더 시원한 장소로 곧장 이동하지요. 이 때문에 대기 안에 있는 공기가 움직여요. 공기의 열은 전도, 대류, 이류라는 세 가지 방법으로 이동해요.

부들부들 떨어

열은 움직이는 분자의 에너지예요. '전도'란 분자가 이웃 분자에게 직접 움직임을 전달하는 반응이지요. 낮 동안 태양열을 받아 뜨거워진 땅은 바로 위에 있는 얇은 공기층에 열을 전도해요. 가끔 열을 받은 공기가 엄청 뜨거울 때도 있지요. 밤이 되면 이 공기층은 차가워진 땅으로 열을 다시 전도해요. 이때 안개가 끼기도 한답니다.

위로 올라가

지표면이 전도로 공기를 덥히면, 따뜻해진 공기는 부풀면서 가벼워져요(다르게 표현하면, 밀도가 낮아져요). 가벼운 공기는 차갑고 밀도가 높은 공기보다 위쪽으로 두둥실 떠올라요. 이 과정을 '대류'라고 해요. 이렇게 올라간 공기가 구름을 만들곤 하지요. 비슷한 원리로 차가운 공기는 아래로 가라앉아요. 공기는 한쪽에서 올라가고 다른 한쪽에서 내려가면서 항상 위아래로 순환하고 있어요.

옆으로 이동해

공기는 위아래로만 움직이지 않아요. 자신의 성질을 간직한 채 옆으로 움직이기도 하지요. 따뜻한 공기 덩어리가 옆으로 이동하면 온기도 함께 이동해요. 이런 현상을 '이류'라고 한답니다. 이류는 큰 규모로 일어나요. 따뜻하고 습한 공기가 차가운 표면 위를 이동하면 이류 안개가 피어나요. 찬 표면이 공기 온도를 이슬점까지 낮춰서 안개(74~75쪽을 보세요)를 만들지요.

낮과 밤

지구는 24시간마다 태양 주위를 한 바퀴씩 돌아요. 지구 위 모든 곳이 태양을 마주했다가 다시 등지면서 낮과 밤이라는 기적을 만나죠. 지구는 서쪽에서 동쪽으로 돌아요. 그래서 태양은 매일 동쪽에서 떠서 서쪽으로 지죠. 어느 순간이든, 지구 반쪽은 햇빛을 받고 다른 반쪽은 어둠에 잠기게 돼요.

지구가 낮과 밤, 빛과 어둠, 따뜻함과 추움을 계속 왔다 갔다 하는 건 날씨에 커다란 영향을 미쳐요. 실제로 지구에 있는 모든 생명은 이 하루 주기 리듬을 따르고 있어요. 가장 확실한 하루 주기 리듬은 바로 기온이지요. 하루 기온을 그래프로 그려 보면 정오로 갈수록 점점 높아지다가 밤 동안 낮아지는 S자 모양이에요. 하지만 온도가 올라가는 건 항상 태양이 움직이는 것보다 뒤처져요. 땅이 먼저 데워진 다음에 그 땅이 공기를 데우기 때문에, 한낮이 아닌 오후 중반에 기상 기온이 높지요. 비슷한 원리로 밤에는 땅이 서서히 온기를 잃어가기 때문에 새벽 직전에 가장 기온이 낮아요.

어떤 지역에서는 하루 사이에 엄청난 변화가 일어나요. 예를 들어 일부 사막은 낮에 찌는 듯이 덥다가, 해가 지면 열이 깨끗한 공기 중으로 재빨리 날아가 버려서 일교차(하루 동안 최고 기온과 최저 기온의 차이)가 40도를 넘기도 해요.

하늘의 태양

우리의 생명줄

태양이 매일 아침 떠오른다고 생각하나요? 그건 잘못된 생각이에요. 사실 태양은 완전히 멈춰 있어요. 움직이는 건 바로 우리가 사는 지구지요. 매일 팽이처럼 빙글빙글 돌고, 매년 커다란 고리를 그리며 태양 주위를 돌고 있답니다. 지구가 움직이기 때문에 그 위에 사는 우리가 쉴 새 없이 변하는 태양의 다양한 모습을 보게 되는 거예요. 그래서 우리는 태양이 하늘을 가로질러 움직이면서 날씨 스위치를 켰다 껐다 조절하는 것처럼 느낀답니다.

태양이 가는 길

태양은 매일 무지개와 닮은 아치 모양 길을 따라 하늘을 통과하는 것처럼 보여요. 태양은 동쪽에서 떠오르고 나서 아침 동안 점점 더 높이 올라가요. 이때 북반구에서는 남쪽으로, 남반구에서는 북쪽으로 돌지요. 정오에 가장 높은 지점에 도달했다가, 서쪽으로 점점 더 멀리 내려간 다음 져요.

태양의 세기

태양에너지는 온종일 달라져요. 땅에 닿는 각도가 변하기 때문이지요. 태양이 하늘 높이 떠서 곧바로 땅으로 내리쬘 때 태양에너지가 가장 세고, 좁은 곳에 집중돼 있어요. 태양이 낮게 떠 있으면 더 넓은 공간에 태양에너지가 닿지만, 광선이 퍼져서 세기는 훨씬 약해져요. 태양에너지는 이른 아침에 가장 약하고 한낮에 강했다가, 해가 질 때면 다시 약해져요.

하늘은 무슨 색일까?

파란 하늘
태양은 불덩어리인데 하늘은 왜 파란색일까요? 태양 광선이 무지갯빛을 전부 포함하고 있기 때문이에요. 태양 광선은 지구 대기에 있는 기체와 입자들과 충돌하면서 사방으로 흩어지는데, 이때 파란빛은 훨씬 더 많이 흩어져요. 우리가 보는 게 바로 이 흩어진 파란색이랍니다.

붉은 밤하늘
태양이 뜨거나 질 때는 하늘이 붉은빛이나 주황빛으로 변해요. 이때는 태양이 낮게 떠 있어서, 태양 빛이 우리 눈에 닿으려면 대기 중 입자를 훨씬 더 많이 통과해야 해요. 그러다 보니 파란빛과 다른 짧은 파장의 빛은 완전히 흩어져 사라져 버리고, 빨간빛과 노란빛만 눈에 닿게 된답니다.

뜨거운 열대지방, 차가운 극지방
태양이 하늘에 그리는 길은 적도에서 얼마나 멀리 있는지에 따라 달라져요. 열대지방에서 가장 높고 가파르며, 극지방에서 가장 낮고 완만해요. 그래서 열대지방은 햇빛이 강하고 날씨가 대체로 따뜻해요. 극지방은 햇빛이 매우 약하고 날씨가 대체로 춥고요. 열대지방과 극지방 사이에 있는 온대지방은 여름에 따뜻하고 겨울에 시원해요.

회창한 열대지방

얼어붙은 극지방

하늘의 태양

계절

기울어진 지구

푹푹 찌는 여름부터 꽁꽁 얼 것 같은 겨울까지, 모든 계절은 지구가 태양 주위를 돌기 때문에 생겨나요! 각 계절은 지구가 궤도에서 특정 지점에 도달할 때 찾아와요. 지구는 항상 같은 방향으로 기울어져 있어서 궤도 한 편을 돌 때는 태양 쪽으로 기울어지고, 다른 한 편을 돌 때는 태양 반대쪽으로 기울어져요. 그래서 '지구에서 가장 열을 많이 받는 지점'이 북쪽에서 남쪽으로, 다시 남쪽에서 북쪽으로 이동하고 그에 따라 계절도 바뀐답니다.

사계절

지구가 기울어져 있다 보니, 태양 주위를 돌 때 햇빛이 지구에 도달하는 각도가 계속 변해요. 여러분이 사는 곳에서 올려다본 하늘 위 태양 각도도 계속 변하지요. 그 결과, 1년 내내 태양의 세기와 낮의 길이가 바뀌어요. 태양이 높고 대기가 뜨거우면 낮이 길어지고 여름이 돼요. 태양이 낮고 대기가 차가우면 밤이 길어지고 겨울이 되지요. 두 계절 사이에 봄과 가을이 있어요.

3월
지구에서 가장 뜨거운 지점이 다시 북쪽으로 이동해요. 이 지점은 3월 21일쯤 적도에 도달하는데, 이때 낮과 밤의 길이가 똑같아져요. 북반구에서는 겨울이 지나고 봄이 오면서 따뜻해지고, 날씨가 변덕을 부려요. 남반구에서는 가을이 시작돼요.

북반구는 봄
남반구는 가을

6월
북반구가 태양 쪽으로 기울어져서, 여름이 되고 낮이 길어져요. 낮에는 덥고 밤에는 따뜻하지요. 지역에 따라서 천둥과 번개를 동반한 호우가 쏟아지거나, 비가 아예 안 와요. 이때 남반구는 겨울이에요.

북반구는 여름
남반구는 겨울

여름에는 나무에 잎이 무성해요.

극한의 겨울

가장 춥고 괴로운 겨울은 대부분 극지방의 제트기류와 관련이 있어요. 제트기류란 북극의 대기 높은 곳에서 부는 초고속 공기 흐름이에요. 이 구불구불한 흐름이 남쪽으로 내려올 때 얼음장 같은 북극 공기도 끌고 와서, 평범한 곳을 북극 같은 상태로 만듭니다. 모순처럼 보이지만, 북극이 따뜻해지면 제트기류가 남북으로 더 넓게 움직여요. 그래서 지구온난화가 심해질수록 더 무시무시한 바람이 생겨나고, 눈 폭풍이 휘몰아치며 겨울 날씨가 더 혹독해져요(102~103쪽을 보세요).

쉬지 않는 공기

봄이 오면 나무가 싹을 틔울 준비를 해요.

계절이 생기는 건 지구가 **태양**과 **가까워**지거나 **멀어**져서가 아니라, **지구가 기울어져 있기 때문**이에요.

움직이는 회귀선
지구는 회귀선에서 태양을 가장 직접적으로 마주해요. 그래서 보통 회귀선은 매우 따뜻해요. 지구에서 머리 꼭대기에 태양이 있는 지점은 12월에서 6월까지는 북쪽으로 이동하고, 6월에 12월까지는 남쪽으로 이동해요. 이때 북쪽 한계선을 북회귀선, 남쪽 한계선을 남회귀선이라 부르지요. 이 두 선 사이가 바로 열대지방이고, 그 중앙을 적도가 가로질러요.

12월
머리 위 태양이 적도 너머 남쪽으로 더 멀리 이동할수록 남반구는 더 뜨거워지고 여름이 돼요. 하지만 태양이 남반구 하늘에서 더 높게 뜰수록 북반구 하늘에서는 더 낮게 떠요. 북반구의 밤은 더 길어지고 얼음 같은 겨울 추위가 찾아오지요.

→ 북반구는 겨울
남반구는 여름

겨울에는 나무가 벌거벗은 채 활동을 쉬어요.

9월
북반구가 태양 반대쪽으로 기울어져요. 북반구 날씨는 더 시원해지고, 밤 동안 습하고 쌀쌀해서 아침이 되면 안개가 껴요. 가끔 폭풍우가 치기도 해요. 남반구에는 봄이 찾아와요.

북반구는 가을
남반구는 봄

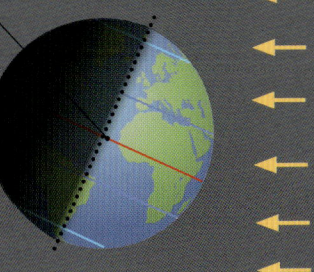

춘분과 추분
1년에 2번, 3월 21일과 9월 23일에는 낮과 밤의 길이가 같아져요. 이를 각각 춘분과 추분이라고 불러요.

하지와 동지, 춘분과 추분
하늘을 가로지르는 태양의 길은 계절에 따라 변해요. 1년 중 낮이 가장 긴 하지에 가장 높은 곳을 지나가고, 밤이 가장 긴 동지에 가장 낮은 곳을 지나가지요. 3월에 있는 춘분과 9월에 있는 추분에는 태양이 적도를 지나가요. 이때는 전 세계적으로 낮과 밤의 길이가 각각 12시간으로 같아요.

가을이 되자 잎이 떨어지려 해요.

건기

우기

습하거나 건조하거나
사계절은 온대지방에만 있어요. 열대지방은 대부분 뚜렷한 계절이 전혀 없거나, 비가 많이 오는 우기와 거의 오지 않는 건기만 있어요. 열대지방은 1년 내내 태양 빛과 태양열을 많이 받아요.

계절 31

기단

잔잔하거나 폭풍우가 치거나

때로 날씨는 커다란 공기 덩어리에 따라 완전히 달라지곤 해요. 수천 킬로미터까지 뻗은 이 괴물 같은 공기 덩어리를 '기단'이라 불러요. 바람이 약하게 불어서 공기가 오랜 시간 한자리에 있다 보면 서로 비슷해져요. 거대한 공기 덩어리 전체가 똑같이 따뜻해지거나 차가워지거나 습해지거나 건조해지면 기단이 생겨난답니다.

기단의 이동

바람이 약하게 불면 기단이 있는 지역 날씨는 안정돼요. 반면 바람이 조금만 세게 불어도 기단은 새로운 장소로 날씨를 몰고 이동할 수 있어요. 때때로 서로 온도와 습도가 매우 다른 두 기단이 부딪히기도 해요. 이 현상이 폭풍우를 일으키는 가장 큰 원인이랍니다.

거대한 움직임

기상 위성은 지구 전체를 정기적으로 관찰해. 혹독한 날씨가 올 거라고 경고하고 수천 명의 목숨을 구할 수 있는 정보를 전달해요. 이 사진은 정지궤도에 있는 기상 위성이 촬영한 거예요. 대서양에서부터 북유럽을 가로질러 이동하는 기단을 볼 수 있답니다.

■ 대륙성 북극 기단 (cA)

만년설이 쌓인 황량하고 추운 북극 땅 위에 공기가 얼마간 머물면 매우 차고 건조해져요. 북극해는 거의 얼어 있어요. 대륙성 북극 기단은 엄청난 한기를 끌고 캐나다 북부나 시베리아로 미끄러져 내려와요. 더 따뜻한 바다가 있는 남쪽으로 흘러들어 가면, 조심해요! 눈이 펑펑 내려요!

■ 해양성 한대 기단 (mP)

북반구에서는 그린란드 위에서, 남반구에서는 남극해 위에서 시작하는 이 기단은 시원하고 습해요. 처음에는 차갑지만, 바다 위를 이동하면서 더 따뜻하고 축축해져서 중위도 지역을 습하게 만들어요. 북태평양 기단과 부딪혀 장마전선(34~35쪽을 보세요)을 만드는 오호츠크해 기단이 해양성 한대 기단이지요.

■ 대륙성 한대 기단 (cP)

시베리아와 캐나다의 중심부에서 생겨나요. 힘을 약하게 하는 바다로부터 멀리 떨어진 내륙이다 보니 혹독한 겨울을 나게 돼요. 기단은 퍼져 나가며 춥고 건조한 맑은 날씨를 몰고 와요. 어쩌다 물 위를 지나고 나면 눈을 뿌리기도 하지요. 겨울에 오는 시베리아 기단이 여기 속해요.

힘의 근원

기단은 어디에서 왔는지에 따라 이름이 정해져요. 적도 기단, 열대 기단, 한대 기단, 북극 기단 등이 있지요. 적도 기단은 말 그대로 적도 근처에서 발생했기 때문에 따뜻해요. 열대 기단은 열대지방에서 발생해서 적도 기단만큼은 아니어도 꽤 따뜻하지요. 서늘한 한대 기단은 위도가 높은 곳에서, 얼음장 같은 북극 기단은 북극에서 만들어져요. 습한 해양성 기단은 바다 위에서, 건조한 대륙성 기단은 땅 위에서 만들어진답니다.

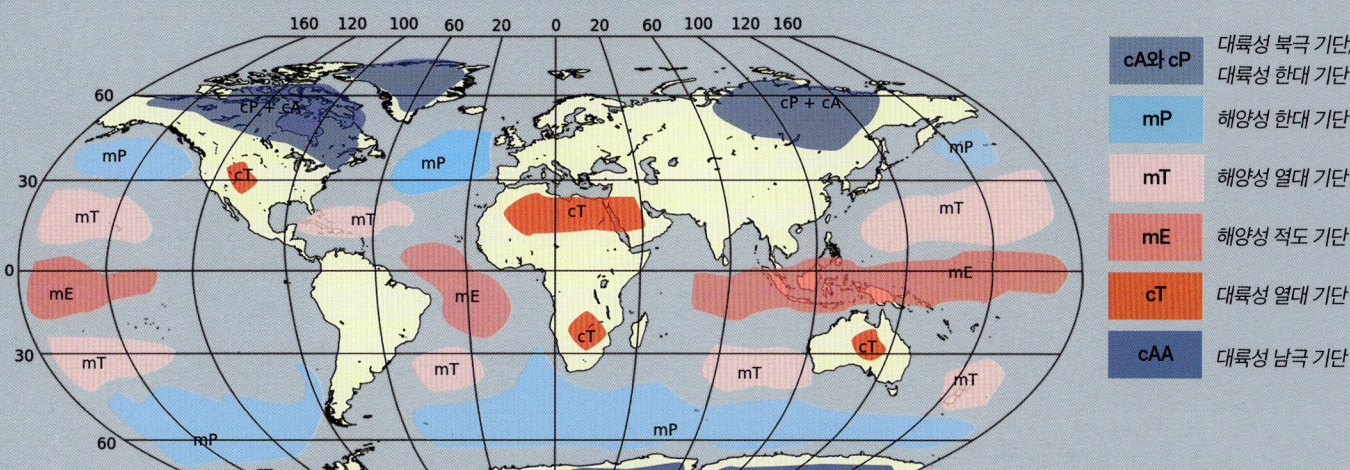

cA와 cP	대륙성 북극 기단, 대륙성 한대 기단
mP	해양성 한대 기단
mT	해양성 열대 기단
mE	해양성 적도 기단
cT	대륙성 열대 기단
cAA	대륙성 남극 기단

■ 대륙성 남극 기단 (cAA)

엄청나게 건조하고 매섭게 차가운 이 공기는 남극대륙에서만 생겨요. 공기 덩어리는 남극해를 가로질러 퍼져 나가며 물을 흡수하고, 시원하고 습한 해양성 한대 기단으로 바뀌어요. 남반구 일대에 습한 한기를 몰고 오지요.

■ 해양성 적도 기단 (mE)

적도 기단은 뜨겁고 끈적거려요. 적도에서 북쪽이나 남쪽으로 위도가 15도 떨어진 곳에서 생겨나며, 열대 우림에 폭풍우를 몰고 오는 주범이에요. 적도 기단의 공기가 낮은 고도에서 만나면, 열대수렴대라 불리는 지역에 힘찬 상승 기류를 일으켜요.

■ 대륙성 열대 기단 (cT)

이 사막 공기는 뜨겁고 건조한 땅에서 생겨나 찌는 듯한 무더위를 몰고 다녀요. 여름에는 이 기단이 사하라사막에서 유럽까지 퍼지면서 폭염과 먼지를 일으키고 하늘을 주황빛으로 물들이기도 해요. 봄철 우리나라에 미세먼지를 뿌리고 날씨를 변덕스럽게 만드는 양쯔강 기단이 대륙성 열대 기단이지요.

■ 해양성 열대 기단 (mT)

이 따뜻하고 습한 기단은 아열대 해양에서 생겨나 북위도 지역의 대륙으로 흘러가요. 그 과정에서 바다 위를 지나가며 수분을 더 많이 흡수하지요. 이 기단이 오면 비를 동반한 온화한 날씨가 이어지고 해안에 안개가 껴요. 우리나라의 여름을 덥고 습하게 만드는 북태평양 기단이 여기 속하지요.

전선

하늘에서 벌어지는 전쟁

날씨는 기단끼리 경쟁하면서 벌이는 세계적인 규모의 전쟁이라고 할 수 있어요. 기단들은 엎치락뒤치락하며 커졌다 작아졌다, 이리로 갔다 저리로 갔다 해요. 만약 여러분이 사는 곳의 날씨가 변했다면, 그건 서로 다른 두 기단이 가까이 왔다는 뜻이에요. 기단이 만나는 장소가 바로 대기의 싸움터, 전선이지요. 이 전투는 커다란 폭풍우를 일으켜요.

날씨의 싸움터

기단과 전선은 1919년 노르웨이의 기상학자 야코브 비에르크네스가 발견했어요. 그전까지는 날씨가 좁은 지역 안에서만 변한다고 생각했어요. 하지만 비에르크네스는 거대한 기단들이 전 세계를 휩쓸고 다니며 서로 부딪혀 폭풍우를 일으키기 때문에 날씨가 생겨난다는 사실을 알아차렸지요. 비에르크네스는 두 기단이 만나 요동치는 경계 지역을 '전선'이라고 부르기로 했어요. 제1차 세계대전에서 적군이 부딪혀 싸우던 경계선에서 따온 이름이에요.

스콜은 시속 96.5킬로미터로 빠르게 이동할 수 있어요.

스콜 선이 미국을 가로지르고 있어요.

밀려드는 폭풍

스콜 선은 한랭 전선이나 건조한 전선을 따라 발달하는 극적인 폭풍 선이에요. 이 사진에서는 스콜의 돌풍 전선이 니카라과 해안 근처에서 태평양을 가로질러 이동하고 있어요.

맹렬한 스콜

커다란 구름 벽이 굴러가는 모습의 스콜은 무서워요. 스콜은 수백에서 수천 킬로미터까지 길게 늘어설 수 있고, 몇 시간이나 이어지기도 해요. 스콜은 비, 우박, 번개, 심지어 토네이도와 용오름까지 다양한 날씨 현상을 일으킬 수 있어요.

한랭전선

한랭전선은 대기의 불도저예요. 차가운 기단이 따뜻하고 습한 공기를 만나 차갑고 건조한 공기로 바꾸며 앞으로 밀고 나갈 때 발생해요. 보통 동쪽으로 진행하고, 시속 32~40킬로미터로 빠르게 움직여요. 차가운 공기가 아래쪽으로 파고들어 따뜻한 공기를 위로 확 들어 올리면서 나아가요. 따뜻하고 습한 공기는 급격히 치솟으면서 우뚝 선 뇌운(천둥 번개가 일어나는 구름)을 쌓아 올리고, 짧은 시간 폭우를 퍼붓거나 무시무시한 돌풍을 일으켜요.

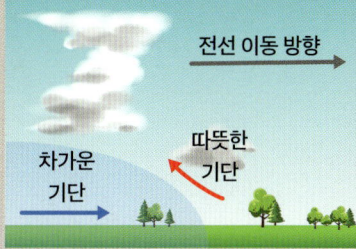

한랭전선은 일기도에 파란 삼각형을 이은 선으로 표시해요. 삼각형의 뾰족한 부분이 전선의 이동 방향을 나타내요.

한랭전선을 따라 천둥 번개가 치고 있어요.

온난전선

온난전선은 살금살금 이동하는 군대 같아요. 여기서는 따뜻하고 습한 공기가 찬 공기를 만나면서 천천히 위로 미끄러져 올라가요. 그리고 찬 공기를 서서히 치워 버리지요. 온난전선도 비를 몰고 오지만, 한랭전선보다 더 약한 비가 더 오래 내려요. 온난전선은 보통 폭풍우의 동쪽에서 생겨나요. 미는 힘이 없기 때문에 시속 16~24킬로미터 정도로 천천히 이동해요. 너무 느려서 한랭전선에 따라잡히기도 해요.

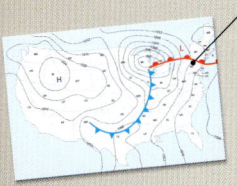

온난전선은 일기도에 빨간 반원을 이은 선으로 표시해요. 반원의 볼록한 부분이 전선의 이동 방향을 나타내요.

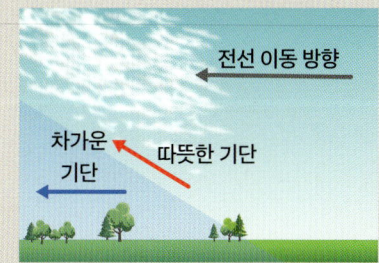

온난전선을 따라 구름이 천천히 움직이고 있어요.

정체전선

어떨 때는 서로 반대 방향으로 움직이는 온난전선과 한랭전선이 맞닥뜨려 둘 다 그 자리에 딱 멈춰 버려요. 둘이 대립 상태가 되면 하늘에 구름이 가득 피어나면서 비가 끊임없이 내려요! 그러다 마침내 균열이 생기면, 전선을 따라 저기압의 물결이 일고 전선이 다시 움직이기 시작하지요. 우리나라의 장마전선이 바로 정체전선이랍니다.

정체전선은 일기도에 파란 삼각형과 빨간 반원을 교대로 그린 선으로 표시해요.

정체전선의 구름 낀 하늘에서 금방이라도 비가 쏟아지려 하고 있어요.

폐색전선

폐색은 차단됐다는 뜻이에요. 즉, 폐색전선은 막힌 전선이에요. 빠르게 질주하는 한랭전선이 느리게 움직이는 온난전선을 따라잡으면 생겨요. 한랭전선이 온난전선 아래쪽의 찬 공기를 뚫고 들어가지 못하고 대신 위로 올라타게 돼요. 모든 게 뒤죽박죽되고 잠시간 비가 쏟아져 내려요.

폐색전선은 일기도에 보라색 삼각형과 반원을 교대로 그린 선으로 표시해요.

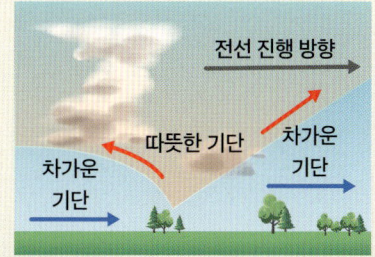

폐색전선 때문에 폭우가 쏟아지고 있어요.

공기 전쟁

북아메리카 대륙은 남쪽에서 오는 따뜻한 공기와 북쪽에서 오는 차가운 공기가 만나는 전쟁터예요. 그래서 날씨가 특히 자주 변해요.

여름에는 대서양, 멕시코만, 태평양에서 따뜻한 공기가 북쪽으로 올라오기 때문에 미국 동부의 여러 지역에 온화하고 쾌적한 날씨가 이어져요. 반면 중앙아메리카의 건조한 공기는 뜨겁고 건조한 날씨를 만들지요.

겨울에는 상황이 반대로 바뀌어요. 눈 덮인 캐나다 북부 땅의 차가운 공기가 남쪽으로 내려오면서 미국 중서부에 한기가 닥쳐요. 하지만 서쪽의 로키산맥과 동쪽의 애팔래치아산맥이 찬 공기를 막아 줘서, 북부 해안 지역은 비교적 온화한 날씨를 유지해요. 극지방 공기가 계속해서 바다에서 밀려들어 눈과 비가 자주 내린답니다.

이 사진은 북극에서 온 찬 공기와 남쪽에서 온 따뜻하고 습한 공기가 격돌하면서 한창 전쟁 중인 미국 시카고의 모습이에요. 찬 공기가 아래로 비집고 들어가면서 따뜻한 공기를 위로 들어 올려요. 따뜻한 공기가 위로 솟구치면, 안에 있던 수분이 식으면서 물로 변해 어둡고 불길한 구름이 뭉게뭉게 피어올라요. 이렇게 만들어진 한랭전선은 곧 비, 돌풍, 천둥번개까지 일으킨답니다.

고기압과 저기압

강력한 선풍기

전 세계의 바람은 대기압이라는 놀랍도록 단순한 엔진으로 움직여요. 공기는 물처럼 압력이 있는데 이걸 '기압'이라고 해요. 기압은 날마다, 장소마다 엄청나게 달라요. 기압 차이가 나면, 기압이 높은 고기압 영역에서 기압이 낮은 저기압 영역으로 공기가 이동하면서 바람이 분답니다.

등압선

기압은 일기도에 '등압선'으로 표시해요. 기압의 기본 단위는 '바(bar)'로, 1바는 지상의 평균 대기압보다 약간 작은 값이에요. 기압 변화는 아주 작아서, 보통 바의 1,000분의 1인 '밀리바'로 나타내요. 등압선은 지도에서 기압이 같은 지점을 연결해 그린 선이랍니다.

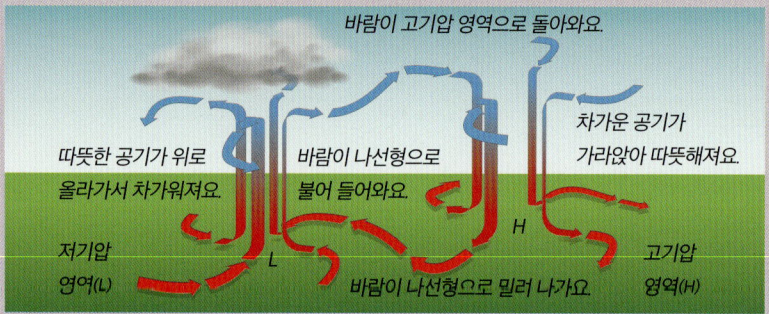

바람을 일으키다

고기압 영역과 저기압 영역의 기압 차이가 심할수록 바람이 강하게 불어요. 단, 바람이 고기압에서 저기압으로 직진하지는 않아요. 지구가 자전하는 방식 때문에 원래 가려던 경로를 벗어나거든요. 강한 저기압은 '사이클론(한 방향으로 회전)'이라 부르고, 강한 고기압은 '안티 사이클론(사이클론과 반대 방향으로 회전)'이라 불러요. 영어로 '사이클'은 회전한다는 뜻이에요.

바람은 왜 휠까?

바람은 절대 일자로 불지 않아요. 지구 자전 때문에 북반구에서는 오른쪽으로, 남반구에서는 왼쪽으로 휘어요. 먼 거리를 이동하는 바람은 고리 모양으로 말려서 북쪽에서는 시계 방향으로, 남쪽에서는 반시계 방향으로 돌지요. 이 현상을 '코리올리 효과'라고 불러요.

기압 측정

만약 여러분이 창문 없는 방에 있다면, 지금 산꼭대기에 있는지 아니면 땅속 깊은 곳에 있는지 어떻게 알 수 있을까요? 대기압을 측정하는 기기인 기압계를 사용하면 돼요. 해수면에서는 기압이 1.013바 정도였다가, 높이 올라갈수록 점점 줄어들지요. 에베레스트산 꼭대기에 올라가면 약 0.3바까지 떨어질 거예요!

기압계는 1643년에 발명됐어요. 요즘에는 스마트폰에도 있답니다!

저기압

저기압은 전선과 함께 폭풍을 몰고 와요. 저기압은 상승기류가 공기를 위쪽으로 끌고 갈 때나 태양이 땅을 데워서 공기가 팽창하며 올라갈 때 생겨요. 상승하는 공기는 구름과 비를 만들고 바람을 빨아들여요. 바람이 강하게 소용돌이치면서 저기압으로 빨려 들어가면 강력한 폭풍으로 발달할 수 있어요.

고기압

고기압은 날씨의 좋은 친구예요. 자전거 타이어에 바람을 세게 불어넣을 때와 비슷하게, 공기는 아래로 가라앉으면서 압축되고 따뜻해져요. 그래서 고기압인 날은 맑은 하늘과 화창한 날씨가 우릴 맞이하지요. 열대지방에서는 고기압의 힘이 너무 강해서 사막이 생기기도 해요.

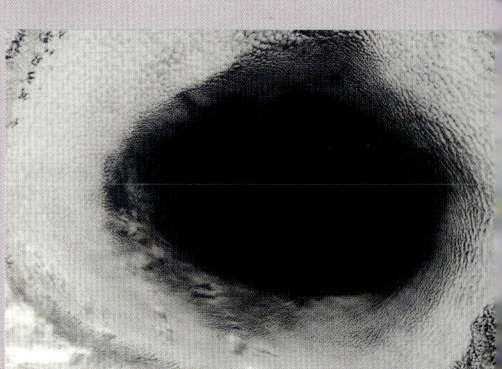

꿋꿋이 날씨에 맞서다

대서양에 접한 유럽의 해안 지역에는 저기압 때문에 강력한 폭풍이 일고 거대한 파도가 치곤 해요. 사진 속 포르투갈 등대를 보세요. 등대는 바다의 풍파를 견뎌 내며 어둠 속에서 배를 안내하고 위험을 알리는 역할을 해요. 이 등대도 1,000년이 넘도록 맡은 임무를 다하며, 꿋꿋이 날씨에 맞서 왔어요.

다양한 바람

지구의 날씨 조종사

우리가 서 있는 곳에서는 바람이 갑자기 확 불어오곤 해요. 하지만 지구 전체로 보면 바람은 차가운 극지방에서 따뜻한 적도로, 그리고 다시 극지방으로 전 세계 공기를 순환시키는 거대한 구조의 하나예요. 그리고 지구 자전이 이 모든 걸 희한하게 뒤틀어 버려서, 북반구와 남반구의 바람 고리는 각각 커다랗게 회전하는 순환 3개로 나뉘어요. 이 순환들은 탁월풍(한 지역에서 특정 방향으로 주로 부는 바람)을 일으켜요. 바람 부는 날씨가 생기는 가장 큰 원인이랍니다.

바람을 타는 비행기

북극 주변을 도는 극 순환의 가장자리 위에서는 엄청나게 빠른 바람이 불고 있어요. 제트기류라고 부르는 이 기류는 서쪽에서 동쪽으로 지구를 휩쓸고 지나가요. 대서양을 횡단하는 조종사들은 이 기류를 잘 알고 있어서, 동쪽으로 이동할 때 속도를 높이려고 이용하기도 해요. 한 조종사는 "마치 파도를 타며 서핑하는 것 같다"라고 설명했어요. 하지만 이렇게 제트기류를 타는 건 동쪽으로 갈 때만 할 수 있답니다.

순환

대기는 '순환'이라는 거대한 수직 고리를 따라 움직이면서, 지상에 고기압에서 저기압으로 바람이 불게 하고 다시 위로 올라가요. 열대지방의 해들리 순환, 온대지방의 페렐 순환, 극지방의 극 순환이라는 대표적인 순환 세 개가 지구의 주요 바람을 만들지요. 공기는 순환을 따라 북쪽이나 남쪽으로 움직이지만, 지구 자전 때문에 동쪽이나 서쪽으로도 움직여요. 각 순환의 지상 부분을 '탁월풍'이라 불러요. 전 세계 세 구역에서 거의 언제나 불고 있는 바람이랍니다.

날씨 관측

2018년, 유럽우주국(ESA)이 '아이올로스'라는 이름의 인공위성을 발사했어요. 이 위성은 대기에 레이저를 쏘고, 레이저가 공기 중의 기체, 먼지, 수분 입자에 맞고 반사하는 움직임을 잡아 내지요. 이 입자들이 바람과 함께 움직이기 때문에, 아이올로스는 전 세계 바람 순환의 위치 변화를 관측하고 지속해서 추적할 수 있답니다.

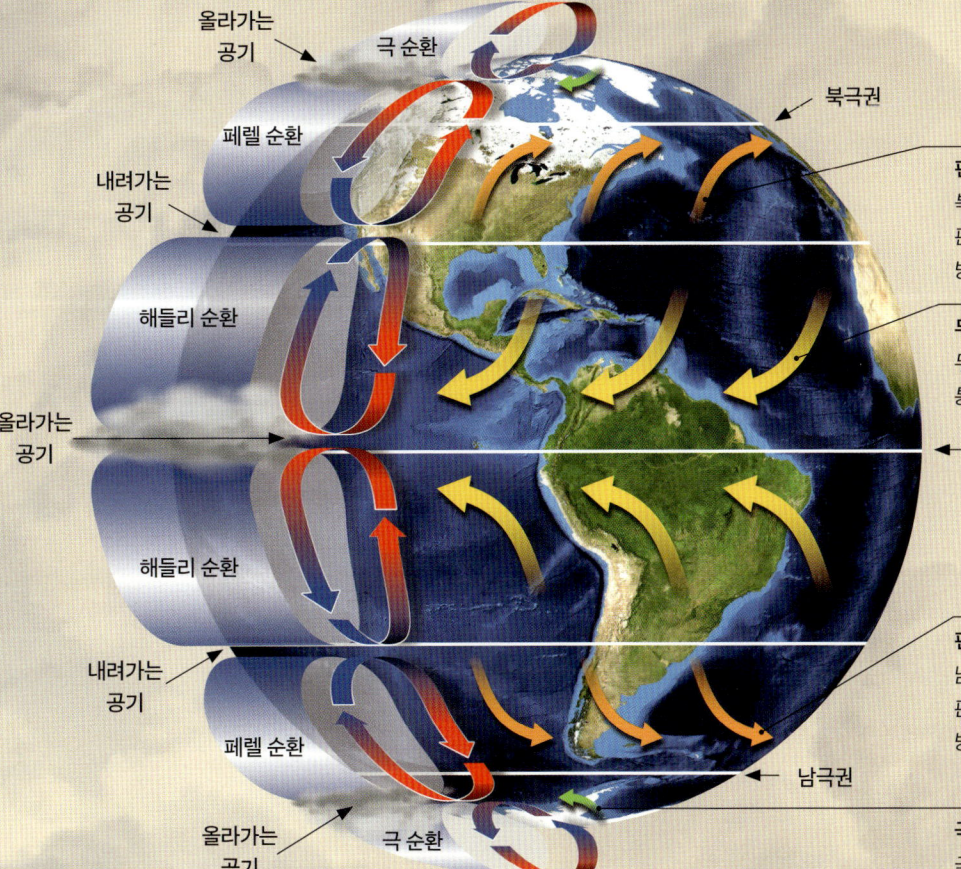

- 올라가는 공기 → 극 순환
- 페렐 순환
- 내려가는 공기
- 해들리 순환
- 올라가는 공기
- 해들리 순환
- 내려가는 공기
- 페렐 순환
- 올라가는 공기 → 극 순환
- 북극권
- 편서풍: 북반구에서는 남서쪽에서 시작한 편서풍이 적도로부터 멀어지는 방향으로 불어요.
- 무역풍: 무역풍은 동쪽에서 불어와 열대지방을 통과하는 바람이에요.
- 적도
- 편서풍: 남반구에서는 북서쪽에서 시작한 편서풍이 적도로부터 멀어지는 방향으로 불어요.
- 남극권
- 극풍: 극지방에서는 동쪽에서 시작한 차가운 극풍이 극점에서 멀어지며 불어요.

극 순환

극 순환에서는 차가운 공기가 극에서 가라앉고 한랭전선을 향해 흐르다가 다시 위로 올라가요. 가장 높이가 낮고 약한 순환이지만, 차가운 극동풍(45쪽을 보세요)을 일으켜요.

페렐 순환

페렐 순환은 아열대지방에서 공기가 가라앉아 따뜻해지면서 시작해요. 이 따뜻한 공기 일부는 따뜻하고 습한 서풍이 되어 극지방으로 불지만, 결국 찬 공기를 만나서 되돌아온답니다.

해들리 순환

해들리 순환은 적도의 따뜻한 공기가 위로 올라가면서 북쪽과 남쪽의 공기를 빨아들여 생겨요. 상승하는 공기는 높은 고도에서 아열대로 흘러 나갔다가 다시 가라앉아 '무역풍'으로 되돌아와요.

무역풍

강한 공기 흐름

열대지방은 적도를 중심으로 남북으로 각각 3,000킬로미터 정도 높이의 지역을 말해요. 지구를 두르는 따뜻한 띠를 이루지요. 열대지방의 날씨는 대부분 무역풍이 결정해요. 북동쪽이나 남동쪽에서, 특히 바다 위로 계속해서 불어오는 바람이지요. 무역풍은 맑은 하늘을 펼치고 시원한 바람으로 열대지방의 더위를 누그러뜨리지만, 강력한 폭풍이나 타는 듯한 가뭄을 일으키기도 해요.

추진력

무역풍은 거대한 해들리 순환 때문에 발생해요. 아열대지방의 고기압에서 시작해, 북쪽과 남쪽에서 적도를 향해 불지요. 무역풍은 남쪽이나 북쪽으로 곧바로 가진 못해요. 지구 자전 때문에 이동하면서 점점 더 서쪽으로 휘어서 북반구에서는 북동풍, 남반구에서는 남동풍이 된답니다.

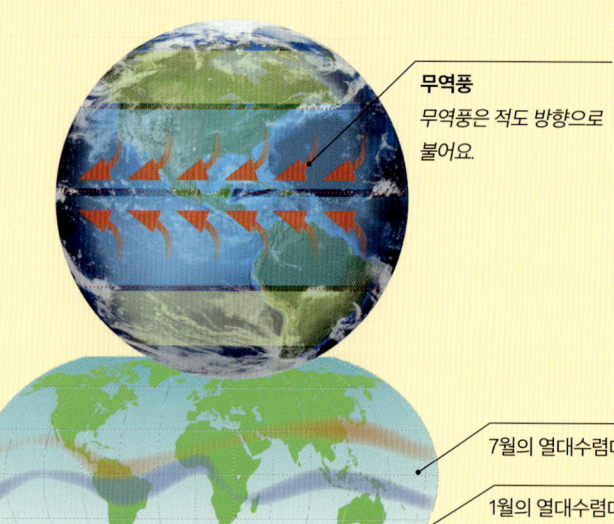

무역풍 무역풍은 적도 방향으로 불어요.

7월의 열대수렴대

1월의 열대수렴대

만남의 장소

북반구와 남반구의 무역풍은 구불구불한 모양으로 지구를 휘감고 있는 열대수렴대(ITCZ)에서 만나요. 열대수렴대는 태양열이 지구를 가장 뜨겁게 데우는 지역이라서 거대한 공기가 위로 올라가며 두 무역풍을 빨아들이지요. 1년 동안 태양이 북쪽과 남쪽을 오갈 때 열대수렴대도 함께 이동해 날씨에 커다란 영향을 끼쳐요.

플로리다 오렌지

미국 남동부의 하늘은 보통 엄청 맑아요. 하지만 여름에는 가끔 무역풍이 사하라사막에서 먼지를 끌고 대서양을 건너와 플로리다까지 퍼뜨려요. 사하라사막에서 온 먼지가 공기에 퍼지면, 플로리다에서 타오르는 듯한 붉은 해넘이를 볼 수 있어요. 기후가 더 따뜻해지고 사막이 더 넓어지면서, 이런 먼지투성이 하늘이 예전보다 자주 나타난답니다.

적도무풍대에 갇혔어

항해사들은 오래전부터 열대수렴대에 관해 알고 있었어요. 하지만 항해 시대에는 이 지역을 그저 바람이 불지 않는 지옥 같은 곳으로만 알았지요. 모든 공기가 곧장 위로만 솟아오르거든요. 배들은 며칠이고 찌는 듯한 열대 더위 속에 갇히곤 했어요. 당시 항해사들은 이곳을 '적도무풍대'라고 불렀답니다.

뱃바람

항해가 활발하던 시대에는 무역풍이 바람을 가로질러 서쪽으로 향하는 배들의 '고속도로'였어요. 1492년 크리스토퍼 콜럼버스가 대서양을 건너 서쪽에서 아메리카 대륙을 발견할 때도 무역풍의 도움을 받았지요. 무역풍이라는 이름은 무역 범선이 이 바람을 이용한 데서 비롯했답니다.

비를 만드는 나무

무역풍은 수분을 많이 흡수하기 때문에 엄청난 비를 내릴 수 있어요. 그 결과, 지구에서 가장 습하고 따뜻한 지역인 열대우림이 생겨나요. 하지만 이상하게도 아마존 우림에는 습한 바람이 도착하기 두세 달 전부터 서서히 비가 오기 시작해요. 과학자들은 나무들이 수분을 많이 내보내서 구름과 비를 만든다고 생각해요!

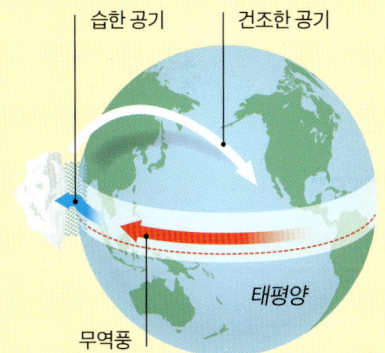

약해진 무역풍

인도양과 남태평양에서는 해들리 순환이 아니라 워커 순환이 무역풍을 일으켜요. 워커 순환은 남북이 아니라 동서로 공기를 움직여요. 태평양에서 바다의 수분을 흡수한 바람은 인도네시아와 같은 장소에 중요한 비를 뿌리고 바다 생물에 꼭 필요한 워커 해류를 일으켜요. 하지만 지구온난화가 이런 순환을 약하게 만들면서 걱정스러운 일들이 일어나고 있답니다.

검은 구두통

항해사들은 열대수렴대를 '검은 구두통'이라는 의미의 프랑스어인 '포오 누아르'라고 부르기도 했어요. 이 말에는 '난처한 상황'이라는 뜻도 있거든요. 열대수렴대에서는 사나운 상승기류가 거대한 뇌운이나 용오름을 만들어 내곤 한답니다.

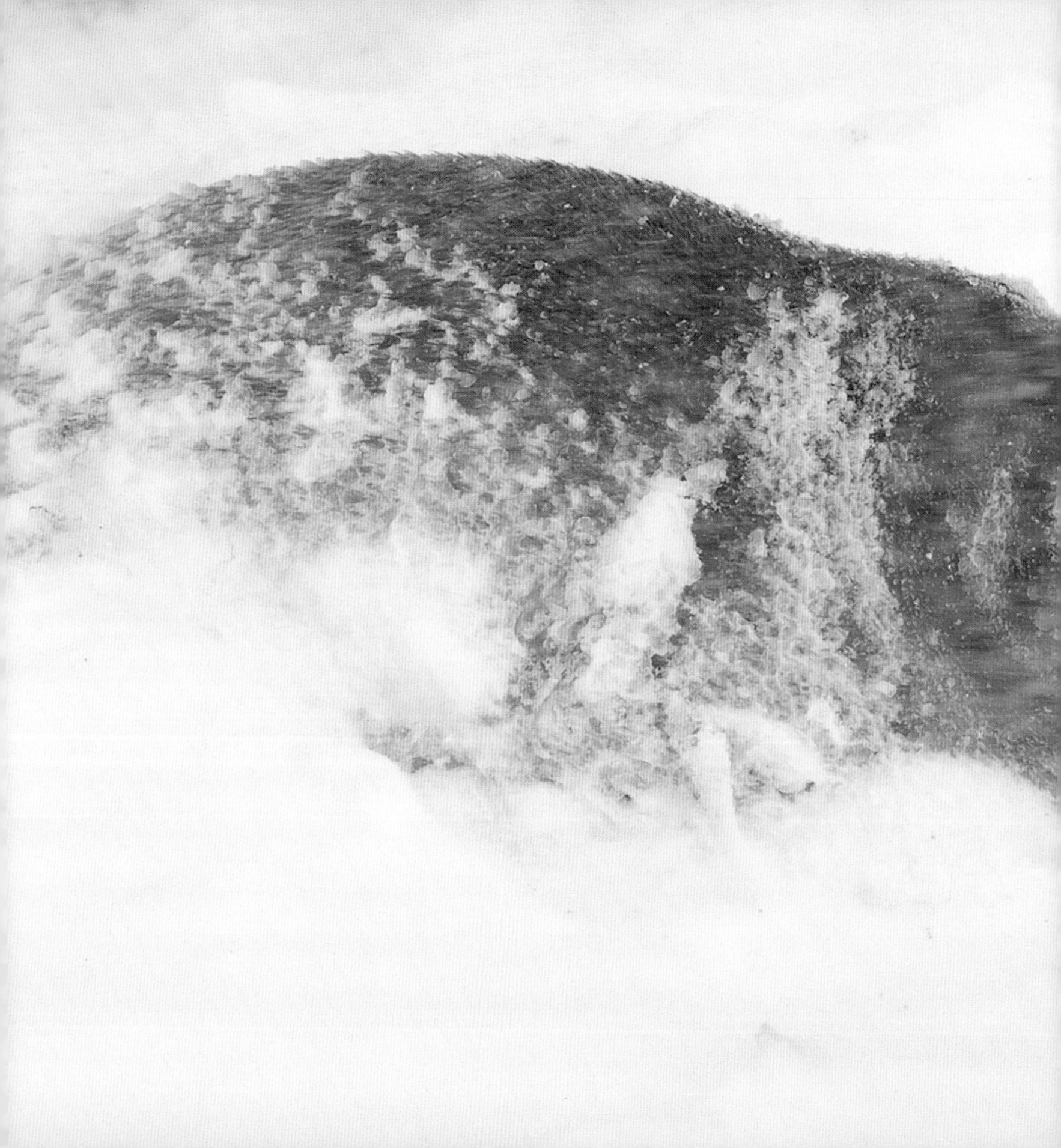

극동풍을 맞닥뜨린 펭귄들

극지방에서는 탁월풍이 동쪽에서 불어와요. 이 극동풍은 보통 몹시 차고 건조해요. 극동풍은 공기가 너무 차고 밀도가 높아서 가라앉을 수밖에 없는 북극과 남극에서 생겨나요. 그리고 고기압을 이뤄 공기를 적도 쪽으로 밀어내지요. 북극에서는 남쪽으로, 남극에서는 북쪽으로 밀어내요. 이 공기 흐름이 지구 자전과 코리올리 효과(38쪽을 보세요) 때문에 동쪽으로 휘면서 극동풍이 불게 된답니다.

겨울에는 한대 기단이 이동하면서 온대지방에 동풍이 더 자주 불어요. 바람이 동쪽으로 방향을 틀었다면 극지방 바람이 얼음장 같은 강풍을 몰고 온다는 뜻이에요. 다시 말해 날씨가 엄청나게 추워질 확률이 높지요. 때때로 이 동풍은 습한 공기와 부딪히면서 어마어마한 폭설을 퍼부어요. 유럽에서는 이런 겨울 폭설을 '동쪽에서 온 야수'라 부른답니다. 하지만 동풍은 보통 밤에는 춥더라도 낮에는 햇살이 내리쬐는 맑은 겨울날을 몰고 올 때가 더 많아요. 드물게 여름에 동풍이 부는 경우 역시 맑고 건조한 날이 이어지지요.

편서풍

강한 바람

바다 위로 불어오는 편서풍은 1년 내내, 그중에서도 특히 늦가을과 겨울에 파도와 강풍을 일으키며 중위도 서해안에 들이닥쳐요. 또 비를 잔뜩 머금은 구름을 먼 육지까지 운반하지요. 북반구에서는 남서쪽에서, 남반구에서는 북서쪽에서 불어온답니다. 중위도 지역인 우리나라 또한 편서풍의 영향을 받아요.

서쪽에서 부는 바람
편서풍은 페렐 순환 때문에 발생해요. 아열대지방에서 공기가 가라앉으면서 시작해 극지방을 향해 불어요. 편서풍은 북쪽이나 남쪽으로 직진하지 못해요. 지구 자전 때문에 이동하면서 점점 더 동쪽으로 휘어서 남서풍이나 북서풍, 또는 서풍이 돼요.

편서풍
편서풍은 북반구와 남반구의 중위도에서 불어요.

에메랄드 섬
대서양에서 불어오는 편서풍을 받는 아일랜드 서부는 습해요. 1년에 비가 약 115센티미터씩 내리지요. 열대지방에 비하면 적은 양이지만, 거의 하루도 빠짐없이 비가 내린답니다. 아일랜드에는 '부드러운 날'이라는 표현이 있는데, 비가 내리지는 않아도 축축한 안개가 끼거나 살짝 이슬비 정도가 내리는 날을 뜻해요. 이렇게 습한 날씨 덕분에 푸른 초원이 많아서, 아일랜드를 '에메랄드 섬'이라고도 부른답니다.

초록 들판
아일랜드는 비가 많이 와서 푸르른 들판이 많아요.

말 위도
편서풍이 시작하는 북위 30도 근처를 '아열대 고압대'라고 불러요. 이곳에서는 해들리 순환과 페렐 순환이 둘 다 하강하기 때문에, 바람이 잔잔하고 비가 거의 내리지 않아요. 아열대 고압대는 '말 위도'라고 불리기도 해요. 전설에 따르면 배들이 말을 싣고 미국으로 항해하던 시기에 붙은 별명이에요. 바람이 없는 이곳에서 배가 멈추면 마실 물이 심각하게 부족해졌지요. 그러면 물을 아끼기 위해서 말들을 배 밖으로 던져 버려야 했답니다.

대서양 폭풍
보통은 열대지방의 열기가 강력한 허리케인과 태풍을 만들어 내지만, 편서풍도 커다란 폭풍을 일으킬 수 있어요. 이 폭풍들도 허리케인처럼 저기압 영역 주변을 소용돌이치며 생겨나요. 편서풍이 온대 저기압 무리를 미국 서부 해안으로 몰아가서 겨울에 짙은 구름을 드리우고 돌풍과 집중호우를 일으키곤 하지요.

위치: 북반구와 남반구 위도 30도에서 60도 사이에 불어요.

방향: 서쪽에서 동쪽으로, 적도에서 멀어지면서 불어요.

순환: 페렐 순환에 속해요.

시간: 낮에 가장 강해요.

계절: 북반구에서는 12월부터 3월까지 가장 강하고, 남반구에서는 6월부터 8월까지 가장 강해요.

한랭전선
편서풍이 몰고 온 열대지방의 따뜻하고 습한 공기는 북위 60도 근처에서 지구를 돌고 있는 한랭전선의 차가운 극지방 공기와 충돌해요. 서쪽에서 불어오는 최악의 폭풍이 바로 여기서 시작해요. 한랭전선은 남부를 제외하면, 미국 전역에 가장 큰 영향을 미치는 단일 날씨 현상이에요. 유럽과 우리나라에도 큰 영향을 미친답니다.

거친 바다
필리핀해에서 강풍이 일으킨 파도가 미 해군의 순양함을 강타하고 있어요.

으르렁대는 40도대

남반구에서는 편서풍이 아무런 방해도 받지 않고 지구 한 바퀴를 질주할 수 있어요. 바람이 너무 강하고 빨라서 위도 40도부터 50도까지를 '으르렁대는 40도대'라고 불러요. 그 후 50도 너머는 날씨가 더 나쁘고, 60도 너머는 그보다 더욱 나쁘다는 사실을 알게 됐지요. 각각 '분노하는 50도대', '고함치는 60도대'라고 부른답니다.

으르렁대는 40도대

분노하는 50도대

고함치는 60도대

하늘을 흐르는 강

각 반구에는 언제나 '대기의 강'이 3개에서 5개 정도 흐르고 있어요. 남쪽에서 북쪽으로 흐르는 지구의 수증기 이동을 책임지지요. 이 강들은 대기가 따뜻할수록 수분을 많이 머금어요. 대기의 강이 해안에 닿으면 폭우나 눈으로 변해 땅으로 내려와요. 수분이 기다랗게 모여 있는 이 강들은 길이가 1,600킬로미터, 너비가 1,000킬로미터, 깊이가 3킬로미터까지 이를 수 있답니다.

대기의 강

물 전달 시스템

미국의 미시시피강이나 브라질의 아마존강처럼 빠르게 흐르는 넓은 강들이 하늘을 떠다닌다고 상상해 보세요. 그게 바로 대기의 강이에요. 대기의 강은 제트기류(30쪽을 보세요)처럼 강한 바람을 타고 열대지방에서부터 이동하는 넓은 수증기의 띠예요. 이 '하늘을 흐르는 강'이 땅에 닿으면 미국 캘리포니아주, 태평양 북서부, 알래스카와 같은 곳에 비와 눈을 쏟아붓는 폭풍을 일으켜요.

미국 시에라네바다 산맥의 길이 눈으로 막혀 버렸어요.

미국 캘리포니아주 몬테시토 해안에 홍수가 일어나서 마을이 진흙더미에 뒤덮였어요.

이롭기도 위험하기도

대기의 강은 약할 수도, 강할 수도 있어요. 약한 대기의 강은 큰 피해는 입히지 않으면서 여러 지역에 필요한 비를 내려요. 하지만 '파인애플 익스프레스'(오른쪽)처럼 강한 대기의 강은 수증기를 가득 안고 강력한 바람과 함께 이동하면서 눈과 비를 마구 퍼부어서 홍수, 산사태, 눈사태를 일으킨답니다.

각양각색 대기의 강

대기의 강은 보통 미국 서부에 가장 큰 영향을 미치지만, 전 세계 다른 지역에서도 혼란을 일으키고 생명을 위협해요.

2013년, 홍수가 난 체코 프라하의 블타바강 위로 프라하성이 보여요.

2015년, 홍수 때 아르헨티나 부에노스아이레스 근방 루한에 있는 대성당의 모습이에요.

남아프리카공화국 케이프타운 위를 비구름이 덮고 있어요. 이곳 겨울비의 약 70퍼센트는 대기의 강이 뿌려요.

2009년, 중국 류저우시가 위험 수위보다 7.13미터 높아진 류장강에 잠겼어요.

대기에 강이 없으면, 땅에도 강이 없다?

대기의 강은 때로 위험해요. 하지만 대기의 강이 없는 것도 엄청난 재앙이에요. 예를 들어 미국 캘리포니아주는 대기의 강이 찾아오는 해와 그렇지 않은 해의 차이가 커요. 주에 필요한 물의 50퍼센트를 대기의 강이 공급하기 때문이에요. 지난 몇 년간 캘리포니아주는 계속되는 심각한 가뭄으로 강이 마르고 산에 내리는 눈도 줄어드는 고통을 겪었어요. 2019년 3월 중순, 유난히 강력한 대기의 강이 폭우와 폭설을 퍼붓고 나서야 캘리포니아주는 드디어 가뭄에서 벗어났다고 선언할 수 있었답니다.

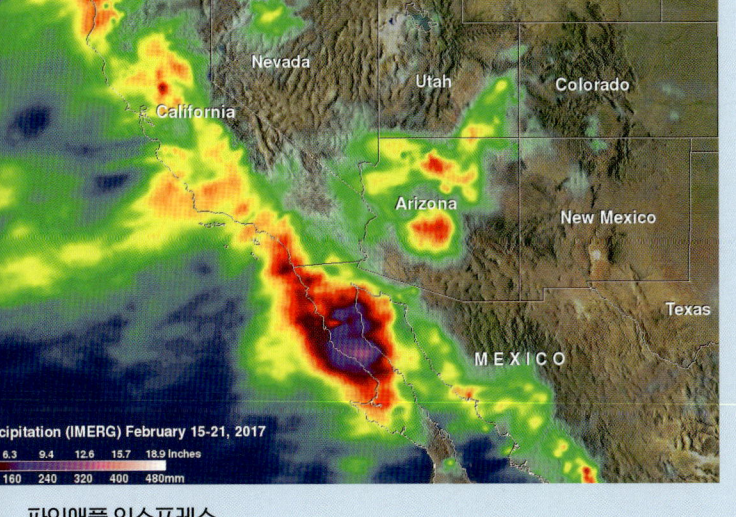

파인애플 익스프레스

대기의 강인 파인애플 익스프레스는 보통 겨울 동안 미국에 엄청나게 많은 비를 뿌려요. 이 강은 극지방 제트기류의 남쪽 지류에서 발생해서 미국, 캐나다 서부 해안과 하와이 사이를 흘러가요. 수증기를 흡수하며 부풀어 오른 강은 태평양에서 미국 서해안에 있는 산 위로 타고 넘어가면서 비를 뿌려요. 그런 다음 미국의 중앙 대평원을 건너고, 시에라네바다산맥의 서쪽 경사면을 타고 올라가 높은 능선을 눈으로 뒤덮는답니다.

바람 부는 날

우리가 다뤄야 하는 힘

옛날 항해사들은 바람에 따라 배를 몰았습니다. 1805년, 아일랜드 해군 제독 프랜시스 보퍼트가 바다에 부는 바람의 세기를 측정하는 척도인 '보퍼트풍력계급'을 만들었어요. 나중에는 땅에서 부는 바람에도 쓰였지요. 지금도 여전히 보퍼트 풍력계급을 사용하지만, 대부분 디지털 장치로 풍속을 재요.

보퍼트풍력계급

0 고요
- **풍속:** 초속 0~0.2미터
- **바다:** 해수면이 거울처럼 매끈해요.
- **땅:** 굴뚝이나 불에서 나는 연기가 수직으로 올라가요.

1 실바람
- **풍속:** 초속 0.3~1.5미터
- **바다:** 물고기 비늘처럼 작은 물결이 일어요.
- **땅:** 연기가 조금 흔들려서 바람 방향을 알 수 있어요.

2 남실바람
- **풍속:** 초속 1.6~3.3미터
- **바다:** 작은 잔물결이 일어요. 물결의 마루(파도에서 높이 솟은 부분)가 부서지지 않고 투명해요.
- **땅:** 얼굴에 닿는 바람을 느낄 수 있어요. 나뭇잎이 바스락거리고 풍향계가 움직여요.

3 산들바람
- **풍속:** 초속 3.4~5.4미터
- **바다:** 잔물결이 더 커지고, 마루가 부서지면서 파도가 흩어져 하얀 거품이 일어요.
- **땅:** 가벼운 깃발이 나부끼고, 나뭇잎과 가는 잔가지들이 바람에 흩날려요.

4 건들바람
- **풍속:** 초속 5.5~7.9미터
- **바다:** 높이 1.2미터 정도의 작은 파도가 일어요. 하얀 파도도 더 많이 생겨요
- **땅:** 바닥에 있는 먼지나 종잇조각이 날리고, 작은 나뭇가지들이 움직여요.

5 흔들바람
- **풍속:** 초속 8.0~10.7미터
- **바다:** 파도가 2.4미터 정도로 높고 커다랗게 쳐요. 하얀 파도가 많이 생기고 물보라도 약간 일어요.
- **땅:** 잎이 무성한 작은 나무들이 흔들리기 시작해요. 연을 날리기 좋은 날씨예요.

6 된바람
- **풍속:** 초속 10.8~13.8미터
- **바다:** 어떤 파도들은 높이가 4미터에 이르러요. 모든 파도에 하얀 거품이 일어나고 물보라가 많이 튀어요.
- **땅:** 큰 나뭇가지들이 움직여요. 우산을 똑바로 들기 힘들어져요.

고요한 바다

바다가 고요하면 수영하기엔 좋지만, 보트 타기나 서핑처럼 수상 스포츠를 즐기려면 바람이 좀 더 필요하답니다.

보퍼트풍력계급으로 바람을 측정하는 법

보퍼트풍력계급은 바람의 '힘', 다시 말해 바람의 속도인 풍속을 바다와 땅에서 볼 수 있는 신호와 연관 지어서 나타내요. 그래서 절대적인 척도는 아니고, 관찰자에 따라 조금씩 달라져요. 보퍼트풍력계급에서 바람의 힘은 고요한 날에 0이고 태풍이 부는 날에 12예요.

'**허리케인**'이라는 말은 **고대 마야의 바람의 신** '**우라칸**'에서 왔어요.

7 센바람
풍속: 초속 13.9~17.1미터
바다: 바다가 높아지기 시작해요. 최고 5.5미터 높이의 파도가 쳐요. 하얀 거품이 줄무늬를 이루는 커다란 파도가 불어와요.
땅: 바람이 나무 전체를 움직여요. 바람을 향해서 걸으면 저항을 느낄 수 있어요.

8 큰바람
풍속: 초속 17.2~20.7미터
바다: 높이 7.5미터에 달하는 더 길고 큰 파도가 쳐요. 거품과 물보라가 많이 일어요.
땅: 나무에 있던 잔가지들이 부러져요. 바람을 향해서 걷기 힘들어져요.

9 큰센바람
풍속: 초속 20.8~24.4미터
바다: 파도가 최대 9.8미터 높이로 치고 마루가 무너져 내려요.
땅: 기왓장이나 굴뚝 꼭대기가 날아가면서 건물이 작은 피해를 입어요.

10 노대바람
풍속: 초속 24.5~28.4미터
바다: 매우 높게 휘젓는 파도가 쳐요. 마루가 튀어나오고 최고 높이가 12.5미터에 이르러요. 바다는 온통 거품으로 새하얘지고 앞이 잘 보이지 않아요.
땅: 나무가 부러지거나 뿌리째 뽑혀요. 건물이 피해를 입어요.

11 왕바람
풍속: 초속 28.5~32.6미터
바다: 높이 15.8미터에 달하는 큰 파도가 쳐요. 작은 배들은 파도에 가려 안 보이기도 해요.
땅: 아주 넓은 지역에서 건물들이 무너지고 피해를 입어요.

12 싹쓸바람(허리케인)
풍속: 초속 32.7미터 이상
바다: 13.7미터가 넘는 괴물 같은 파도가 일면서 땅과 바다의 생명을 위협해요.
땅: 허리케인이 해안 마을과 도시를 완전히 파괴해 버려요(86~91쪽을 보세요).

현대적 방법

오늘날 기상학자들은 보퍼트풍력계급만 사용하지 않아요. 확실한 수치가 필요하거든요. 그래서 바람의 속도와 방향을 더 정확하게 측정하는 기기인 '풍속계'를 사용해요. 가장 많이 쓰는 종류는 컵이나 프로펠러처럼 생긴 날개가 있어요. 이 컵과 날개는 바람을 맞으면 돌아가면서 전류를 일으키는데, 그 전류의 세기로 풍속을 알 수 있답니다.

태양열 풍속계

컵 풍속계

휴대용 풍속계

바람 부는 날

토성의 장미
이 멋진 사진은 카시니 탐사선이 토성의 북극에서 회전하는 소용돌이를 찍은 거예요. '장미'라는 별명을 붙인 이 거대한 허리케인의 눈은 지름이 2,000킬로미터나 돼요. 지구에서 볼 수 있는 가장 커다란 허리케인의 눈보다도 20배나 큽니다. 구름과 함께 시속 530킬로미터로 소용돌이치고 있어요.

우주의 날씨

정말 거친 날씨를 구경하고 싶다면 은하수를 가로질러 여행을 떠나 보는 건 어때요? 단, 생명의 위협을 감수해야 하지만요. 화성에서는 먼지 폭풍에 휩싸이고, 해왕성과 토성에서는 얼음 때문에 뼈가 산산조각이 나고, 대기가 너무 두꺼워 열이 빠져나가지 못하는 금성에서는 순식간에 쪄 죽을지도 모릅니다. 난류로 기체가 격렬히 섞이고 새로운 별이 태어나는 우주 한복판에서는 폭풍을 조심하세요.

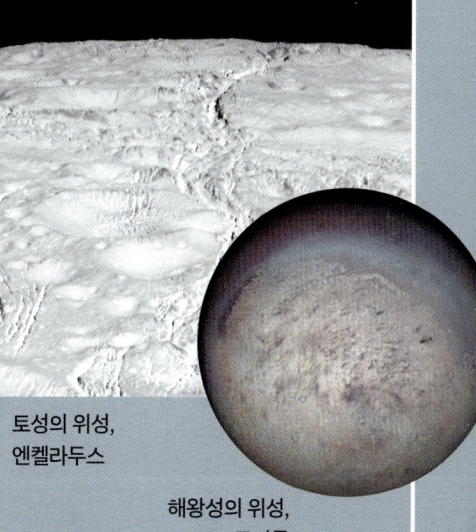

토성의 위성,
엔켈라두스

해왕성의 위성,
트리톤

별을 만드는 성운
NGC3603의
폭풍 중심부

토성의 맹렬한 폭풍

계절 변화

화성도 지구처럼 극지방에 만년설(1년 내내 녹지 않고 쌓인 눈)이 있고 계절이 변해요. 하지만 화성 대기는 대부분 이산화탄소로 이루어졌고, 극지방에서는 기온이 영하 153도까지 떨어져요. 화성에서의 1년은 지구에서의 1년보다 거의 2배 길고 계절 중에서는 봄이 가장 길어요. 천왕성에도 계절이 있어요. 단, 천왕성의 1년은 지구의 84년이고 한 계절의 길이가 21년이나 된답니다.

화성에서 본 해넘이

기울어진 천왕성

얼음 왕국

거대한 기체 덩어리인 해왕성의 대기는 수소, 헬륨, 메테인의 혼합물이에요. 어느 행성보다도 가장 높은 곳에서 바람이 불고, 지표면 온도는 영하 201도예요. 해왕성의 위성 가운데 하나인 트리톤의 지각은 얼어붙은 고체 질소로 이루어졌고, 해왕성보다도 더 추운 영하 235도예요. 토성의 위성인 엔켈라두스의 밝은 하얀색 표면은 얼음으로 덮였고 그 아래에는 액체 상태의 소금물 바다가 있어요. 이 바다는 먼 우주로 얼음 입자를 뿜어요.

우주 밖 폭풍

지구에서 부는 폭풍도 파괴적이지만, 목성과 토성에는 더 괴물 같은 허리케인이 있어요. 먼 별자리에서 거세게 부는 화려한 가스 폭풍은 별이 태어났다는 사실을 알려 주고, 반대로 우주 먼지 폭풍은 별이 죽었다는 사실을 알려 줘요.

2018년, 거대한 먼지 폭풍이 붉은 행성 화성의 표면 대부분을 덮어 버렸어요.

타오르는 행성

온도가 470도를 넘는 금성은 우리 태양계에서 단연코 가장 뜨거운 행성이에요. 금성 대기는 주로 이산화탄소로 이루어졌고, 황산 구름이 담요 역할을 해서 엄청난 온실효과(77쪽을 보세요)를 일으켜요.

태양에 내리는 비

태양에도 비가 내리지만, 물이 떨어지는 건 아니에요. 태양 표면에는 엄청나게 뜨거운 플라스마(8쪽을 보세요)가 자기장 고리를 만들며 올라갔다가 둥근 호를 그리며 다시 내려와요. 이때 표면에서 멀어지면서 차가워진 플라스마가 자기장 고리에서 떨어져 나와서 비처럼 내린답니다.

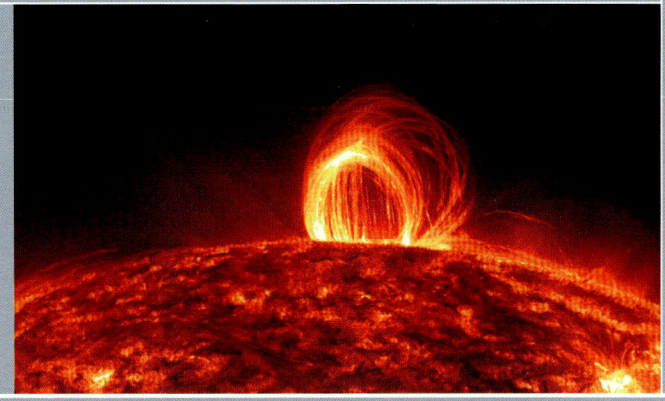

태양의 작은 자기장 고리에서
플라스마 비가 내리고 있어요.

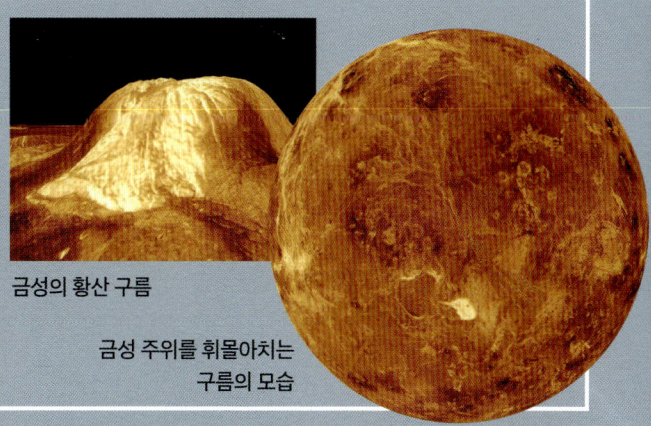

금성의 황산 구름

금성 주위를 휘몰아치는
구름의 모습

구름이 만들어지는 과정

바람을 타고

모든 구름은 그저 공기에 떠다닐 만큼 가벼운 물방울과 얼음 결정의 집합일 뿐이에요. 하지만 어떤 구름도 똑같이 생기진 않았어요. 또 각자 한시도 쉬지 않고 모습을 바꾸지요. 어떤 구름은 그늘만 드리우고, 어떤 구름은 눈과 비를 내리고, 어떤 구름은 천둥과 번개를 일으킨답니다.

위에서 일어나는 일

구름은 보통 공기가 위로 올라가면서 만들어져요. 구름이 대부분 하늘 높은 곳에 있는 이유지요. 특정한 조건에서는 땅 근처에서 생겨나기도 하지만요. 고도가 올라갈수록 기압이 떨어지므로 공기는 위로 올라가면서 부풀고 식어요. 공기가 포화 상태에 이르러 더는 수증기를 머금지 못하게 되면, 다시 말해 이슬점에 다다르면 수분이 물방울로 변해요. 이 과정을 '응결'이라고 하지요. 몹시 추울 땐 응결을 건너뛰고 곧바로 얼음으로 얼어붙는답니다.

따뜻해져서

따뜻한 공기가 올라가서 식으면서 구름이 만들어져요.

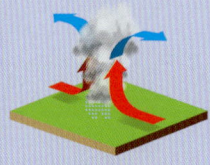

뭉게뭉게 피어오르는 쌘비구름은 여름날 오후에 비를 내리곤 해요. 이 구름은 태양열에 데워진 땅 위로 따뜻하고 습한 공기 방울들이 나타나면서 만들어져요. 주변 공기보다 더 가벼운 이 공기 방울들은 위로 올라가고, 올라갈수록 점점 팽창하면서 식어요. 물방울이 응결하면서 쌘비구름을 만들지요. 응결 과정에서 방출한 열에 주변 공기가 다시 따뜻해져서 위로 올라가고, 구름이 층층이 쌓이게 돼요.

바람에 떠밀려

수렴 상승이 구름층을 만들어요.

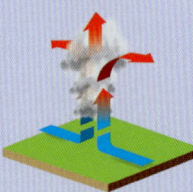

바람들끼리 정면으로 부딪쳐도 구름이 생길 수 있어요. 바람이 한데 뭉치면, 공기 일부는 위쪽밖에 갈 데가 없어요. 이 과정을 '수렴 상승'이라고 해요. 보통 굉장히 넓은 지역에 걸쳐 일어나면서 끊임없이 이어지는 구름층을 만들어요.

산을 타고

고지대 위쪽으로 공기가 올라가요.

습한 공기가 산맥을 만나면 위로 올라가서 넘는 방법밖에 없을 때가 많아요. 공기가 산비탈을 따라 올라가다 보면 이슬점까지 차가워져서 '산악구름'을 만들고 비를 뿌리곤 해요. 미국 캘리포니아주 시에라네바다산맥에 사는 사람들은 산악구름이 뿌리는 비에서 필요한 물을 얻는답니다.

전선에서

전선에서 따뜻하고 습한 공기가 차가운 공기 위로 올라가요.

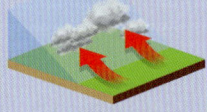

두 기단이 전선에서 만나면 공기가 위로 올라가면서 구름이 생겨날 수밖에 없어요. 한랭전선에서는 차가운 공기가 밑을 파고들면서 따뜻한 공기를 급격히 들어 올리고, 온난전선에서는 따뜻한 공기가 차가운 공기 위로 천천히 미끄러져 올라가지요. 두 경우 모두 습한 공기가 위로 올라가기 때문에 구름이 생겨요.

안정된 공기

공기가 위로 올라가면서 차가워지는 속도는 언제나 비슷하지만, 위에 있던 공기가 어떤 상태인지는 그때그때 달라요. 상승하는 공기 방울이 주변 공기보다 차가우면 구름을 만들다 멈추고 가라앉을 수 있어요. 이렇게 가라앉는 경향이 있는 공기를 '안정된 공기'라 불러요. 반대로 상승하는 공기 방울이 주변 공기보다 따뜻하면 불안정해서 계속 위로 올라가며 구름을 만들어요(아래 사진). 하지만 안정된 공기도 산맥이나 전선을 만나서 어쩔 수 없이 위로 올라갈 때가 있어요. 그런 경우에는 옆으로 펼쳐진 층구름이 생긴답니다.

구름을 분류하는 방법

1802년, 당시 서른 살이던 기상학자 루크 하워드는 쉴 새 없이 변하는 무수히 많은 구름을 간단하게 분류하는 방법을 생각해 냈어요. 모양에 따라서 수북이 쌓인 쌘구름, 납작한 층구름, 성긴 털구름으로 나누어요. 그리고 높이에 따라서도 나누지요(중층 구름의 이름에는 '높'이 들어가요). 비를 뿌리는지도 중요해요(비구름의 이름에는 '비'가 들어가요). 구름의 종류는 총 27개예요. 기상학자들이 일기예보를 하며 빠르게 적어 내려갈 때 사용할 수 있도록 구름마다 고유의 국제 기호와 번호를 붙였답니다.

하층 구름

CL1: 쌘구름
CL2: 쌘구름
CL3: 쌘비구름
CL4: 층쌘구름
CL5: 층쌘구름
CL6: 층구름
CL7: 조각 층구름
CL8: 층구름과 층쌘구름
CL9: 쌘비구름

중층 구름

CM1: 높층구름
CM2: 높층구름과 비층구름
CM3: 높쌘구름
CM4: 높쌘구름
CM5: 높쌘구름
CM6: 높쌘구름
CM7: 높쌘구름
CM8: 높쌘구름
CM9: 높쌘구름

상층 구름

CH1: 털구름
CH2: 털구름
CH3: 털구름
CH4: 털구름
CH5: 털층구름
CH6: 털구름
CH7: 털층구름
CH8: 털층구름
CH9: 털쌘구름

구름이 만들어지는 과정 57

하층 구름

구름은 얼마나 낮은 곳에 생길 수 있을까?
사실 구름은 땅 바로 위에서도 만들어질 수 있어요. 하지만 땅 근처에 생겨난 구름은 보통 안개로 분류한답니다.

모든 날씨를 일으키는 구름

거대한 비구름인 쎈비구름(98~99쪽을 보세요)은 23킬로미터를 넘을 정도로 높이 쌓일 수 있어요. 어떤 구름보다도 높아서 성층권까지도 닿을 정도지요. 하지만 이 높다란 쎈비구름도 하층 구름에 속한답니다. 구름을 분류할 때는 바닥 높이를 기준으로 하거든요. 쎈비구름은 땅에서 2,000미터 높이에서 시작하기 때문에 하층 구름으로 분류해요.

넓적 쎈구름

Cl1 날씨가 좋을 때 보이는 구름

쎈구름은 화창한 날에 상승하는 온난 기류가 뭉게뭉게 쌓아 올리는 솜털 같은 구름이에요. 푸른 하늘 전체에 쎈구름만 가득 떠다니는 경우가 많지요. 보통 꼭대기는 햇빛을 받아 하얗게 반짝이지만, 바닥에는 어두운 그림자가 드리워져 있어요. 윗부분은 브로콜리처럼 생겼고 바닥은 평평한 편이지요.

좋은날씨구름
영어를 쓰는 나라 사람들은 쎈구름을 '좋은날씨구름'이라고 불러요. 특히 모양이 없는 편인 조각 쎈구름에서 좀 더 확실한 모양의 넓적 쎈구름으로 변하는 경우를 그렇게 부르지요.

봉우리 쎈구름

Cl2 우뚝 솟은 쎈구름

수분이 응결하면 밖으로 열을 내놔요. 때론 이 열이 구름을 따뜻하게 데워요. 따뜻해진 구름 안에서 공기가 상승하며 순환하면 구름 기둥이 위쪽으로 피어오르면서 더 높고 두터워져요. 그 결과 소나기를 몰고 올 수도 있는 봉우리 쎈구름이 생긴답니다. 열대지방에서는 늦은 오후에 폭우를 내리지요.

위로, 더 위로
봉우리 쎈구름은 서늘한 저녁이 돼서 공기 상승이 멈출 때까지 온종일 피어오를 수 있어요.

구름 담요

안개 층구름은 온 하늘로 뻗어나가며 높은 건물이나 산꼭대기를 덮을 수 있어요. 이슬비 정도는 내리지만, 절대 강한 비를 내리지는 않죠.

안개 층구름

Cl6 담요처럼 하늘을 뒤덮는 구름

안개 층구름은 가장 모양이 없는 구름이에요. 하늘을 뒤덮은 하나의 커다랗고 공허하고 습한 덩어리일 뿐이죠. 이 구름은 상승 기류로 생겨나지 않아요. 습하고 시원한 산들바람이 차가운 바다나 땅 위로 부드럽게 불어올 때, 고도 500미터보다 낮은 땅 근처에서 응결이 일어나면서 만들어져요.

평평 층쌘구름

Cl5 수평으로 뻗어나간 층

층쌘구름은 가장 흔한 구름으로 약간 보송보송한 모양이에요. 다른 구름이 들어 올려지거나 깨지면서 생겨나요. 어두운 조각들이 여기저기 흩어진 사이로 푸른 하늘이 보일 때가 많아요.

바람을 타고
강한 바람에 실려 오는 조각 층구름은 마치 비구름처럼 보여요. 하지만 실제로는 그 위쪽에 있는 더 짙은 구름이 비를 뿌리는 거랍니다.

가장 흔해요
평평 층쌘구름은 햇빛을 차단하기 때문에 어둡게 보여요. 햇빛이 구름을 뚫고 나오면 아름다운 빛이 비치기도 하지요. 비를 많이 내리는 일은 거의 없어요.

조각 층구름

Cl7 질주하는 구름

영어로 '질주구름'이라고도 부르는 조각 층구름은 더 크고 두꺼운 비층구름이 비를 몰고 오기 전에 빠르게 날아오는 경우가 많아요.

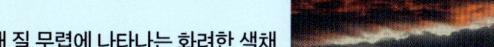

해 질 무렵에 나타나는 화려한 색채

바닥 높이:
365~2,000미터

모양: 바닥이 뭉게뭉게 덩어리졌어요.

이름의 뜻: '층'은 납작하다는 뜻이고, '쌘'은 수북이 쌓였다는 뜻이에요.

강수량: 적은 비가 가볍게 내려요.

탑 층쌘구름

Cl4 성채 모양을 한 구름

허공에 떠 있는 섬
옆에서 보면 성채 같은 구름 모양이 가장 뚜렷하게 보여요. 이 구름은 너비보다 높이가 더 높을 때도 있어요.

가끔 꽤 많은 양의 따뜻한 공기가 상승하면, 층쌘구름이 탑처럼 위로 쌓이면서 성채(성과 요새가 어우러진 건축물) 같은 모습을 갖추게 돼요. 이를 탑 층쌘구름이라고 불러요. 여기서 계속 더 쌓이면, 봉우리 쌘구름이나 쌘비구름이 된답니다.

중층 구름

얼음 결정과 물방울

2,000미터보다 높은 곳에서 생기는 중층 구름에는 높쌘구름, 높층구름, 비층구름이 있어요. 중층 구름은 하층 구름보다 더 멀리 있는 것처럼 보여요. 더 높기 때문이기도 하지만 더 얇고 성기기 때문이기도 해요. 이 높이에서는 온도가 낮아서(중위도 지방에서는 영하 25도까지 내려가요) 구름에 물방울뿐만 아니라 얼음 결정도 있어요. 물방울은 과냉각 현상 때문에 영하에서도 얼지 않고 아주 작은 액체 방울 상태랍니다.

이름을 찾아서

가끔은 하늘이 온갖 구름으로 가득 뒤덮여서, 어떤 구름인지 정확히 구별하기 어려워요. 이럴 때 '혼란스러운 하늘에 뜬 높쌘구름'이라는 표현을 써요. 모든 높이에 조각조각 부서진 구름 무리가 떠 있어서 무겁게 가라앉은 하늘의 모습을 묘사하는 말이랍니다.

가려진 햇빛

높층구름은 하늘을 가로질러 펼쳐진 구름 베일로, 어두침침하고 흐린 날씨를 만들어요. 태양이 희미하게 뚫고 나올 수도 있지만, 구름이 너무 두껍다 보니 더 높은 곳에 있는 털층구름처럼 햇무리가 생기진 못해요.

반투명 높층구름

Cm1 구름 낀 하늘

높층구름은 털층구름이 아래로 내려오거나 쎈비구름이 옆으로 퍼질 때도 생기지만, 대부분 온난전선이나 폐색전선에서 거대한 기단이 위로 올라가면서 생겨나요. 온난전선에서는 이 구름이 두꺼워져서 비층구름이 되기도 해요. 지나가면서 비를 뿌릴 거라고 짐작할 수 있겠지요?

비층구름

Cm2 낮게 깔린 구름

비층구름은 그야말로 가장 우울한 구름이라고 할 수 있어요. 어두운 회색 덩어리가 하늘을 뒤덮고 태양을 가려 버리지요. 가끔은 너무 어두워서 낮인데도 불을 켜야 할 정도예요! 더 나쁜 점은 이 구름이 가벼운 눈과 비를 오랜 기간 계속해서 뿌린다는 거예요.

높쌘구름

Cm3 하늘을 수놓은 조각들

높쌘구름은 조각조각 떠 있어요. 하지만 얼음으로만 이루어진 게 아니라 물방울도 포함하기 때문에, 털층구름보다 더 모양이 잡혀 있어요. 높쌘구름은 주로 높층구름이 서서히 부서지면서 생겨나고, 한랭 전선이 다가온다는 사실을 알려 줘요. 털쌘구름과 헷갈리기도 하는데, 회색 부분이 조금이라도 있으면 높쌘구름이에요.

바닥 높이: 2,000미터

모양: 동그란 덩어리들이 하늘에 점점이 흩어져요. 층쌘구름보다 더 작고 빽빽해요.

이름의 뜻: '높'은 높다는 뜻이고, '쌘'은 수북이 쌓였다는 뜻이에요.

강수량: 비가 거의 안 와요. 내리더라도 땅까지 닿지 않아요.

하늘에서 펼쳐지는 드라마
이런 아름다운 구름은 빛의 속임수로 나타나는 경우가 많아요(80~81쪽을 보세요).

어두운 날
비층구름은 사라지지 않고 몇 시간이나 드리울 때가 많아요. 시간이 흐르면서 그 아래에 조각 층구름이 생겨나기도 해요.

바닥 높이: 3,000미터 이하. 남극에서는 2,000미터

모양: 커다랗고 펑펑한 담요 모양

이름의 뜻: '비'는 비를 내린다는 뜻이고, '층'은 층처럼 납작하다는 뜻이에요..

강수량: 적거나 보통

비를 예고하는 구름
만약 저녁에 이런 구름을 본다면, 새벽에 비가 내릴 확률이 높아요. 특히 떠오르는 태양이 쌘구름을 휘저어 함께 섞어 버릴 만큼 따뜻하다면요.

송이 높쌘구름

Cm8 너덜너덜한 넝마 구름 조각

높쌘구름이 따뜻하고 불안정한 조건에 놓이면 송이 높쌘구름이라 불리는 작은 구름 조각으로 깨질 수 있어요. 마치 솜털 뭉치가 줄지은 듯한 모습이죠. 아래쪽은 보통 너덜너덜해요. 이 구름은 때로 위로 쌓여서 성 모양의 탑 높쌘구름이 될 수 있어요.

중층 구름 · 61

상층 구름

얼음 결정 구름

중위도의 하늘 높은 곳에 있는 대기는 정말 차가워요! 그래서 고도 5,000미터보다 위쪽에 있는 상층 구름은 모두 얼음 결정으로 이루어졌어요. 구름은 성기고 얇으며, 털실이나 새털 같다는 뜻에서 '털'이라는 이름이 붙어요. 열대지방에선 고도 7,000미터 아래의 대기가 이렇게까지 차가워지는 경우가 거의 없어서 상층 구름이 매우 드물어요.

바닥 높이: 6,000미터
모양: 비교적 평평한 층이나 조각
이름의 뜻: '평평'은 퍼졌다는 뜻이고, '털'은 모양이 털실이나 새털 같다는 뜻이에요. 그리고 '쎈'은 수북이 쌓였다는 뜻이지요.
강수량: 비를 내리지 않아요.

갈퀴 털구름

Ch1 머리카락 같은 구름

아름답고 성긴 털구름은 가장 흔한 구름으로 7,000미터 상공에서 만들어져요. 가장 빠르게 이동하는 구름이기도 하지요. 유명한 캐나다 포크송 가수 조니 미첼은 이 구름을 보고 "천사의 머리카락이 흩날린다"라고 노래했어요. 어떤 면에서 이 구름은 높은 곳에 있는 눈이에요. 더 위쪽에서 빠르게 움직이는 공기로부터 떨어져 내리면서 뒤쪽으로 길게 늘어진 얼음 결정이 모여 머리카락 같은 모양이 되거든요.

적절한 경고
이 구름은 온난전선과 거친 날씨가 다가온다고 조용히 경고해요.

연속적인 구름
북반구에서 바람을 등지고 섰을 때 구름이 오른쪽에 펼쳐져 있다면 털구름이 털층구름으로 두터워지고, 털층구름이 높층구름으로 자라나고, 다시 비층구름으로 변하고 있다는 징조예요.

짙은 털구름

Ch2 가장 빽빽한 구름

짙은 털구름은 모든 털구름 중에 가장 두꺼워요, 어찌나 두꺼운지 가끔 회색으로 보이곤 하지요. 보통은 폭풍우가 지나간 뒤 남겨진 뇌운의 잔해예요.

새털구름

Ch4 퍼진 구름

기상학자들은 털구름이 퍼져 하늘을 가득 메우면 어떤 일이 일어날지 알고 있어요. 사실 갈퀴 털구름과 새털구름은 온난전선과 호우에 앞서 다가오는 '연속적인 구름'의 일부랍니다.

좋은 시절
짙은 털구름이 하늘에 듬성듬성 떠다니는 한 좋은 날씨가 이어져요. 하지만 이 구름은 태양을 일부 또는 완전히 가려 버릴 수도 있어요.

평평 털쌘구름

Ch9 폭풍을 경고하는 구름

털쌘구름은 하늘 높은 곳에 작은 잔물결 같은 얼룩무늬를 그려요. 더 낮은 층에 있는 높쌘구름이 만드는 '비늘구름'보다도 더 물고기 비늘 같아 보이지요. 털쌘구름은 보통 나쁜 날씨가 다가오고 있다는 신호예요. 우선 그렇게 많은 습기가 높이 떠 있다는 건 공기가 불안정하다는 뜻이에요. 구름이 잔물결 모양이라는 건 높은 고도에서 부는 바람이 빠르게 다가오고 있다는 뜻이고요. 다시 말해 커다란 폭풍우가 오고 있다는 증거랍니다.

얇은 층
이 얇은 면사포 같은 구름은 넓은 면적을 덮을 수 있어요. 때로는 사이사이 틈이 갈라지지요. 겨울에는 이 구름이 맑고 쌀쌀한 날씨를 알려 주기도 해요.

털층구름

Ch6 높이 뜬 송잇장 같은 구름

털층구름은 넓게 퍼진 얼음 결정이 얇고 섬세한 면사포처럼 보이는 구름이에요. 이 구름은 털구름이 발달해서 생겨나는 경우가 많아요. 털구름보다 더 넓은 면적을 더 두껍게 뒤덮어서 태양이나 달이 이 구름을 뚫고 나오면 햇무리나 달무리가 진답니다. 어떤 털층구름은 물결무늬를 띠어요.

다른 광경
기상학자들은 하늘에서 어느 위치에 있는지에 따라서 털층구름을 분류해요. 지평선에서부터 위로 45도 사이에 있는 구름은 면사포같이 생겼으며, 더 두꺼운 구름이 다가오고 있다는 신호예요. 지평선 위 45도보다 더 높은 곳에 있는 구름은 틈이 나서 사이사이로 파란 하늘이 보인답니다.

특이한 구름

하늘에서 펼쳐지는 공연

어디에도 속하지 않는 특이한 구름들도 있어요. 조건이 잘 맞으면 기이하고도 환상적인 구름이 생겨난답니다. 잔물결이 이는 바다 같은 구름, 주머니가 매달린 모양의 구름, 커다랗게 부서지는 파도를 닮은 구름 등 정말 다양하지요!

높은 곳에 난 발자국
이 자국은 보통 고도 6,000미터 위에 생겨요.

비행구름
이 하얀 줄무늬는 비행기에서 나온 수증기가 응결하고 얼어붙으면서 남긴 자국이에요. 어떤 비행구름은 오랫동안 사라지지 않고 남아 있다가 털구름으로 변하기도 한답니다.

삿갓구름

구름 마니아들이 가장 좋아하는 구름

얇은 종잇장 같은 이 특이한 구름은 두건구름이나 모자구름이라고도 불러요. 보통 쎈구름이나 쎈비구름 위에 걸터앉지요. 마치 사람이 머리 위에 모자를 쓰는 것처럼요. 얼음 결정으로 이루어져서 무지갯빛을 반사하기도 해요.

구름 위에 또 구름
러시아 쿠릴 열도 마투아 섬에 있는 성층화산, 사리체프봉이 폭발하면서 나온 화산재 구름 위로 삿갓구름이 생겨났어요. 2009년 6월, 국제우주정거장(ISS)에서 우주비행사들이 찍은 사진이에요.

높이: 적어도 2,000미터 이상이고 보통은 훨씬 더 높아요.

모양: 우뚝 솟은 구름 꼭대기를 우산처럼 부드럽게 덮어요.

볼 수 있는 시기: 구름이 재빨리 커질 때 생겨요. 뇌우가 다가온다는 걸 암시하지요.

아치구름

앞장서는 구름

뇌우의 맨 앞에서 보이는 이 두루마리 모양 구름은 바람이 많이 부는 강력한 한랭전선부터 슈퍼셀 뇌우(104~105쪽을 보세요)까지, 여러 가지 혹독한 날씨를 몰고 와요.

높이: 2,000미터 이하

모양: 낮고 수평으로 긴 튜브나 선반 같은 모양이 앞쪽에 있고 그 아래는 난류가 흐르러요. 짧은 시간 동안만 나타날 확률이 높아요.

볼 수 있는 시기: 뇌우가 흔한 봄과 여름

낮게 돌돌 말아요
이 멋진 두루마리 모양 구름은 폭풍 속에 있는 차가운 공기가 더 따뜻한 공기와 충돌하면서 생겨요.

거친물결구름

소용돌이치는 장관
뉴질랜드 남섬 핸머스프링스 상공을 가득 메운 거친물결구름의 극적인 모습이에요

새내기 구름

기상학자들은 2015년이 되어서야 이 멋진 구름을 새로 분류했어요. 거친 바다에 파도가 이는 것 같은 모습을 따 '거친물결'이라고 이름 붙였지요.

높이: 층쎈구름일 때는 2,000미터 이하, 높쎈구름일 때는 2,000~6,100미터

모양: 높이에 따라 바람 방향이 달라져서 아래 표면이 물결치는 모양이에요..

볼 수 있는 시기: 보통 뇌우가 친 후에 아침부터 한낮까지

유방구름

나쁜 날씨 알림

이 구름은 특이하게 공기가 가라앉으면서 만들어져요. 대기 높은 곳에 있던 차가운 포화 공기가 주변 공기보다 무거워지면, 다시 땅으로 가라앉아요. 그 결과, 구름 바닥 아래에 동글동글한 구름을 생기지요. 그 모양이 마치 소와 같은 동물의 유방(젖가슴)과 닮아 이런 이름이 붙었답니다. 주로 쌘비구름(98~99쪽을 보세요) 아래에서 볼 수 있어요.

어둡고 험악한 유방구름

울퉁불퉁하고 불투명한 유방구름

높이: 쌘비구름과 함께 나타나는 경우 9,000미터 이상.

모양: 구름 밑바닥에 매달린 주머니 모양. 보통 쌘비구름에 매달려 있어요.

볼 수 있는 시기: 보통 최악의 뇌우가 휩쓸고 지나간 후

일정하게 늘어선 유방구름

위험한 아름다움

얼음과 물로 이루어진 동글동글한 유방구름이 해 질 무렵에 환히 빛나는 광경은 정말 아름다워요. 이 구름은 혹독한 날씨와 연관이 있어서, 폭풍 전이나 도중 또는 후에 나타나요. 방울 하나의 폭은 최대 8킬로미터고, 유방구름 전체는 사방으로 수십 킬로미터까지 뻗을 수 있어요. 이 구름은 구름 방울을 이루는 얼음 결정이 증발하면 사라져요.

다양한 모양

유방구름의 주머니들은 햇빛에 둘러싸일 때 가장 잘 보여요. 매끄러울 수도 너덜너덜할 수도 있고, 불투명할 수도 투명할 수도 있고, 빽빽할 수도 듬성듬성 흩어질 수도 있어요. 모양만큼이나 크기와 지속 시간도 다양하지요. 10분 안에 사라질 수도 있고 몇 시간이나 이어지기도 한답니다.

낮게 뜬 구름

공기는 대부분 높이 올라갈수록 차가워져요. 구름이 하늘 높이 생기는 이유지요. 하지만 가끔 대기권 가장 낮은 층의 땅 근처에서 뒤바뀌기도 해요. 일정 높이까지는 위로 올라갈수록 온도가 올라가는 거예요. 땅 위에 차가운 공기 덩어리가 있고 그 위에 따뜻한 공기 판이 올라간 이 특이한 공기 정렬을 '기온역전'이라 불러요.

기온역전은 뚜껑을 덮어 버리듯 땅 근처 공기를 가둬요. 공기뿐만 아니라 습기도 가두지요. 중국 상하이나 미국 로스앤젤레스와 같은 대도시에서는 이 수분에 오염 물질이 섞이면서 걸쭉한 수프처럼 변해요. 수프가 만들어지면, 자연스럽게 낮은 고도에서 구름이 생겨나 기온역전 천장 아래에서 층을 이루며 퍼져 나가요. 도시의 일상생활과 교통수단을 통해 먼지와 오염 물질이 공기 중으로 분출되는데, 도시가 개발되면서 공기 순환과 통풍이 더 어려워져 가요. 때로는 기온역전이 너무 낮은 고도에서 일어나서 여기 보이는 상하이 사진처럼 높은 건물이 구름을 뚫고 깨끗한 공기까지 솟아오르기도 해요. 마치 몽글몽글한 회색 바다 위에 떠 있는 신비로운 섬처럼 보이지요.

비

비가 세운 기록

1분 만에 가장 많이 내린 비: 1956년 6월 4일 미국 메릴랜드주 유니언빌에 1분 만에 31.2밀리미터

1년 동안 가장 많이 내린 비: 1860년에서 1861년까지 인도 소흐라에 2만 6,470밀리미터

가장 오랫동안 내린 비: 1939년에서 1940년에 걸쳐 하와이 오아후에 331일 동안

연평균 최고 강수량: 인도 모신람의 연평균 강수량은 1만 1,872밀리미터예요.

가장 비가 많이 내리는 나라: 콜롬비아에는 매년 평균 3,240밀리미터의 비가 내려요.

가장 비가 적게 내리는 나라: 남극 드라이밸리에는 200만 년 동안 비가 내리지 않았어요.

우산 챙기세요!

커다란 구름 하나는 550톤(50만 킬로그램)이 넘는 물을 머금을 수 있어요. 올림픽 규격 수영장에 있는 물의 약 5분의 1에 해당하는 양이지요! 그런데도 머리 위 하늘을 떠다니는 거예요. 비가 되어 내리기 전까지는 말이에요. 비가 내리면 많은 양의 물이 땅으로 내려와요. 두꺼운 쌘비구름이나 쌘구름에서 몇 분 만에 쏟아져 내리기도 하고, 얇은 비층구름에서 몇 시간 동안 꾸준히 내리기도 한답니다.

빗방울이 이런 눈물 모양이라고 생각하나요? 다시 생각해 봐요! 빗방울은 동그란 구형이나 단추 모양이랍니다.

커다란 빗방울

빗방울이 커지는 방법에는 두 가지가 있어요. 따뜻한 구름에서는 빗방울끼리 합쳐지거나 부딪혀요(병합설). 차가운 구름이나 구름의 차가운 부분에서는 얼음 결정이 커지며 물방울을 흡수하고 점점 커져서 눈이 돼요(빙정설).

비의 시작

구름 방울의 크기는 빗방울의 100만 분의 1이에요. 빗방울이 생기려면 무언가 원인이 되어 구름 방울들을 키워야 해요. 구름이 만들어지는 과정이랑 마찬가지로, 위쪽으로 올라가는 게 원인이랍니다. 구름이 위로 올라가 차가워져야만 공기가 포화 상태가 되면서 물을 밖으로 내보내니까요. 공기가 위로 올라가는 방법은 보통 상승 온난 기류, 산맥, 전선 세 가지예요.

비가 내려요

비는 단연코 가장 흔한 강수 형태예요. 열대지방에서는 유일한 형태고요. 빗방울의 크기는 이슬비처럼 1밀리미터 이하에서 5밀리미터 이상까지예요. 작은 빗방울은 동그란 구형이고, 큰 빗방울은 납작한 단추 모양이랍니다.

따뜻한 구름

이 모든 건 포화 공기가 위로 올라가 차가워지고 응결하면서 시작해요. 구름 방울이 위로 올라가면서 새로운 구름 방울과 합쳐지고 점점 커지다 보면 너무 무거워서 더는 공중에 떠 있지 못하게 돼요. 그러면 아래로 가파르게 떨어지면서, 올라오던 다른 구름 방울과 부딪히고 점점 부풀어 올라 빗방울이 된답니다. 가끔 너무 커지면 빗방울 여러 개로 쪼개지기도 해요.

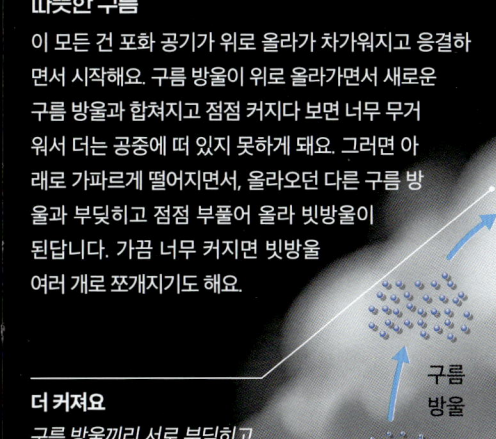

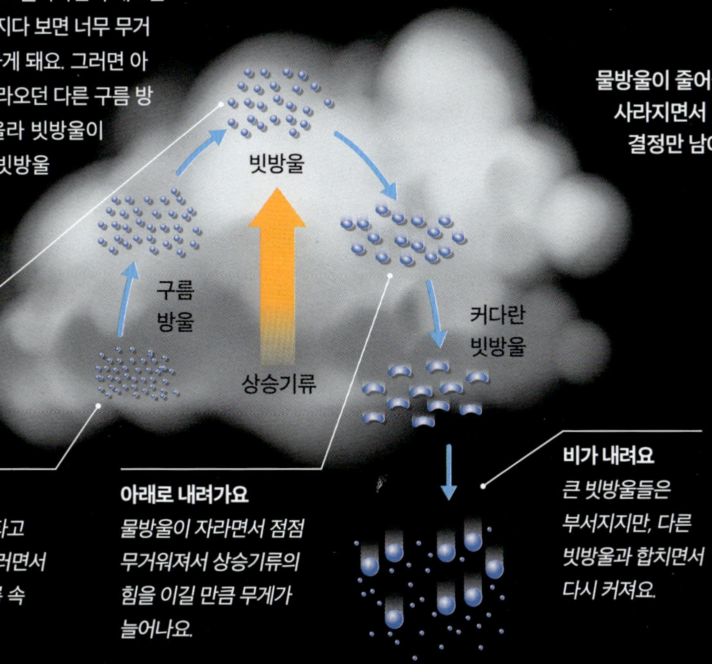

더 커져요
구름 방울끼리 서로 부딪히고 뭉치면서 점점 커져요.

위로 올라가요
포화 공기는 상승기류를 타고 빠르게 위로 올라가요. 그러면서 차가워지고 응결해서 구름 속 방울을 만들지요.

아래로 내려가요
물방울이 자라면서 점점 무거워져서 상승기류의 힘을 이길 만큼 무게가 늘어나요.

비가 내려요
큰 빗방울들은 부서지지만, 다른 빗방울과 합치면서 다시 커져요.

얼음 결정은 과냉각 물방울에서 분자를 흡수하면서 점점 커져요.

물방울이 줄어들어 사라지면서 얼음 결정만 남아요.

차가운 구름

차가운 구름에서는 눈이 만들어졌다가 따뜻한 공기 중으로 떨어지면서 녹아서 물로 변하기도 해요. 차가운 구름에는 얼음 결정과 과냉각 물방울이 섞여 있어요. 과냉각 물방울은 증발해 줄어들면서, 얼음 결정이 커질 수 있는 수증기를 내놔요. 과냉각 물방울이 얼음 결정에 부딪히면 얼어 버리면서 얼음 결정에 흡수돼요. 얼음 결정은 점점 커지다 눈송이가 되어 떨어지기 시작한답니다.

강수

구름에서는 비만 떨어지는 게 아니에요. 이슬비, 눈, 우박, 진눈깨비 등도 떨어질 수 있지요. 기상학자들은 구름에서 떨어지는 모든 걸 통틀어 '강수'라 불러요. 비 말고 다른 강수를 소개할게요.

진눈깨비: 눈과 비의 혼합물로 떨어지는 눈 일부가 녹으면서 만들어져요.

눈: 눈송이는 구름을 통과해 떨어지면서 커진 얼음 결정이에요.

우박: 뇌운 속에서 층층이 쌓이며 생기는 커다란 얼음덩어리예요.

싸락눈: 얼음 결정 위로 과냉각 눈방울들이 얼어붙으면서 생기는 얼음 알갱이예요.

어는 비: 지면이나 다른 물체에 부딪히며 충격을 받아 얼어붙은 과냉각 빗방울이에요.

비 69

눈

아름다운 눈꽃이 내려요

공기가 차갑고 바람이 제대로 불어요. 바야흐로 눈의 계절이에요! 믿기 힘들겠지만, 중위도에서는 여러분 머리 위의 구름 어딘가에서 거의 언제나 눈이 내려요. 하지만 구름이 질척이는 비가 아니라 바스락거리는 흰 눈을 지상까지 뿌리려면 공기가 2도보다 차가워야 해요. 그렇지 않으면 밑으로 떨어지는 도중에 녹아 버린답니다. 이 눈이 고스란히 내리는 일은 극지방이나 산악 지역을 빼고는 매우 드물어요.

마른 눈

눈부시게 반짝이는 하얀 눈은 바로 마른 눈이에요. 스키를 타는 사람들이 좋아하는 가루눈이지요. 건조하고 차가운 공기를 통과해 내려오기 때문에 눈송이가 작고 딱딱하며 서로 떨어졌어요. 이런 종류의 눈은 땅에 떨어지고 나서도 서로 달라붙지 않아서 바람이 불면 흩날리며 이리저리 떠다녀요.

젖은 눈

젖은 눈은 0도보다 약간 따뜻한 공기를 통과해 내려오는 눈이에요. 그래서 눈송이가 가장자리가 녹아 다른 눈송이와 달라붙지요. 젖은 눈은 천천히 흩날리는 커다란 눈송이를 만들어요. 이런 종류의 눈은 땅이 차가우면 두껍고 부드럽게 쌓이지요. 눈싸움하거나 눈사람을 만들기 딱 좋은 눈이에요!

눈을 몰고 오다

중위도의 눈은 대부분 가을에 비를 많이 뿌리는 사이클론에서 오는 거예요. 겨울에는 구름 아래. 특히 한랭전선 아래의 공기가 훨씬 차기 때문에 사이클론이 비가 아닌 눈을 몰고 와요. 눈은 다양한 기단(32~33쪽을 보세요)에서 발생할 수 있어요. 북아메리카에서는 해양성 한대 기단과 대륙성 한대 기단이 한랭전선을 따라 눈을 몰고 오는 주범이에요.

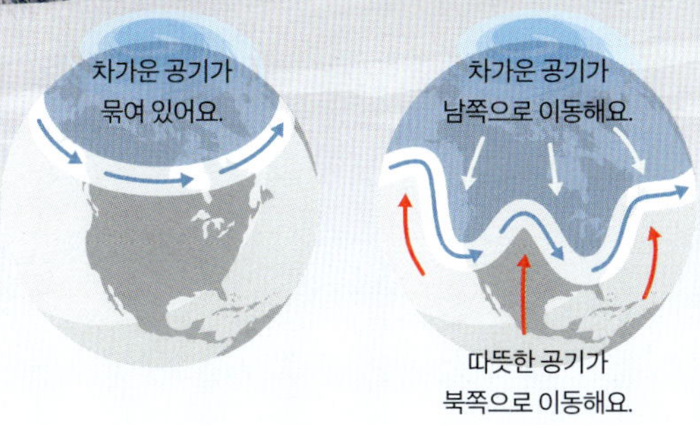

눈송이

작은 막대기 모양의 육각형 얼음 결정이 모여 눈송이를 만들어요. 과학자들은 눈송이를 80여 종류로 분류해요.

양치식물 모양 가지 결정: 양치식물 같은 가지가 달린 커다란 별 모양 눈송이예요.

별 모양 가지 결정: 가지가 있는 커다란 결정으로 영하 20도 이하에서 만들어져요.

얇은 판 모양: 따뜻하고 건조한 공기에서 만들어져요. 가지가 짧고 뭉툭하거나 아예 없어요.

단순한 각기둥 모양: 현미경으로 봐야 할 만큼 작고 면이 여섯 개인 단일 결정체예요.

극소용돌이

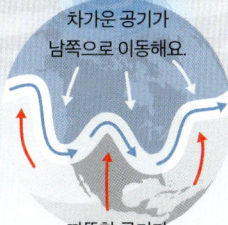

극소용돌이가 움직인다는 뉴스를 들은 적이 있나요? 무서운 SF 소설 같은 게 아니에요! 하지만 무시무시하게 추운 날씨가 다가오고 있다는 뜻이기는 하지요. 극소용돌이는 북극 주변을 반시계 방향으로 움직이는 거대한 공기 흐름으로, 차가운 공기가 극 근처에만 머무르도록 도와줘요. 극소용돌이는 높은 곳을 흐르는 강력한 대기의 강인 제트기류에 둘러싸여 있지요. 어떤 겨울에는 제트기류가 더욱더 구불구불하게 흐르면서 남쪽으로 이동해요. 그러면 극소용돌이가 더 넓어지고 북아메리카와 유럽에 얼음장 같은 날씨를 몰고 온답니다.

설선

낮은 비탈에는 눈이 없을지라도 꼭대기는 언제나 눈에 덮인 산이 많아요. 위로 올라갈수록 기온이 내려가기 때문이지요. 이때 눈이 있는 곳과 없는 곳의 경계를 '설선'이라고 해요. 설선은 매우 선명하고, 계절과 지역에 따라 변해요. 열대지방에서는 5,000미터 이상이지만 극지방으로 갈수록 낮아지지요. 극권으로 가면 설선이 지표면 근처에 있답니다.

눈이 세운 기록

가장 커다란 눈송이: 1887년 1월, 미국 몬태나주에 지름 38센티미터

가장 눈이 많이 내리는 지역: 일본 스카유 온천에 매년 17.64미터

24시간 동안 가장 많이 내린 눈: 2015년 3월, 이탈리아 카프라코타에 24시간 동안 2.56미터

가장 많이 쌓인 눈: 2013년 2월 일본의 이부키산에 11.82미터

가장 키가 큰 눈사람: 2008년 2월, 미국 메인주 베델에 등장한 '올림피아'라는 눈사람은 키가 무려 37.2미터였답니다.

잭 프로스트

미국에서는 잭 프로스트('프로스트'는 영어로 서리를 뜻하는 말)라는 존재가 살금살금 돌아다니며 창문에 무늬를 그려 넣거나 사람들의 코와 손이 동상에 걸리게 한다는 이야기가 전해 내려와요. 스칸디나비아반도에서는 잭 프로스트가 노르웨이 바람의 신 카리의 아들이라고 해요. 한편 핀란드 설화에 따르면 '서리 남자'와 '서리 여자'가 날씨를 조종한답니다.

서리

결정 무늬

고요하고 맑고 쌀쌀한 밤에는 땅이 빠르게 열을 잃을 수 있어요. 땅이 식으면서 그 위에 있는 공기도 식지요. 공기가 식으면 수분이 차가운 땅 위에 이슬로 응결했다가 아침 햇살에 빠르게 증발해 버리곤 하지요. 하지만 땅이 얼음장처럼 차가우면 수분이 얼어붙으면서 땅, 나뭇잎, 나뭇가지 표면을 서리로 덮어요. 서리는 농작물을 죽이기도 해요. 사람들이 채소와 과일을 온실 안에서 키우는 이유랍니다!

이슬
전 세계 거의 어느 곳에서나, 심지어 사막에서도 쌀쌀하고 고요한 밤이 지나면 아침에 이슬이 맺혀요. 공기 중에 있는 수분이 포화하는 지점, 다시 말해 이슬점(20쪽을 보세요)까지 온도가 내려가면 생기지요. 이슬은 보통 잔디, 이파리, 자동차 루프처럼 빠르게 식는 표면에서 생겨요.

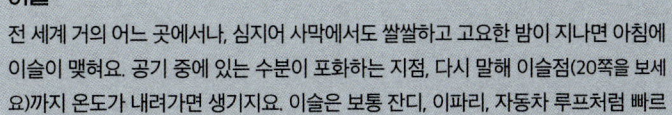

잔디에 맺힌 이슬

풀잎 하나에 이슬이 맺혔어요.

흰서리
흰서리는 수분이 응결하지 않고 곧바로 얼어 버릴 때 만들어져요. 작고 하얗고 반짝이는 얼음 바늘이지요. 뾰족한 얼음이 할아버지의 수염 같아 보이기도 해요. 흰서리는 늦가을과 초봄에 공기에 수분이 많이 있을 때 가장 많이 내려요.

성에
방 안에 있는 수분이 차가운 유리에 닿아 얼면 창문 안쪽에서도 서리가 자랄 수 있어요. 흰서리처럼 수분이 곧바로 얼음 결정으로 얼어 버리면서 아름다운 무늬를 만들지요. 요즘은 이중 유리를 사용하는 경우가 많아 성에가 잘 끼지 않는답니다.

상고대
공기가 축축한 경우에는 수분이 먼저 응결한 다음에 유리처럼 얼면서 잔가지를 덮어 버려요. 마치 나무에 눈꽃이 핀 것처럼 보이지요. 매우 쌀쌀하고 습한 바람이 불 때 나무 표면을 뒤덮는 두꺼운 얼음 같은 서리를 상고대라 불러요. 상고대는 특히 바람이 부는 방향으로 잘 생긴답니다.

서리 지진
땅과 토양이 갑자기 얼면 엄청난 압박을 받을 수 있어요. 어떤 경우에는 압박이 너무 심해서 서리 지진(결빙 지진)을 일으키기도 하지요. 오른쪽 사진의 단단한 화강암 바위는 서리 지진 때문에 두 동강이 나버렸어요.

서리주머니
낮은 지대에는 서리가 내리기 쉬워요. 예를 들면 고요하고 추운 밤 동안 빽빽하고 차가운 공기가 언덕에서부터 흘러내려 오는 작은 계곡 같은 곳이요. 이렇게 서리가 자주 내리는 움푹 파인 지형을 '상혈' 또는 '서리주머니'라 불러요.

차가운 공기

차가운 공기가 비탈을 따라 흘러 내려와서 계곡 안에 모여요

안개

낮게 깔린 구름

안개는 상당히 빽빽해서 1,000미터 앞까지밖에 보이지 않을 정도로 시야를 가리는 지상 구름이에요. 그보다 덜 빽빽하고 훨씬 축축한 구름은 엷은 안개(박무)라 부르지요. 짙은 안개는 도로를 달리는 자동차, 바다를 항해하는 배, 이착륙하거나 낮게 비행하는 비행기에 큰 위험이 될 수 있답니다.

아침 안개

맑은 밤이 지나고 나면 낮은 땅 위에 안개가 생기곤 해요. 안개는 곧 사라질지 모르는 물방울을 머금고 있어요. 물방울은 산들바람에 실려 가거나 태양의 열기에 다시 수증기로 바뀌며 사라지게 되지요.

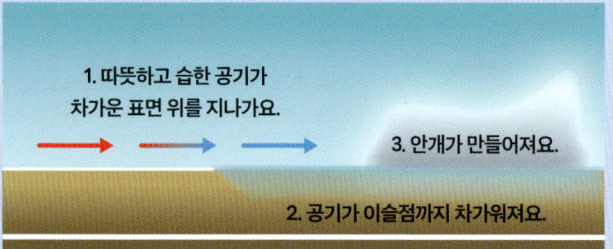

옆으로 이동하는 공기

공기가 옆으로 움직이는 현상인 '이류'는 때때로 안개를 만들어요. 따뜻하고 습하고 가벼운 공기가 차가운 표면 위를 이동할 때 공기가 급격히 이슬점까지 차가워지면서 빽빽한 물방울 구름을 만드는데, 이를 '이류 안개'라 불러요. 이런 종류의 안개는 흔히 바다나 해안 근처에서 발생하지만, 겨울에 꽁꽁 얼거나 눈 덮인 땅 위로 따뜻한 공기가 지나가면 육지에서도 생길 수 있어요. 이류 안개는 높이가 수백 미터까지 커지기도 하고 복사 안개와 함께 만들어지기도 해요.

빅토리아 시대의 런던 시민들이 스모그를 뚫고 걸어가요.

연기 + 안개 = 스모그

도시 지역에서는 연기와 대기 오염 물질이 수증기를 끌어당겨서 안개가 생겨날 수 있어요(67쪽을 보세요). 이 안개와 오염 물질의 혼합물을 '스모그'라 불러요. 1952년, 영국 런던에서 대형 스모그가 발생하면서 약 10만 명이 병에 걸리고 4,000여 명이 목숨을 잃었어요. 스모그가 발생한 주요 원인은 석탄을 태우는 거였어요. 오늘날에는 가정에서 석탄을 거의 쓰지 않지만, 자동차 배기가스로 인해 다른 스모그가 발생하고 있어요.

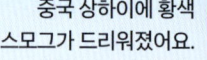

중국 상하이에 황색 스모그가 드리워졌어요.

1. 밤에 지표면이 열을 복사해요.
2. 땅이 식으면서 가장 아래층 공기를 식혀요.
3. 안개가 만들어져요.

복사 안개

복사 안개는 특히 가을에 잘 생겨나요. 여름 동안의 수분이 여전히 공기에 가득하면서도 밤이면 온도가 뚝 떨어지는 시기지요. 해가 져서 춥고 맑으며 고요한 저녁이 되면 땅이 대기로 열을 방출해요. 땅이 식으면 가장 아래층 공기도 식어요. 공기가 이슬점에 도달하면 포화 상태가 되고, 수증기가 빠져나와 물방울로 응결해요. 그러면 천천히 위로 퍼져나가는 안개가 만들어지지요. 복사 안개는 보통 아침 햇살에 증발해 버려요.

해 뜰 무렵, 대만 타이난 인근 언덕에서 복사 안개가 계곡을 가득 메우고 있어요.

만약 올림픽 경기에 쓰는 수영장을 **안개**로 가득 **채운** 후에 응결시키면, 물이 약 **1.25리터** 나올 거예요.

안개를 수집해요

멕시코 사막에 있는 선인장들은 사막의 극심한 열기 속에서 살아가는 데 완벽하게 적응했어요. 원뿔 모양 가시 위에는 작은 침이 있어서 안개의 물방울을 가시로 내려보내요. 그러면 수분이 가시에서 줄기를 타고 내려가 뿌리까지 도달하지요.

안개의 도시 샌프란시스코

미국 샌프란시스코는 여름에 이류 안개가 끼는 것으로 유명해요. 시원한 캘리포니아 해류 위로 따뜻한 편서풍이 불 때, 습한 '해양 층' 공기에서 이류 안개가 생겨나기 시작하지요. 내륙으로 불어오는 뜨거운 공기가 이 해양 층을 샌프란시스코만 깊숙한 곳까지 끌어와요. 위 사진은 안개가 샌프란시스코를 대표하는 금문교를 감싼 모습이에요. 겨울에는 밤에 땅이 빠르게 식으면서 또 다른 안개인 '툴리 안개'가 생겨요. 가끔 툴리 안개와 이류 안개가 동시에 발생해 서로 섞이면, 정말 짙은 안개가 드리웁니다.

도시의 날씨

길거리의 삶

도시는 아스팔트, 벽돌, 콘크리트뿐만 아니라 열로 이루어진 섬이에요. 도시는 시골보다 더 더워요. 예를 들어 미국 뉴욕시는 여름에 주변 지역보다 4도 정도 더 따뜻해요. 도로와 건물이 낮 동안 태양 에너지를 많이 흡수한 뒤 밤에 열로 내보내거든요. 이런 '도시 열섬' 효과는 폭염이 기승을 부릴 때 가장 두드러져요. 대기 오염도 도시의 날씨를 결정하는 중요한 요소예요.

공기가 갇혀요

공기는 보통 고도가 높을수록 차가워져요. 하지만 기온역전이 일어나면 지표면에 있는 시원한 공기가 위에 있는 더 따뜻한 공기층 밑에 갇혀 버리지요. 도시에서 기온역전이 발생하면, 공기 중에 떠 있는 오염 물질과 스모그(67쪽을 보세요)가 따뜻한 공기층 뚜껑에 막혀 위로 흩어지지 못하고 땅 주변에 모이면서 사람들의 건강이 위험해져요. 멕시코의 멕시코시티처럼 낮은 고도에 있거나 언덕이나 산맥에 둘러싸인 도시는 특히 기온역전이 발생하기 쉬워요.

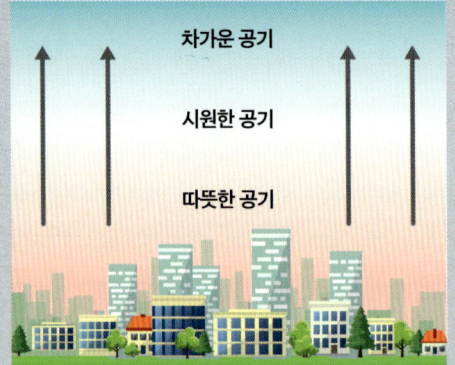

정상 상태

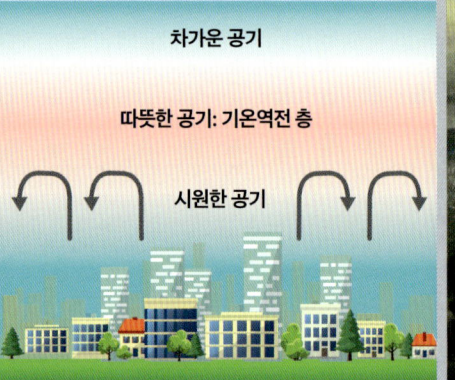

기온역전 상태

더위를 무찌르자

1961년 7월, 미국 뉴욕시의 어린이들이 뿜어져 나오는 소화전에서 열기를 식히며 뛰놀고 있어요. 이런 식으로 더위를 식히는 게 이 도시의 전통이에요. 1925년에는 〈뉴욕타임스〉에 다음과 같은 기사가 실렸어요. "수영복을 입은 아이들이 소화전 주변으로 우르르 모여든다. 그러면 누군가가 공구를 가져와 소화전을 열고, 입구에 막대기를 꽂아서 물이 하늘로 솟구치게 한다. 아이들은 떨어지는 물 아래에서 즐겁게 뛰어논다."

스모그가 멕시코의 멕시코시티를 뒤덮고 있어요.

기온역전은 자동차 매연을 땅 근처에 그대로 묶어 둘 수 있어요.

인도 벵갈루루는 교통 체증과 공기 오염이 심해요.

도시 오염

발전소, 공장, 일반 가정, 자동차에서 화석 연료를 태우면서 나오는 기체와 입자들은 많은 대도시에서 심각한 대기 오염을 일으켜요. 예를 들어 자동차 배기가스에 들어 있는 기체는 햇빛과 반응해 광화학스모그를 일으키고 오존을 만들어요. 성층권에 있는 오존은 해로운 자외선을 차단해 우리를 보호하지만, 지상에 있는 오존은 심각한 호흡기 문제를 일으킬 수 있어요.

열 지도

건물 사이에 난 공간은 그늘지지만, 햇살이 벽에서 반사하기 때문에 오히려 온도가 더 높아요. 건물이 도시 열을 얼마나 늘리는지는 열 지도에서 확인할 수 있어요. 이 열 지도는 폭염이 기승을 부리던 한 이른 아침, 프랑스 파리의 모습이에요. 가장 뜨거운 지역(빨강)은 가장 건물이 많은 지역이에요. 가장 차가운 지역(파랑)은 대부분 공원, 나무가 우거진 곳, 탁 트인 공간이지요.

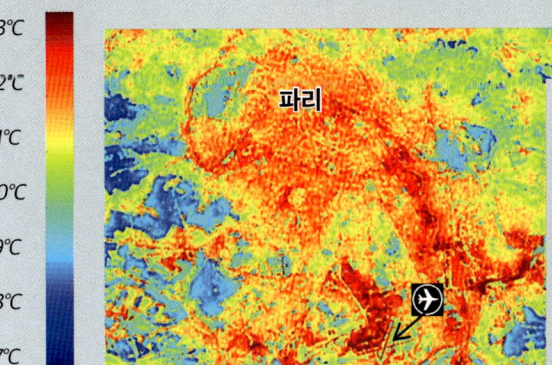

2019년 6월 28일 오전 8시 18분에 측정한 파리 지표면 온도

파리의 인공위성 사진

도시의 날씨 77

지역 날씨

지구 여러 곳에는 그 지역에만 나타나는 바람인 '지역풍'이 꾸준히 불어요. 사람들은 자신들이 사는 지역에 부는 바람에 이름을 붙여 주기도 하지요. 미국 캘리포니아주에는 '산타 아나'라는 맹렬한 악마 바람이 있어요. 산불을 부채질할뿐더러, 미신에 따르면 사람들을 약간 미치게 한대요! 지중해에는 사하라사막 북쪽에서 먼지를 몰고 오는 '시로코'와 '레베체'가 불어요. 프랑스 남부에는 유명한 '미스트랄'이 있고요.

'미스트랄'은 '주인'이라는 뜻인데, 괜히 그런 이름이 붙은 게 아니에요. 이 바람은 프랑스 북동부에서 동쪽 저기압 영역과 서쪽 고기압 영역이 한데 모이면서 시작돼요. 이들은 알프스산맥과 프랑스 중부 산맥 사이에 대기의 강을 흐르게 해요. 그러면 남쪽 리옹만에 있는 저기압이 이 강을 잡아당기고, 강의 흐름은 점점 강해지면서 시속 100킬로미터까지 빨라져요.

미스트랄은 기차를 넘어뜨리고 의자를 멀리 날려 버릴 정도로 무시무시하고 사나워요. 바다 위에 뜬 배들은 힘든 시간을 보내겠지만, 전 세계에서 몰려드는 서퍼들에게는 천국을 선사하지요. 그 덕분에 이 지역에서는 파도 위를 넘나드는 놀라운 묘기를 볼 수 있어요! 미스트랄은 언제든 불지만, 12월에서 4월까지 가장 심하게 불어요.

빛의 속임수

특수 효과

하늘은 눈에 보이는 마술을 부립니다. 대기의 작은 입자들이 태양에서 오는 하얀 빛을 다양한 색으로 가르고 하늘 전체에 퍼뜨리지요. 하늘이 파랗고 해넘이가 붉은 이유예요. 하늘에 떠 있는 먼지, 수증기, 비, 얼음은 무지개, 신기루, 그 밖의 다른 특수 효과도 만들어 내요. 혹시 알아요? 다음번에 무지개가 뜨면 그 끝에 묻힌 황금 항아리를 발견할지도 모르지요!

찬란한 광경

폭풍우가 막 지나간 후, 오스트리아 티롤 산악 지대를 가로지르며 둥근 무지개가 떴어요. 빗방울 때문에 햇빛에 있던 빨주노초파남보 일곱 가지 색이 굴절하고 반사하면서 동심원을 그려요. 1차 무지개 위에는 항상 2차 무지개가 있지만, 보통 너무 희미해서 눈에 보이지 않아요.

무지개

일곱 빛깔 띠

무지개는 관찰자 뒤쪽 하늘에 태양이 낮게 뜨고, 관찰자 앞쪽에 비나 안개가 내릴 때 생겨요. 햇빛이 빗방울을 통과해 나갈 때 내부에서 반사되고 방향을 바꾸기(굴절) 때문이지요. 무지개를 얼마나 많이 볼 수 있는가는 태양 각도와 풍경에 따라 달라져요.

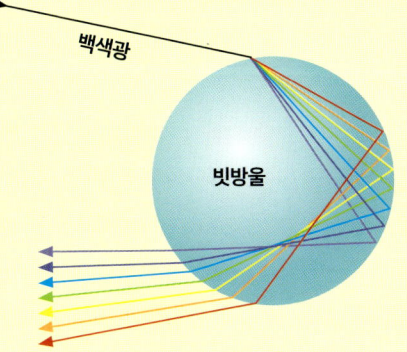

왜 무지개가 보일까요?

여러분이 보는 무지개는 결국 빗방울 수십억 개 안에서 다양한 각도로 반사된 태양빛이에요. 무지개가 둥근 건 빗방울이 구형이기 때문이에요. 태양 빛은 모든 빛을 포함하는데, 빗방울이 빛을 각각 다른 각도로 구부려요. 각 빗방울에서 우리 눈으로 들어오는 색은 태양 빛이 어떤 각도로 이동하느냐에 따라 달라져요. 무지개 바깥쪽에서는 각도가 가파른 빨간색이 보이고, 안쪽에서는 각도가 완만한 보라색이 보이지요.

폭포에 뜬 쌍무지개

2차 무지개는 색의 반사가 두 번 일어나서 1차 무지개와 순서가 반대예요.

거꾸로 뜬 무지개

거꾸로 뜬 무지개는 상층 대기에 떠 있는 털구름을 통과하는 태양 빛이 수평으로 늘어선 얼음 결정 때문에 굴절하면서 생겨요.

햇무리

중심에 태양이 있고 그 주변을 무리가 둥글게 두르고 있어요. 양 끝에는 무리해라고 일컫는 밝은 지점이 하나씩 보여요.

달무리

높은 곳에 있는 구름의 얼음 결정이 하나하나 작은 렌즈처럼 작용해요.

무리

빛이 그리는 동그라미

햇무리나 달무리는 얇은 털구름 층이 하늘을 가로질러 이동할 때 발생해요. 구름 속에 있는 얼음 결정들이 빛을 반사하고 굴절하지요.

신기루

착시 현상

공기층끼리 온도와 밀도가 다르면 빛이 구부러져요. 만약 땅이 뜨겁고 그 위에 있는 공기가 시원하면, 빛이 이동하면서 구부러져서 마치 물처럼 보이는 신기루 효과가 발생해요.

사막 신기루
땅에 굴절된 하늘의 모습이 여행자들에게는 마치 물처럼 보이지요.

스펙터

유령 같은 환영

정말 으스스한 '브로켄 스펙터' 현상은 누군가가 산에 올라 구름이나 안개를 내려다볼 때, 태양을 등지고 서 있으면 생겨요. 스펙터는 유령이라는 뜻이랍니다.

섬뜩한 그림자

빛이 구름에서 반사되기 때문에 마치 유령처럼 생긴 자신의 그림자를 볼 수 있어요. 주변에는 둥근 '후광'도 생기지요.

UFO 발견?
아마 렌즈구름은 하늘에 뜬 그 어떤 물체보다도 가장 많이 UFO로 오해를 받을 거예요. 접시 모양의 이 놀라운 구름은 습한 바람이 산을 넘어가며 불 때 생겨요. 이때 산 건너 공기 흐름에 움직이지 않는 '정상파'가 생기게 되는데 렌즈구름은 이 정상파의 마루에서 만들어져요.

이상한 날씨

번쩍이는 빛, 개구리 구름, 붉은 태양…. 날씨는 가끔 정말로 이상해져요! 강력한 바람이 사막 모래를 잔뜩 몰고 와 하늘을 물들일 수도 있고, 구름 위에서 열을 받아 에너지가 높아진 공기가 화려한 번개를 터뜨릴 수도 있지요. 이상한 모양의 구름이 우주선처럼 빙빙 돌기도 하고, 토네이도와 용오름이 개구리, 물고기 같은 생물들을 빨아들였다가 폭우로 다시 내려보내기도 한답니다!

레드 스프라이트 무리가 뇌운 꼭대기 위쪽으로 치솟고 있어요.

먼지와 모래로 이루어진 하부브가 아프리카의 도시를 위협하고 있어요.

동물 비가 내려요!

거의 200년 동안, 중앙아메리카에 있는 나라 온두라스에는 매년 '물고기 비'가 내렸어요. 봄이나 초여름에 폭풍이 폭우를 쏟아부은 뒤에, 비가 그치고 나면 물고기 수백 마리가 땅 위에서 퍼덕였지요. 그 이유는 아무도 정확히 알지 못한답니다! 인류 역사 전반에 걸쳐 물고기, 개구리, 새, 심지어 뱀이 하늘에서 내려온다는 이야기는 늘 있었어요. 아마도 토네이도나 용오름에 휩쓸려 왔거나, 아니면 단순히 비가 너무 많이 와서 빗물을 타고 떠내려왔을 가능성이 커요.

빛의 전시회

커다란 뇌우는 하늘에 번개를 일으키고, 상층 대기에 '일시발광현상(상층대기번개)'이라 불리는 특별한 빛을 밝히기도 해요. 일시발광현상에는 구름 꼭대기 위로 최대 95킬로미터 높이까지 수직으로 치솟는 레드 스프라이트, 구름 위로 50킬로미터까지 펼쳐지는 블루 제트가 있어요.

하부브

이 엄청나게 강력한 모래 폭풍은 세찬 사막 돌풍이 모래를 들고 와서 뿌리면서 발생해요. '하부브'라는 이름은 바람을 뜻하는 아랍어 '하브'에서 유래했어요. 주로 사하라사막에서 흔하지만, 조건이 맞으면 전 세계 사막에서 일어날 수 있어요. 하강하는 하부브 바람의 속도는 시속 112킬로미터가 넘기도 하고, 폭풍의 너비는 145킬로미터에 이를 수도 있어요.

물고기가 비처럼 내리는 북유럽 이야기가 1555년 판화에 새겨져 있어요.

허리케인 태양

2017년 10월, 허리케인 오펠리아의 잔해가 북아프리카의 열대 공기를 영국으로 끌어들이면서 하늘 높이 붉은 태양이 떠올랐어요. 사막의 먼지와 모래 입자가 붉은 파장을 제외한 모든 파장의 태양 빛을 흩어져 사라지게 했기 때문이에요.

찬란한 불꽃 무지개

원뿔 모양의 블루 제트가 펼쳐져요.

거대 제트는 정말 드물어요.

좀처럼 보기 힘든 붉은 태양

불꽃 무지개

'환수평호'라 불리는 불꽃 무지개는 태양과 털구름이 만드는 착시현상이에요. 하늘에 태양이 58도보다 높게 떠올랐을 때만 생겨나요. 이 각도에서 빛이 털구름 속 얼음 결정들을 통과하면서 굴절해 무지개를 만들지요. 햇빛이 아니라 달빛이 만드는 달무지개도 있는데, 불꽃 무지개보다 훨씬 보기 힘들답니다.

유령처럼 너울대는 달무지개

2010년, 오스트레일리아 라자마누 마을에는 이틀 동안 살아 있는 물고기 비가 내렸어요.

위험한

날씨

허리케인의 탄생

소용돌이치는 열대 폭풍

허리케인은 대기가 만들어 낼 수 있는 가장 극단적인 날씨예요. 둥글게 회전하는 이 폭풍은 바다를 건너 이동하면서 점점 커지고, 땅에 닿을 때 즈음에는 우주에서만 전체 모습을 볼 수 있을 정도로 거대해져요. 위에서 보면 생크림을 둥글게 두른 어마어마하게 커다란 케이크 같아요. 하지만 그 영향력은 결코 케이크처럼 달콤하지 않지요. 단 며칠 만에, 핵폭탄 1만 개에 맞먹는 파괴력의 사나운 바람과 집중 호우로 이동 경로에 있는 장소들을 폭격할 수 있답니다.

허리케인 시즌
대서양, 카리브해, 멕시코만의 허리케인 시즌은 6월 1일부터 11월 30일까지예요. 가장 많은 수가 몰아닥치는 시기는 8월 중순에서 10월 하순이지만, 허리케인 시즌 중에는 파괴적인 허리케인이 언제든지 발생할 수 있어요.

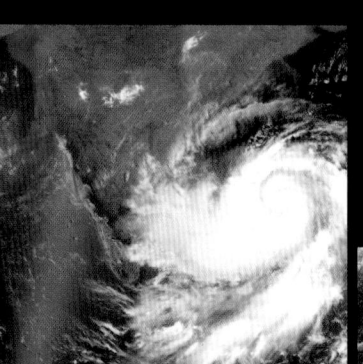

사이클론 파니가 인도를 향해 돌진하고 있어요.

태풍 망쿳이 필리핀을 강타하고 있어요.

이름이 여러 개
허리케인을 비롯한 열대성 저기압은 지역에 따라 다른 이름으로 불리지만, 어떤 이름으로 불리든지 무시무시한 건 다 마찬가지예요. 미국을 포함한 대서양에서는 허리케인, 우리나라를 포함한 북태평양에서는 태풍, 인도양과 남태평양에서는 사이클론이라고 부른답니다. 허리케인은 여름에 발생해서 미국을 향해 이동해요. 태풍은 초여름부터 늦가을까지 태평양 일대의 동아시아와 동남아시아를 강타하고요.

5등급 허리케인
2018년 10월, 허리케인 마이클이 미국 플로리다주 팬핸들에 상륙했어요.

허리케인 마이클이 미국에 접근하고 있어요.

세기
상륙 시점에서 시속 약 257.5킬로미터의 바람이 미국 조지아주까지 몰아쳤어요.

요란 발생

허리케인은 늦여름에 열대지방에 내리쬐는 태양이 바닷물을 증발시켜 거대한 뇌우를 만들면서 시작돼요. 머리 위 저 높은 곳에 있는 뇌우 꼭대기는 동쪽에서 불어오는 공기 제트와 스치지요. 이 제트는 뜨겁고 건조한 사막에서 따뜻한 바다 위로 질주하면서 '동풍'이라 불리는 구불구불한 흐름으로 발달해요. 이 흐름이 뇌우를 휘감아서 '열대 요란'이라는 덩어리를 만들지요.

회전하는 거대한 덩어리

조건이 잘 맞으면 열대 요란이 모양을 갖추기 시작해요. 지구 자전 때문에 동쪽에서 불어오는 무역풍이 요란을 빙빙 돌리기 시작해요. 그러면 폭풍을 하나둘 흡수하며 곧 거대한 한 덩어리가 되어 돌기 시작하지요. 북반구에서는 반시계 방향, 남반구에서는 시계 방향으로 돌아요. 중앙은 상승기류가 집중돼서 기압이 떨어져요. 열대 요란은 이제 나선형으로 돌아가는 열대 저압부가 돼요.

이동

열대 저압부는 무역풍을 타고 천천히 서쪽으로 이동하면서 구름을 더 모으고 힘이 더 세져요.

열대 요란

허리케인 플로렌스

열대 폭풍 아이작

허리케인 헐린

폭풍으로 성장

곧 열대 저압부는 커다랗고 강력해져요. 아직 허리케인은 아니지만, 꽤 강한 바람이 중심을 휘감아 돌고 비구름이 고리를 이루는 열대 폭풍이 돼요. 엄청 빠르지는 않아도 밤낮으로 쉬지 않고 이동해요. 불과 2주 만에 바다를 가로질러 지나가면서 완전한 허리케인으로 발달하지요.

허리케인의 눈은 너비 322킬로미터 이상인 경우도 있어요. 눈 속은 날씨가 고요해요.

허리케인 이동

인공위성에서 보면 완전히 발달한 허리케인이나 태풍은 마치 커다란 바람개비 같아요. 가장자리에서는 '강우대'라고 알려진 뇌우 고리가 비를 퍼붓고, 매서운 바람이 휘몰아치지요. 허리케인의 중심에는 '눈'이라 불리는 구멍이 구름 사이로 뚫려 있어요. 이곳에서는 바람이 구름 벽에서 나선형으로 불며 위로 올라가요. 허리케인의 눈이 지나가는 동안에는 하늘이 맑고 모든 것이 고요해요. 하지만 속지 마세요, 이렇게 잠잠한 상태는 아주 잠깐뿐이니까요!

흡입 효과

눈의 저기압이 아래쪽의 해수면을 끌어올려 폭풍 해일을 일으켜요.

확산

시원하고 건조한 공기가 중심에서 바깥으로 흘러나가면서 아래쪽으로부터 공기를 더 많이 빨아올려요.

강우대

뇌우 사이사이에는 공기가 맑은 영역이 있어요.

바람 방향

허리케인의 탄생

허리케인의 위력

우리에게 닥칠 수 있는 최악의 날씨

허리케인이 땅으로 다가오면 어둡고 불길한 구름이 온 하늘을 가득 메워요. 파도가 출렁이며 부서지고, 바람이 위협적인 소리를 내기 시작하지요. 그러고는 쾅, 허리케인이 바로 머리 위에 왔어요! 차가운 땅이 폭풍의 에너지를 빨아들이고 구름이 물을 무지막지하게 쏟아 내요. 단 몇 시간 동안 30센티미터가 넘는 비가 쏟아질 수 있어요. 이제 지구상에서 가장 무시무시하고 난폭한 폭풍이 난동을 부려요. 하지만 더 최악의 상황은 아직 시작되지도 않았답니다.

조용한 눈
몇 시간 동안 세차게 퍼붓던 비가 멈추고 바람이 잦아들어요. 하지만 속지 마세요. 폭풍의 고요한 중심부인 눈이 지나가는 중이니까요. 한 시간 안에 고요한 날씨는 끝나고 폭풍의 맹렬한 기세가 되살아날 거예요.

스트라이크 1
비가 내리기 시작한 지 얼마 지나지 않아, 잔뜩 화가 난 허리케인이 무시무시한 바람과 함께 육지를 강타해요. 엄청난 굉음이 들려오면서 나무가 꺾이고, 약한 건물이 뜯어져 나가고, 허술한 지붕이 펄럭이지요. 가장 강한 5등급 허리케인의 경우에는 맹렬한 바람이 자동차를 집어 던지고, 심지어 아주 튼튼한 건물도 망가뜨릴 수 있어요.

위험
폭풍 해일과 거대한 파도는 사람들의 목숨을 앗아 가는 가장 큰 위험 요소예요.

스트라이크 2
허리케인이 일으키는 파도는 정말 무서워요. 하지만 더 무서운 게 있어요. 허리케인의 눈에 있는 저기압은 바다 표면을 돔 모양으로 들어 올려 '폭풍 해일'을 일으켜요. 허리케인이 땅으로 접근할 때 폭풍 해일을 함께 몰고 와서 거대하고 높은 파도가 해안 지역을 집어삼키고 먼 내륙 지역까지도 휩쓸 수 있답니다.

폭풍 해일이 해안가의 잔해를 내륙으로 수십 킬로미터나 끌고 왔어요.

스트라이크 3, 아웃!
마침내 폭풍이 멀리 지나가면, 비가 멈추고 바람이 잦아들어요. 하지만 폭풍의 꼬리는 여전히 남아 주변을 위협해요. 집중 호우, 거대한 파도, 폭풍 해일의 조합이 해안 저지대에 어마어마한 양의 물을 쏟아부을 수 있어요. 폭풍이 지나가고 한참 지난 뒤까지 물이 차오를 때도 있지요. 허리케인이 지나간 후 빈번히 발생하는 홍수야말로 가장 오랫동안 가장 큰 피해를 일으키는 경우가 많아요.

허리케인의 힘

폭풍이 허리케인이나 태풍으로 분류되려면 풍속이 시속 118킬로미터를 넘어야 해요. 하지만 정말 강력한 허리케인이 오면 훨씬 더 센 바람이 불지요. 2017년 허리케인 어마의 경우, 풍속이 무려 시속 298킬로미터였어요! 허리케인이 접근하면, 폭풍 관측자들은 사람들이 예상하고 대비할 수 있도록 각 폭풍에 사피르-심슨 등급을 매긴답니다.

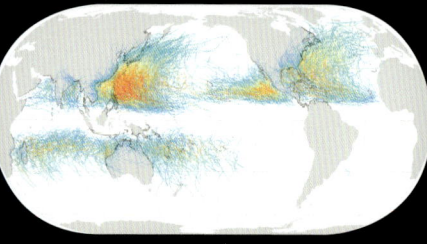

1945~2006년에 발생한 열대성 저기압

| 열대 저압부 | 열대 폭풍 | 1등급 허리케인 | 2등급 허리케인 | 3등급 허리케인 | 4등급 허리케인 | 5등급 허리케인 |

사피르-심슨 등급

1등급
시속 119~153킬로미터
폭풍 해일 1.2~1.5미터
가벼운 피해: 이동 주택이 움직이고, 표지판이 날아가고, 나뭇가지가 부러져요.

2등급
시속 154~177킬로미터
폭풍 해일 1.8~2.4미터
중간 수준의 피해: 이동 주택이 뒤집히고, 지붕이 날아가요

3등급
시속 178~209킬로미터
폭풍 해일 2.7~3.6미터
대규모 피해: 작은 건물이 무너지고, 나무가 뿌리째 뽑혀요.

세계 최악의 열대성 저기압

가장 많은 목숨을 앗아 간 열대성 저기압:
사이클론 볼라, 방글라데시
1970년 11월 12일
약 50만 명 사망

가장 많은 재산 피해를 입힌 열대성 저기압:
허리케인 카트리나, 미국 멕시코만 연안
2005년 8월 29일~31일
1,833명 사망, 약 131조 원 피해

가장 강한 바람을 일으킨 열대성 저기압:
사이클론 올리비아, 오스트레일리아 서쪽 배로우섬
1996년 4월 10일
풍속 시속 408킬로미터

가장 많은 비를 뿌린 열대성 저기압:
사이클론 히아신스, 인도양 레위니옹섬
1980년 1월 14일~28일
총 강수량 6,083밀리미터

2017년 허리케인 하비가 홍수를 일으킨 지역의 항공사진

눈 바꿈
눈이 지나간 후에는 바다를 바라보고 섰을 때 왼쪽에서 바람이 불어와요.

4등급
시속 210~249킬로미터
폭풍 해일 4~5.5미터
극심한 피해: 나무가 대부분 쓰러지고, 모든 건물에 광범위한 구조적 손상이 생겨요. 대규모 홍수가 일어나요.

5등급
시속 250킬로미터 이상
폭풍 해일 5.5미터 이상
재앙 수준의 피해: 건물이 대부분 파괴되고, 숲이 훼손되고, 도로와 관로가 망가져요. 무시무시한 홍수가 일어나요.

카트리나

시간순으로 알아보는 허리케인 카트리나

2005년, 허리케인 카트리나가 미국 멕시코만 연안, 특히 루이지애나주의 도시 뉴올리언스를 강타했어요. 563킬로미터 너비의 이 폭풍은 대서양 위에서 태어나 플로리다주에 상륙한 뒤 멕시코만으로 휘돌아 갔지요. 그곳의 바다에서 따뜻한 물을 만나면서 소용돌이치는 폭풍의 바람은 시속 280킬로미터로 강해졌고, 거대한 파도를 일으켜 뉴올리언스의 홍수방벽과 제방을 부수고 도시를 거의 산산조각 냈어요.

남겨진 사람들
슈퍼돔 스포츠 스타디움(위 사진)과 모리얼 컨벤션 센터는 발이 묶인 뉴올리언스 시민들을 위한 '마지막 피난처'로 쓰였어요. 두 건물 모두 카트리나로 인한 피해가 아예 없었던 건 아니지만, 집이 부서지거나 물에 잠겨 덩그러니 남겨진 시민 수천 명에게는 가장 안전한 장소였지요.

대참사
카트리나는 5등급(88~89쪽을 보세요) 허리케인으로, 지금까지 미국을 강타한 폭풍 중에 가장 파괴적이었어요. 특히 뉴올리언스는 강이 범람하는 것을 막으려고 지은 제방 가운데 50개가 무너지는 바람에 타격이 더 컸어요. 물이 온 도시로 쏟아져 들어왔고, 대피하지 않은 주민들은 6미터 깊이에 달하는 물에 둘러싸였지요.

처음 생겨난 날: 2005년 8월 23일

사라진 날: 2005년 8월 31일

등급: 5등급 허리케인

주로 타격을 받은 지역: 플로리다주, 루이지애나주, 미시시피주, 앨라배마주

최대 지속 풍속: 시속 280킬로미터

사망자 수: 1,833명

피해 상황: 집을 잃은 사람이 100만 명이 넘고, 뉴올리언스 면적의 80퍼센트 이상이 홍수에 잠겼어요.

피해 금액: 약 131조 원

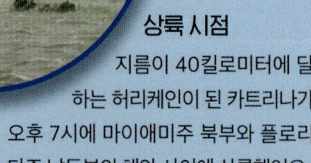

상륙 시점
지름이 40킬로미터에 달하는 허리케인이 된 카트리나가 오후 7시에 마이애미주 북부와 플로리다주 남동부의 해안 사이에 상륙했어요.

늘어나는 힘
카트리나가 멕시코만의 매우 따뜻한 바닷물을 가로질러 이동하면서 점점 더 세지고 있다고 미국 국립허리케인센터가 경고했어요. 루이지애나주와 미시시피주 주지사는 비상사태를 선포했지요.

구호 물품
루이지애나주 방위군이 슈퍼돔에 전달하기 위해 트럭 3대 분량의 물과 7대 분량의 즉석식품을 준비하고 있어요. 1만 5,000명이 3일 동안 사용할 수 있는 구호 물품이지요. 하지만 슈퍼돔에는 2만 5,000명이 도착해 5일간 머물렀어요.

카트리나 진행 과정

허리케인이 올지도 모른다는 사실을 사람들이 처음 안 건 8월 23일 미국 국립허리케인센터에서 기상 주의보를 발령했을 때예요. 하지만 이때까지만 해도 앞으로 어떤 심각한 상황이 벌어지게 될지 그 누구도 예상하지 못했답니다.

 8월 24일, 수요일
플로리다주 마이애미에서 동쪽으로 약 370킬로미터 떨어진 곳에 있는 폭풍에 카트리나라는 이름을 붙였어요. 이때 풍속은 시속 65킬로미터였어요.

 8월 25일, 목요일
카트리나가 시속 130킬로미터의 바람과 함께 플로리다주 남동쪽에 1등급 허리케인으로 상륙했어요.

 8월 26일, 금요일
카트리나가 멕시코만을 지나기 전에 살짝 약해졌다가, 다시 시속 170킬로미터의 바람을 동반한 2등급 허리케인으로 강해졌어요.

 8월 27일, 토요일
카트리나가 시속 185킬로미터의 바람을 일으키며 3등급 허리케인으로 성장했어요. 미국 대통령이 루이지애나주에 연방 비상사태를 선포했어요. 기상 관측용 비행기가 카트리나 속으로 날아 들어가 정보를 수집했어요.

"제때 도망쳐서 얼마나 다행인지 몰라요. 제가 위층으로 올라간 지 몇 초 지나지 않아 카트리나가 집 한쪽 면을 통째로 뜯어 버렸거든요."

– 목격자 엘리자베스 애쉬 하브릴라

제방이 무너지다
8월 29일, 많은 사람이 두려워하던 일이 실제로 일어났어요. 강력한 폭풍 해일의 압력에 제방에 금이 가더니 결국 무너지고 말았지요. 제방 위와 사이로 물이 쏟아져 들어왔고, 도시의 여러 구역이 하나하나 물에 잠겼어요. 제방과 홍수방벽 457킬로미터 가운데 거의 272킬로미터가 망가졌어요.

대피
미국기상청에서 카트리나를 '잠재적 재앙'으로 여기고, 뉴올리언스 시장 레이 나긴이 시민들에게 강제 대피 명령을 내렸어요. 수만 명이 도시를 빠져나가면서 도로는 수많은 차로 아수라장이 됐어요.

구조
폭풍이 지나간 뒤에도 다락방과 옥상에 꼼짝없이 갇힌 사람들은 구조를 기다렸어요. 구조대가 이들을 고지대로 옮기고 대피시켰어요.

오하이오주 상공에서 사라져 가는 카트리나의 모습

여파
카트리나는 멕시코 연안을 따라 모든 집을 파괴하고, 생명을 앗아 가고, 지역 사회 전체를 물에 잠기게 했어요. 미국 전역에서 지원자 수만 명이 음식, 쉼터, 옷, 의료 서비스를 제공했어요.

8월 28일, 일요일
루이지애나주 사람들은 전부 대피하라는 지시를 받았어요. 떠나지 못하는 사람에게는 슈퍼돔이 피난처 역할을 했지요. 카트리나는 풍속 시속 280킬로미터짜리 5등급 허리케인이 됐어요.

8월 29일, 월요일
카트리나가 강력한 3등급 허리케인으로 두 번째와 세 번째로 상륙했어요. 높이 8미터짜리 폭풍 해일이 뉴올리언스를 보호하던 제방을 강타해 무너뜨리면서 시내로 물이 쏟아져 들어왔어요.

8월 30일, 화요일
카트리나가 뉴올리언스에서 멀어지면서 열대 폭풍으로 약해졌어요. 하지만 약 6만 명이 여전히 도시에 갇혀 있었지요. 대부분 주요 대피처로 대피했지만, 자신의 집 지붕 위에서 옴짝달싹 못 하는 사람들도 있었어요.

8월 31일, 수요일
더는 뉴올리언스로 물이 넘쳐 들어오지 않았지만, 도시는 이미 대부분 물에 잠겼어요. 카트리나는 오하이오주 하늘에서 완전히 사라졌어요. 미국 정부는 루이지애나주를 비롯한 4개 주에 공중보건 비상사태를 선포했어요.

폭풍이 지나간 자리

허리케인 카트리나가 뉴올리언스를 떠난 다음 날인 2005년 8월 31일, 군용 트럭이 물에 잠긴 커낼 거리를 달리고 있어요. 이곳은 뉴올리언스의 역사적으로 중요한 도로지요. 뉴올리언스에서는 시민 40만 명 이상이 대피했고, 많은 사람이 다시는 집으로 돌아오지 못했으며, 수십조 원 규모의 피해가 발생했어요.

뉴올리언스에 살던 건설업자 조 브리지스와 그의 가족은 거의 마지막까지 버티다가 도시를 떠났어요. 처음에는 폭풍을 견뎌낼 생각이었지만, 마지막 순간에 대피하기로 마음을 바꿨지요. 조는 "제방이 무너지자 모두 완전히 충격에 빠져서 앞으로 어떻게 해야 할지 모른 채 발만 동동 굴렀다"라고 회상했어요.

조의 아들 조던은 다음과 같이 말했지요. "짐을 싸면서 얼마나 서둘렀는지 몰라요. 사진, 중요한 서류, 며칠 동안 입을 옷을 마구잡이로 챙겼지요. 사람들이 통을 타고 커낼 거리를 헤치며 나가는 광경을 바라보면서, 다시는 집으로 돌아오지 못할 것 같다는 느낌을 받았어요."

브리지스 가족은 2006년 1월에 뉴올리언스로 돌아왔어요. 조던은 이렇게 말했지요. "며칠 동안 심란한 마음에 빠졌던 기억이 나요."

이 재앙에서 얻은 결실이 있다면, 많은 사람이 지역 사회에 더 적극적으로 참여하게 됐다는 점이에요. 폭풍이 몰아치는 동안, 그리고 그 이후에도 개인과 단체는 서로를 돕기 위해 힘을 합쳤지요.

헬기 구조대

극단적인 날씨는 단 몇 분 만에 수많은 목숨을 앗아 가고 주민들의 발을 묶어 죽음의 공포에 떨게 만들지요. 2017년 8월 30일, 4등급 허리케인 하비가 미국 텍사스주 버몬트를 휩쓸며 끔찍한 홍수를 일으켰어요. 미국 관세국경보호청과 해병대 작전대가 발이 묶인 주민들을 안전한 곳으로 옮기려고 헬기로 들어 올리고 있어요.

구조

극단적인 날씨가 사람들을 위협하면 현실 세계의 영웅들이 위험을 무릅쓰고 사람들을 구해요. 구조가 직업인 전문 구조대원도 있고, 직업은 다르지만 여가를 포기하고 구조 작업을 하는 숙련된 자원봉사자들도 있어요. 구조견과 같은 동물들도 구조대의 일원이 랍니다.

초기 대응
극단적인 날씨 조건에서는 위험에 처한 사람들에게 도달하기 어려워요. 이런 경우에는 드론이 구조를 도와요. 구조대보다 먼저 현장에 도착해서 도움이 필요한 사람들을 찾아내고 구조 작업에 속도를 내게 해주지요. 또 구급상자와 비상용품을 전달할 수도 있어요.

구급상자를 전달하는 드론

산불과 싸워요
산불이 나면 소방관들은 빠르게 번지는 불길을 잡으려고 자신의 안전을 무릅쓰고 활동해요. 비행기와 헬기도 불의 흐름을 막는 화학 지연제와 섞은 물 수천 리터를 공중에서 뿌리면서 땅에서 싸우는 소방관들을 도와요.

이탈리아에서 난 산불에 비행기가 물을 뿌리고 있어요.

해상 구조
1838년 9월 7일 밤, 영국 노섬벌랜드에 끔찍한 폭풍이 몰아쳤어요. 등대지기와 딸 그레이스 달링은 작은 보트를 타고 등대(오른쪽 사진) 밖으로 나와 난파된 증기선의 생존자들을 구했지요. 이 영웅담은 다른 바다 영웅들에게 영감을 주었어요. 미국에서는 해안경비대가 바다의 안전을 책임지는 일을 하지만, 다른 나라에서는 자원봉사자가 도맡는 경우도 많아요.

영국 구조선이 구조 임무를 수행하고 있어요.

> 가장 **임무를 잘 수행한** 산악 구조견은 **베리**라는 이름의 **세인트버나드**였어요. 1800년대 초 스위스 알프스산맥에서 일하면서 **40명 이상의 목숨을** 구했어요.

수색 구조견
홍수나 폭풍으로 무너진 건물 아래 갇힌 사람들에게는 특별히 훈련된 개가 가장 큰 희망일 수 있어요. 이 개들은 사람 냄새를 감지하도록 훈련됐어요. 사람을 찾으면 그 장소로 조련사를 끌고 가거나, 그 자리에 서서 짖어요.

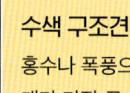
우크라이나에서 의료진과 구조견이 무너진 건물을 수색하고 있어요.

썰매로 된 들것으로 사람을 옮기는 산악 구조대

2011년 태국에서 820만 명이 홍수로 피해를 보았을 당시, 사람들이 구명보트를 타고 이동하는 모습이에요.

힘을 합쳐요
몬순이나 허리케인이 거리를 물바다로 만들면 경찰, 해안경비대, 군부대 같은 조직이 용감한 자원봉사자들과 힘을 합쳐서 발이 묶인 주민들을 찾아내고 구조해요.

산악 구조
산악 구조대는 빙하나 빙벽의 틈처럼 가장 위험한 지형에서 눈보라를 포함한 가장 극한의 조건에 맞서 싸워야 해요. 헬기를 띄우는 것조차 위험할 때가 많아서, 사람이 직접 얼음장 같은 날씨와 싸우며 높은 고도까지 올라가 다친 사람들을 구조하지요.

전선 폭풍

비교적 흔한 폭풍

만약 서쪽 하늘에 깃털같이 가느다란 털구름들이 보인다면 조심하세요! 지금은 하늘이 파랄지 모르지만, 단 몇 시간 안에 강력한 전선 폭풍이 여러분을 덮칠 가능성이 크답니다. 전선 폭풍, 다른 말로 '온대 저기압'은 대기가 서로 싸우는 커다란 전쟁터 중 하나인 한랭전선을 따라 솟아올라요. 열대지방의 사이클론(열대성 저기압)만큼 극적이진 않을지 몰라도, 엄청나게 거친 날씨를 몰고 올 거예요. 게다가 훨씬 춥다고요!

폭풍의 시작

북극해 위에는 1년 내내 차가운 공기층이 내려앉아 있어요. 이 공기층이 남쪽으로 흘러 나가면서 편서풍이 몰고 온 따뜻하고 습한 공기를 만나 한랭전선을 만들지요. 바로 이 한랭전선의 중심부에서 저기압이 시작돼요. 특히 가을에는 저기압 무리가 편서풍을 타고 동쪽으로 이동해요. 이동하는 과정에서 전선의 구부러진 부분이 한랭전선과 온난전선이라는 2개의 팔로 발달하고, 이 두 전선이 차례로 지나가면서 폭풍우 치는 날씨를 한 번씩 몰고 와요.

기단이 충돌해요

한랭전선은 차가운 한대 기단과 따뜻한 열대 기단이 충돌하면서 발달해요. 한쪽에서는 차가운 공기가 흐르고, 다른 쪽에서는 따뜻한 공기가 반대 방향으로 흘러요.

사이클론이 만들어져요

따뜻한 공기가 차가운 공기 위로 미끄러져 올라가면서 한랭전선에 볼록한 부분이 생기고, 저기압 영역이 만들어지기 시작해요.

두 전선이 발달해요

볼록한 부분이 V자 모양으로 날카로워지면서 앞쪽 모서리에는 온난전선이, 뒤쪽 모서리에는 한랭전선이 생겨나요. 전선이 지나가면서 폭풍우 치는 날씨가 함께 찾아오지요.

전선이 닫혀요

더 빠르게 움직이는 한랭전선이 온난전선을 따라잡기 시작해요. 폭풍이 약간 힘을 잃고, 저기압도 약해지지요.

폐색전선이 돼요

결국 한랭전선이 온난전선을 완전히 따라잡아요. 한랭전선이 온난전선을 땅에서 들어 올리면서 폐색전선이라는 하나의 전선으로 합쳐져요.

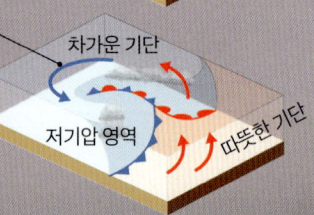

서부는 거칠다?

전선 폭풍은 바다를 건너 동쪽으로 이동하면서 집채만 한 파도를 일으킬 수 있어요. 파도 꼭대기는 물거품이 일면서 하얗게 변하지요. 이런 폭풍 파도는 엄청난 힘으로 미국 서해안을 강타하곤 해요. 안전하게 멀리 떨어진 곳에서 구경하는 게 상책이지요.

닥쳐올 재앙

오른쪽 사진에 보이는 오스트레일리아 태즈메이니아 비날롱 베이의 영화 같은 하늘은 전선 폭풍이 다가오고 있다는 징조예요. 곧 파도가 치기 시작하면서, 해안가 사람들은 짧지만 강렬한 폭풍에 대비해야 할 거예요. 이 지역에는 겨울 동안 쌀쌀한 전선 폭풍이 흔하게 찾아온답니다.

폭풍이 밀려들다

전선 폭풍이 서쪽에서 밀려오면 처음에는 온난전선, 다음에는 한랭전선이 지나가면서 차례로 폭풍우 치는 날씨를 몰고 와요.

온난전선

1. 첫 번째 신호는 서쪽 하늘 높이 뜬 털구름이에요. 온난전선의 앞쪽 가장자리에 있는 구름이지요. 6~12시간 안에 비가 올 거예요. 바람은 동쪽에서 불어와요.
2. 온난전선이 다가오면서 하늘에 털층구름이 생겨나고 때로는 햇무리가 생겨요. 기압이 내려가고 남동풍이 불어요.
3. 곧 높층구름과 비층구름이 하늘에 어둡게 드리워요. 이슬비가 내리기 시작하다가 온난전선이 다 지나갈 때까지 몇 시간 동안 비가 내리지요.
4. 비가 그치면 하늘이 맑아지고 쌘구름과 층쌘구름이 남아요. 공기가 따뜻해지지만, 한랭전선이 다가오기 전에 잠시 갠 것뿐이지요.

한랭전선

5. 차가운 공기가 한랭전선을 따라 밀고 들어오면, 따뜻한 공기를 급격히 들어 올리면서 거대하고 무시무시한 뇌운을 쌓아요. 기압이 올라가요.
6. 바람의 방향이 급격히 바뀌어서 남서풍이 불고, 구름이 억수 같은 비를 뿌려요. 하늘에 번개가 번쩍이고 천둥이 으르렁댈 수도 있어요!
7. 다행히도 한랭전선은 온난전선보다 가팔라서 약 1시간 만에 지나가요. 비가 그치고 바람이 잦아들면서 공기가 맑고 깨끗해져요. 하늘에는 몽실몽실한 솜털 같은 쌘구름이 둥둥 떠다녀요.

대서양 폭풍

234: 매년 겨울 북반구에서 생겨나는 평균 온대 저기압의 수

37: 북반구에 매 6시간 동안 존재하는 평균 온대 저기압의 수

913밀리바: 1993년 1월 폭풍 브레이어가 도달한 최저기압, 북대서양 폭풍 가운데 가장 낮은 기압

시속 193킬로미터: 1993년 브레이어가 닥쳤을 때, 스코틀랜드 북서부에 분 바람의 속도

최대 15센티미터: 1993년, 세기의 폭풍(115쪽을 보세요)이 미국 전역에 극심한 눈 폭풍과 추위를 몰고 왔을 때 플로리다주에 내린 눈의 양

소나기구름

화재 쌘비구름

화재 쌘비구름은 산불(184~185쪽을 보세요)이나 다른 화재 때문에 발생해요. 이 구름은 폭풍을 일으켜서 화재를 더 멀리까지 퍼뜨리고, 번개를 내려 불씨가 더 많아지게 할 수 있어요.

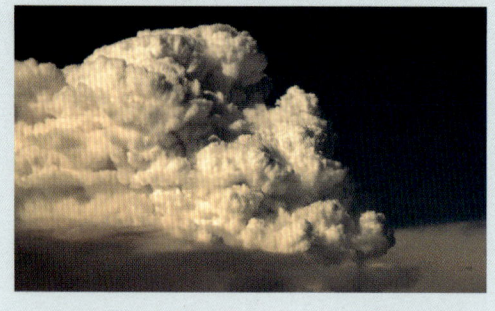

폭풍 구름이 일하는 방식

쌘비구름은 골치 아파요! '소나기구름'이라고도 불리는 이 높다란 구름은 뇌우를 몰고 오지요. 하늘 높이 우뚝 솟은 이 구름은 집중 호우, 번개, 우박 등 극단적인 날씨 현상을 일으켜요. 토네이도의 발생지가 될 수도 있지요. 다행히 서로 모여서 멀티셀이나 슈퍼셀 폭풍이 되지 않는 한 영향력은 짧은 편이에요.

쌘비구름은 어떻게 생겨날까요

쌘비구름은 고도 2,000미터보다 낮은 곳에서 하얗고 몽실몽실한 쌘구름(58~59쪽을 보세요)이 만들어지면서 시작돼요. 따뜻하고 습한 공기가 지표면에서 위쪽으로 올라오면서 쌘구름이 더 높이 쌓이면 쌘비구름이 되지요. 밀도가 높아진 구름 속 수분이 비가 되어 아래로 떨어질 때 차갑고 건조한 공기를 끌어가면서 하강기류와 폭풍의 씨앗을 만들어요. 폭풍은 에너지를 많이 쓰기 때문에 보통 수명이 짧아요. 하강기류가 상승기류보다 더 강해지면 폭풍이 약해지면서 사라져요.

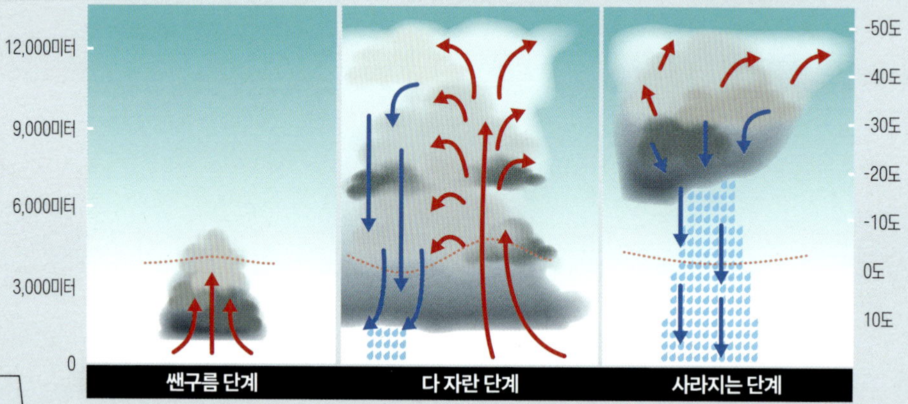
12,000미터
9,000미터
6,000미터
3,000미터
0
-50도
-40도
-30도
-20도
-10도
0도
10도
쌘구름 단계
다 자란 단계
사라지는 단계

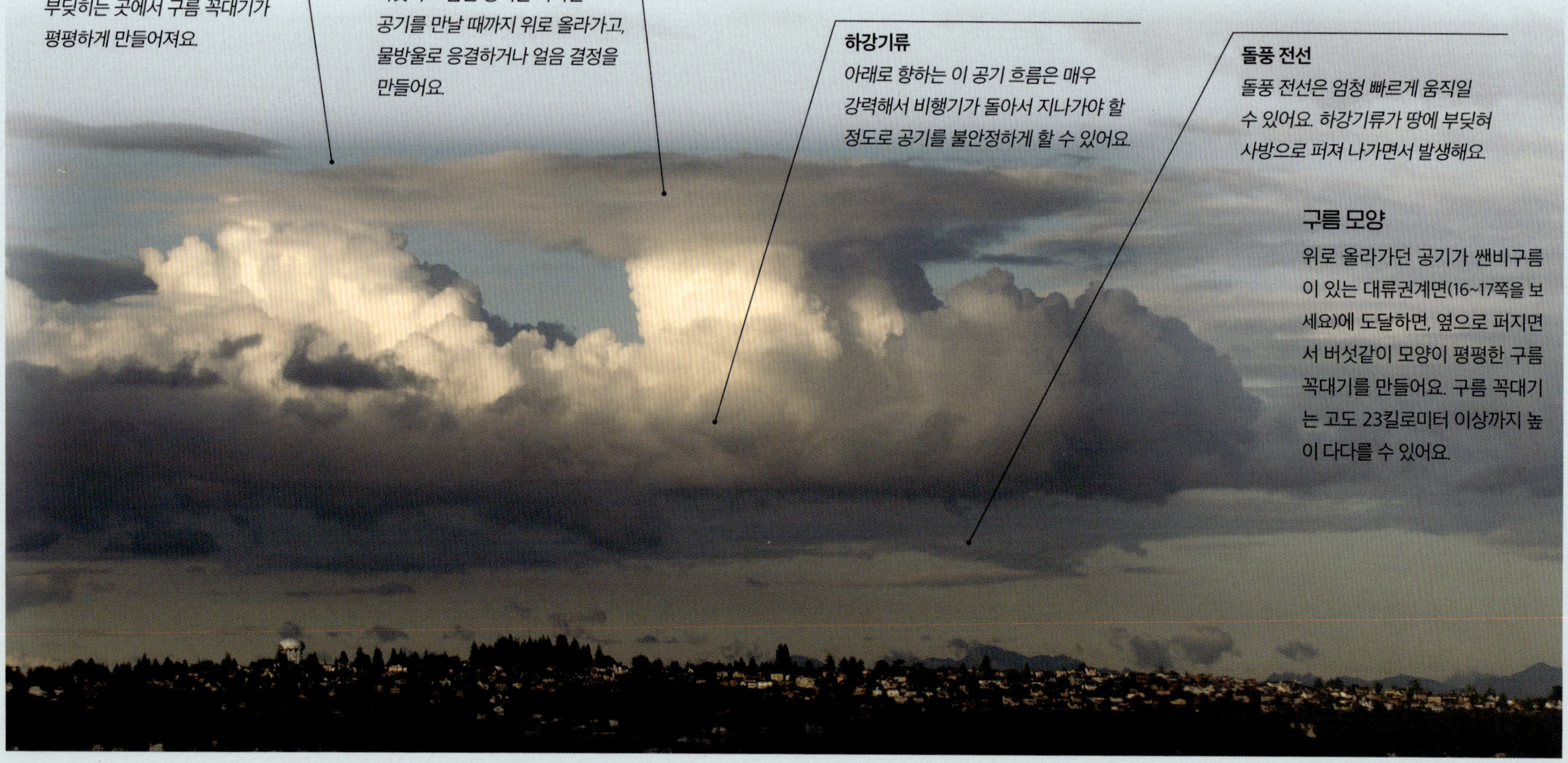
평평한 꼭대기
상승하는 공기가 성층권 바닥과 부딪히는 곳에서 구름 꼭대기가 평평하게 만들어져요.
상승기류
따뜻하고 습한 공기는 차가운 공기를 만날 때까지 위로 올라가고, 물방울로 응결하거나 얼음 결정을 만들어요.
하강기류
아래로 향하는 이 공기 흐름은 매우 강력해서 비행기가 돌아서 지나가야 할 정도로 공기를 불안정하게 할 수 있어요.
돌풍 전선
돌풍 전선은 엄청 빠르게 움직일 수 있어요. 하강기류가 땅에 부딪혀 사방으로 퍼져 나가면서 발생해요.
구름 모양
위로 올라가던 공기가 쌘비구름이 있는 대류권계면(16~17쪽을 보세요)에 도달하면, 옆으로 퍼지면서 버섯같이 모양이 평평한 구름 꼭대기를 만들어요. 구름 꼭대기는 고도 23킬로미터 이상까지 높이 다다를 수 있어요.

쌘비구름의 번개

쌘비구름 속 격렬한 공기 흐름은 우박, 얼음, 물방울을 때리면서 전하를 띠게 해요. 양전하는 구름 꼭대기에 쌓이고 음전하는 구름 바닥에 쌓이면서 땅도 양전하를 띠게 되지요. 전하 차이가 너무 벌어지면, 그 차이를 없애려고 전기가 번쩍이는 현상이 일어나는데 이게 바로 번개예요(100~101쪽을 보세요). 번개는 천둥을 만들어요. 소리는 빛보다 느리게 이동하기 때문에, 구름이 얼마나 멀리 떨어져 있느냐에 따라 번개가 친 뒤 어느 정도 시간이 지난 후에야 천둥소리가 들린답니다.

쌘비구름의 종류

다른 구름과 마찬가지로 쌘비구름에도 여러 종류가 있어요. 이 커다란 거인 구름은 독특한 생김새에 따라 분류해요.

무모 쌘비구름
대류권계면 아래에서 생겨나고 평평한 모양을 만들지 않아요.

다모 쌘비구름
무모 쌘비구름과 꼬리 쌘비구름 사이 단계로 꼭대기가 머리털 같아요.

꼬리 쌘비구름
쌘비구름에서 내려오다가 증발해 버린 비 몇 가닥이에요.

강수 쌘비구름
뇌우의 전조 현상으로 짧은 시간 동안 세차게 비를 내려요.

번개

에너지 폭발

번개 하나는 공기를 통해 무려 십억 볼트의 전기를 쏠 수 있어요. 번개가 칠 때 보이는 불빛은 구름 안, 또는 구름과 땅 사이에서 재빨리 이동하는 전하예요. 이 전하가 뿜어내는 에너지가 공기 중으로 충격파를 발사하면서 천둥소리가 나게 되지요. 혼자 우뚝 선 나무나 높은 건물은 번개의 주요 표적이에요. 미국 뉴욕시의 엠파이어스테이트빌딩은 24분 만에 8번이나 번개를 맞은 적도 있어요!

번개 주변 공기는 3만 도까지 **달궈져요. 태양** 표면보다 **5배나 뜨거워지는** 거지요!

번개가 쳐요

번개는 보통 구름 안에서 꼭대기와 바닥을 연결하면서 쳐요. 하지만 일부는 땅으로 치면서 음전하를 지그재그 모양으로 아래로 내보내요. 땅에 가까워지면 땅에 있던 양전하가 마중 나가듯 위로 올라와요. 길이 완전히 이어지고 나면 거대한 음전하 흐름이 땅으로 빠르게 달려 나가요. 반대로 우리 눈에 보이는 번쩍이는 불빛은 올라가지요.

번개는 어떻게 시작될까

얼음과 물방울이 충돌하면 일부는 전자를 잃으면서 양전하를 띠고, 일부는 전자를 얻으면서 음전하를 띠게 돼요. 양전하 입자들은 구름 꼭대기에 모이고, 음전하 입자들은 구름 바닥에 모여요. 이 차이가 심하게 벌어지면 두 입자 사이로 번개가 쳐요.

번개의 종류

번개는 대부분 구름 속에서 쳐요. 구름 속에서 치는 번개는 구름에서 땅으로 치는 번개보다 10배 정도 많아요.

구름에서 땅으로 치는 번개

구름에서 구름으로 치는 번개

뇌운 안에서 치는 번개

드물게 발생하는 특이한 공 모양 번개

세계 기록

세계에서 가장 번개가 많이 치는 곳은 베네수엘라 북서부의 카타툼보강 위예요. 매년 번개가 약 120만 번이나 치지요. 또 미국 버지니아주 셰넌도어국립공원의 경비대원 로이 클리블랜드 설리번은 35년 동안 번개를 7번이나 맞고도 살아남은 기록을 세웠어요.

카타툼보강이 마라카이보 호수로 흘러들어 가는 지역에서 번개가 많이 발생해요.

미국의 국립공원 경비대원 로이 클리블랜드 설리번이에요. 설리번의 아내도 빨래를 널러 나갔다가 번개를 맞은 적이 있대요!

전 세계의 번개

전 세계에는 매일 번개가 약 400만 번씩 치고 있어요. 이 지도는 인공위성이 수집한 정보를 바탕으로 1995년에서 2002년까지 번개가 얼마나 자주 쳤는지를 보여 줘요. 하루 평균 번개가 1번 미만으로 치는 영역은 회색이나 연보라색, 매우 자주 치는 영역은 진한 빨간색으로 표시했어요. 적도가 극지방보다 따뜻해서 뇌우와 번개는 열대지방에 넓게 퍼져 있지요.

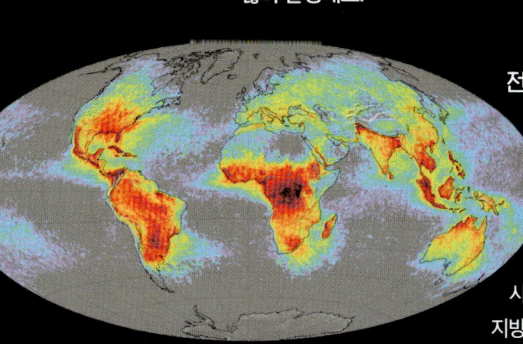

번개 101

세인트존스에 떨어진 눈 폭탄

2020년 1월 17일 밤, 캐나다 뉴펀들랜드의 마을 세인트존스에 무시무시한 눈 폭풍(114~115쪽을 보세요)이 휘몰아쳤어요. 그날 밤에만 눈이 76센티미터 넘게 내렸고, 시속 145킬로미터를 넘는 매서운 바람이 마을을 때렸지요. 정말 엄청난 규모의 눈 폭풍이었어요.

사나운 바람 때문에 눈이 쌓여서 거대한 눈 더미를 만들었어요. 집 한쪽 면은 다락방 높이까지 눈이 쌓이고, 다른 한쪽 면에는 눈이 하나도 없기도 했지요. 사람들은 눈 폭풍이 치는 동안 실내에 머물러 있다가 다음 날 아침 일어나 현관문을 열었을 때 눈으로 된 벽을 마주해야 했답니다.

세인트존스는 중위도 지역의 허리케인에 해당하는 날씨 폭탄을 맞은 거예요. 허리케인은 보통 성장하는 데 며칠이 걸리는 반면, 이런 폭탄 같은 폭풍은 엄청나게 빨리 성장해요. 그래서 기상학자들은 이런 현상을 '폭발성 저기압 생성'이나 '폭탄 생성'이라 불러요.

다행히도 폭발성 저기압은 자주 일어나는 현상이 아니에요. 보통 1년에 한 번, 초봄이나 늦가을에 바다에서 발달한 후에 북아메리카 동부 해안을 강타해요. 따뜻한 기단이 차가운 기단과 충돌한 후에 따뜻한 기단이 급작스레 위로 올라가면서 북위 60도에서는 24시간 만에 기압이 24밀리바나 떨어질 수도 있답니다.

슈퍼셀

토네이도의 고향

슈퍼셀은 하늘에서 날뛰는 야생마라고 할 수 있어요. 거대한 기단이 서로 휘젓고 튕겨 나가면서 회전하는 소용돌이를 만들지요. 쎈비구름(98~99쪽을 보세요)에서 만들어지는 이 폭풍들은 과냉각 물방울을 커다란 우박으로 얼리고, 최대 시속 400킬로미터에 달하는 지구상에서 가장 강한 바람을 일으킬 수 있어요.

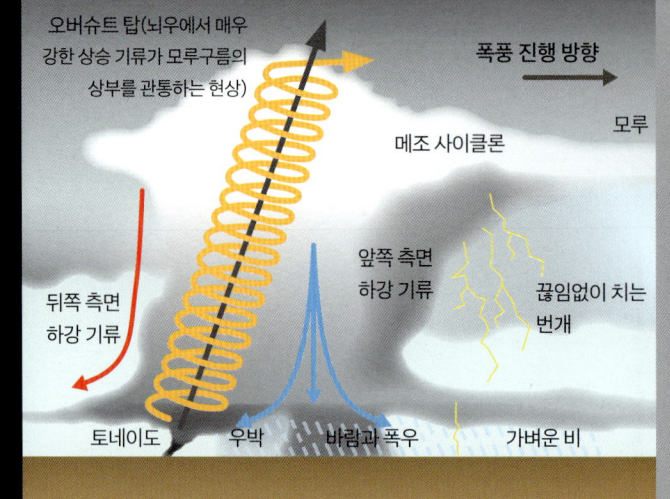

강해지다

슈퍼셀은 뒤쪽 높은 고도에서 부는 바람과 앞쪽의 표면 바람 때문에 '꼬리'가 회전하는 기둥 속으로 말려 들어가면서 점점 복잡해져요. 이 회전 기둥은 태양열을 받고 위로 올라가면서 '메조 사이클론'이라 불리는 강력한 상승기류의 소용돌이가 돼요. 높은 고도에서 부는 바람이 메조 사이클론을 앞으로 기울이면서, 앞쪽에 얼음처럼 차가운 하강기류가 발생하고 폭우가 쏟아져 내리지요.

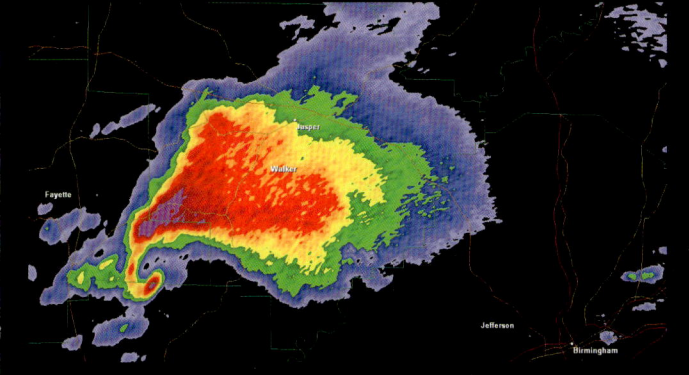

레이더 영상

기상학자들은 레이더 영상에서 슈퍼셀의 특징을 잡아내고 폭풍이 다가온다고 미리 경고할 수 있어요. 2011년 4월 21일에 촬영한 이 영상의 왼쪽 아래에 있는 갈고리 모양을 보고 미국 앨라배마주 버밍엄에 슈퍼셀이 다가온다는 걸 알 수 있었지요.

마이크로버스트와 매크로버스트

마이크로버스트와 매크로버스트라 불리는 강력한 하강기류는 땅에 닿으면서 피해를 일으키는 바람으로 변해요. 마이크로버스트는 크기가 작지만, 시속 270킬로미터에 이르는 강력한 바람을 일으켜요. 마이크로버스트는 습한 종류와 건조한 종류 두 가지가 있어요. 습한 마이크로버스트는 땅에 거센 비를 내리지만, 건조한 마이크로버스트가 내리는 비는 땅에 도달하기 전에 증발하는 경우가 많아요. 매크로버스트는 너비가 4킬로미터가 넘고, 최대 시속 215킬로미터의 바람을 동반해요

습한 마이크로버스트가 비의 천막을 드리우고 있어요.

초원의 거인

슈퍼셀은 바람의 세기나 방향이 급격히 변하는 현상인 '바람 시어'가 충분하게 일어나고 대기가 불안정할 때 만들어져요. 미국 중부에서 가장 흔하지만, 전 세계 다른 지역에서도 발생할 수 있어요. 이 사진에서 비의 막을 드리우며 회전하는 커다란 슈퍼셀은 아르헨티나의 광활한 대초원인 팜파스 위에 생겨났어요. 이 무시무시한 폭풍은 낮 동안 언제라도 발생하지만, 주로 땅과 공기가 태양열을 받아 뜨거워지는 늦은 오후에 생겨요. 따뜻한 공기가 위로 올라가면서 가라앉는 차가운 공기와 충돌하는 때지요.

토네이도

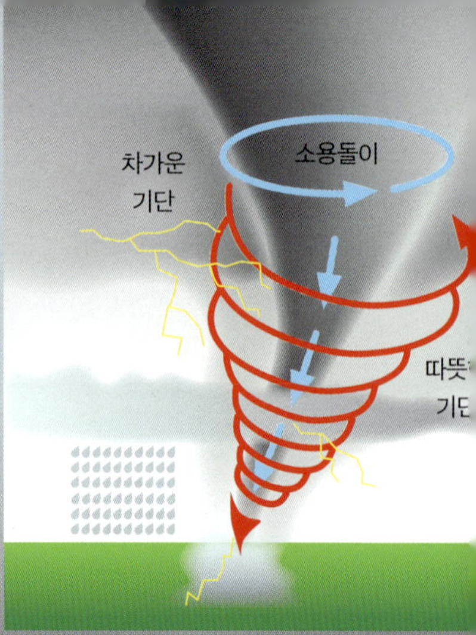

위험 신호

토네이도는 워낙 빠르게 발달하지만, 그래도 자신이 다가온다는 신호를 보내곤 해요. 물론 텔레비전이나 라디오를 통해 주의보를 처음 접하게 되는 일이 다반사지만요. 주의보가 뜨면 빠르게 대피해야 해요.

회색 하늘

낮게 깔린 어두운 구름

커다란 우박

화물열차처럼 요란한 소리

험한 회오리바람

커다란 슈퍼셀 폭풍 구름에서 소용돌이치며 떨어져 나온 토네이도는 지구상에서 가장 빠르고 위험한 바람을 일으킬 수 있어요. 토네이도는 대부분 수명이 짧아서 재빠르게 생겨났다가 10~15분 만에 사라져요. 하지만 지나는 길을 쑥대밭으로 만들며 흔적을 남기지요. 토네이도가 다가올 때 대피하기에 가장 안전한 장소는 바로 지하예요.

토네이도 상륙!

이 사진은 2016년 5월 24일 미국 캔자스주 미네올라에서 슈퍼셀로부터 만들어진 토네이도 하나를 여러 번 촬영한 거예요. 이 폭풍은 계속해서 토네이도를 최소 12개 만들었고, 토네이도 2~3개가 동시에 땅에 머무르기도 했지요. 만들어진 토네이도 가운데 5개는 EF 3급, 3개는 EF 2급이었어요.

개량 후지타 등급

개량 후지타 등급(EF 등급)은 토네이도가 초목과 건축물을 지나가면서 얼마나 큰 피해를 줬는가를 바탕으로 힘을 평가해요. 사실 토네이도 대부분은 피해를 거의 끼치지 않아요. 아주 적은 수만 파괴적이지요.

EF 0급 가벼운 피해
나뭇가지가 부러지고, 굴뚝과 표지판이 피해를 입어요.

EF 1급 중간 수준의 피해
지붕 표면이 벗겨지고, 이동하던 자동차가 길에서 미끄러지고, 이동 주택이 뒤집혀요.

EF 2급 상당한 피해
자동차가 뒤집히고, 일부 집 지붕이 뜯겨 나가고, 큰 나무가 부러지거나 뿌리째 뽑혀요.

EF 3급 심각한 피해
기차가 철로를 벗어나고, 지붕과 벽이 뜯겨 나가요. 나무가 뿌리째 뽑히고, 자동차가 들어 올려져요.

EF 4급 파괴적인 피해
집이 와르르 무너지고, 자동차와 커다란 물건들이 멀리까지 날아가요.

토네이도가 만들어지는 과정

슈퍼셀 안에서 따뜻하고 습한 공기가 상승하다가 위쪽의 더 차가운 공기에 가로막히면, 빙빙 휘저어지면서 기울어진 소용돌이가 될 수 있어요. 이 소용돌이가 차가운 하강기류 때문에 다시 아래로 밀려나면 땅에 닿자마자 토네이도가 된답니다.

파괴력
집, 전기선, 나무, 자동차 모두가 망가져요.

EF 5급
어마어마한 피해
토네이도가 지나는 길에 있는 것들이 대부분 파괴되고 아주 멀리까지 날아가 버려요.

가장 파괴적인 토네이도

EF 5급 토네이도는 어마어마한 피해를 줄 수 있어요. 2007년 6월 22일, 사진에 보이는 토네이도가 캐나다 매니토바주에 있는 마을 엘리를 강타했어요. 엘리를 통과하는 시점에서 토네이도는 너비 300미터에 달했고, 집과 방앗간을 산산이 조각냈지요. 지금 돈으로 환산하면 약 565억 원의 피해가 발생했어요. 1950년 이후로 지금까지 미국에는 EF 5급 토네이도가 59개 생겨났지요.

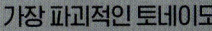

대피해서 다행이야
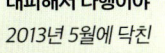
2013년 5월에 닥친 토네이도 때문에 24명이 목숨을 잃고 200명이 넘게 다쳤으며 수천 명이 집을 잃었어요.

오즈의 마법사

라이먼 프랭크 바움이 1900년에 발표한 어린이 소설 《오즈의 마법사》에서는 토네이도가 미국 캔자스주 한 농장에서 어린 여자아이 도로시와 강아지 토토가 있는 집을 들어 올린 뒤에 마법의 나라 오즈에 떨어뜨려요. 책을 바탕으로 한 영화가 1939년에 개봉하면서, 처음으로 실감 나는 토네이도가 스크린에 등장했답니다.

용오름

토네이도가 땅 위에 만들어지는 반면, 회전하는 구름으로 가득 찬 용오름은 물 위에서 생겨나요. 용오름은 보통 토네이도보다 훨씬 약하지만 가끔은 강풍, 커다란 우박, 잦은 번개를 몰고 오면서 토네이도만큼 위험해져요. 어떤 용오름은 물에서 땅으로 이동하면서 토네이도가 되지만 재빨리 사라져요. 반대로 토네이도가 바다로 나가면서 용오름이 되기도 해요. 미국 플로리다주 키스 제도는 지구에서 가장 용오름이 많이 발생하는 곳으로, 1년에 500개까지 생긴답니다.

참혹한 현장

토네이도 앨리(110~111쪽을 보세요)에는 토네이도가 워낙 자주 발생해서 토네이도가 다가올 때 사람들이 대피하는 특별한 전용 대피소들이 있어요. 미국 오클라호마주 무어에서 EF 5급 토네이도가 마을 근교를 휩쓸고 지나간 뒤, 아이들이 대피소에서 나와 완전히 무너져 버린 집을 바라보고 있어요.

토네이도 **107**

미국 3개 주를 강타한 토네이도

1925년 3월 18일, 미국 역사상 가장 많은 목숨을 앗아 간 토네이도가 미주리주 남동부에서 일리노이주 남부를 거쳐 인디애나주 남서부로 옮겨 갔어요. 최대 폭이 1.6킬로미터에 달한 이 토네이도는 3시간 반 이상을 버티며 토네이도 가운데 가장 긴 기록인 352킬로미터를 이동했지요.

이 토네이도로 695명이 목숨을 잃고 2,027명이 다쳤으며 집 1만 5,000채가 부서졌어요. 지금 돈으로 환산하면 약 2조 원의 재산 피해지요. 옆의 사진은 일리노이주 웨스트프랭크퍼트의 북서쪽 지역이 파괴된 모습이에요.

웨스트프랭크퍼트는 광산 마을이에요. 일하던 도중 전기가 끊겨서 땅 위로 올라온 광부들 앞에 처참한 광경이 펼쳐졌어요. 마을에서 목숨을 잃은 사람들은 대부분 여성과 아이였지요.

프랜시스 레드쇼는 당시 7살이었어요. 후에 레드쇼는 토네이도의 충격으로 사람들이 완전히 넋이 나갔었다고 회상했어요. 뭔가 끔찍한 일이 일어났다고 느끼면서도 어떻게 반응해야 할지를 몰랐지요. 다친 사람 중 몇 명이 살려 달라고 소리치자, 그제야 모두를 얼어붙게 했던 마법이 풀렸어요. 사람들 수백 명이, 심지어 어린이들까지 처참한 현장으로 달려갔어요. 어둠이 내리기 전에 사망자는 150명을 기록했고, 부상자가 광부 병원과 교회에 세워진 임시 병원 몇 군데를 가득 채웠지요.

토네이도 앨리

죽음의 경로

미국에는 1년에 1,000개가량의 토네이도가 발생해요. 그중 절반은 로키산맥에서 애팔래치아산맥 사이 대평원을 가로지르는 '토네이도 앨리'를 따라 이동하지요. 토네이도는 보통 늦봄에 자주 발생한답니다.

토네이도가 휩쓸고 가는 지역
위 지도의 주들은 토네이도 앨리를 구성하는 주요 주예요. 최근 40년간, 토네이도 앨리가 중서부의 더 넓은 영역과 남동부 주들까지 포함한다는 증거가 나왔어요.

1884년

초기 기록

이 사진은 토네이도를 찍은 가장 오래된 사진으로 알려져 있어요. 1884년 8월 28일, 미국 사우스다코타주 하워드에서 서쪽으로 약 35킬로미터 떨어진 곳에서 찍은 사진이지요. 그날 이 지역을 덮친 강한 토네이도 4개 가운데 하나의 모습이에요.

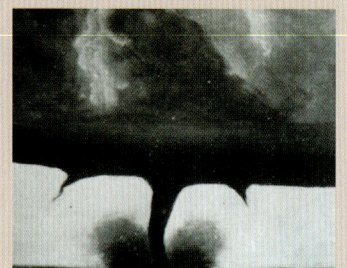

까다로운 사진
이 사진은 하워드 주민 F.N. 로빈슨이 찍었어요. 토네이도가 농가를 무너뜨려서 4명이 목숨을 잃고 2명이 다쳤어요. 이 사진은 변조됐을 가능성도 있다고 해요.

1925년

가장 많은 목숨을 앗아 간 토네이도

1925년, 미국 3개 주를 강타한 토네이도(108쪽을 보세요)는 아마도 EF 5급이었을 거라고 추측돼요. 후지타 등급은 1971년에서야 도입됐지만요. 이 토네이도는 시속 113킬로미터의 속도로 미주리주, 일리노이주, 인디애나주를 휩쓸며 약 352킬로미터를 이동했어요.

경고 없이 찾아온 재앙
이 최악의 토네이도는 모두를 깜짝 놀라게 했어요. 당시 공황 상태를 막겠다는 취지로 일기예보에 '토네이도'라는 단어를 쓰는 걸 금지했었거든요. 토네이도가 발생한 1925년 3월 18일의 일기예보는 평소와 다를 바 없었어요.

2018년

쌍둥이 토네이도

쌍둥이 토네이도는 드문 현상으로, 폭풍 한 개가 각기 다른 EF 등급 속도로 회전하는 토네이도 두 개를 만들 때 생겨요. 둘 중에 더 약한 토네이도를 '위성 토네이도'라 부르지요.

둘이 함께
2018년 5월 18일, 두 토네이도가 동시에 미국 콜로라도주 동부 평원을 강타하면서 농작물에 피해를 줬어요. 이 두 토네이도는 같은 슈퍼셀에서 탄생했지만, 모습은 상당히 달랐지요.

2019년

미국 4개 주를 강타한 토네이도

2019년 3월 3일 단 하루 만에 토네이도 최소 40개가 미국 남동부의 4개 주(앨라배마주, 조지아주, 플로리다주, 사우스캐롤라이나주)를 강타했어요. 이 지역은 지금까지 토네이도 앨리라 불리는 지역보다 남쪽과 동쪽으로 훨씬 멀리 떨어져 있어요.

토네이도 경보
미국기상청이 2019년 3월 3일 발령한 토네이도 경보예요. 4개 주에서 폭풍예측센터로 보내진 데이터와 리포트를 바탕으로 경보를 결정하지요. 토네이도 주의보는 사람들에게 대비 태세를 갖추라고 경고하는 거예요. 그다음 단계인 토네이도 경보는 이런 의미예요. "지금 당장 대피하세요!"

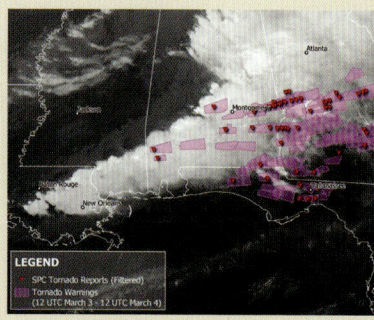

5월 22일, 일요일

토네이도가 강타하기 20분 전에 민방위 사이렌이 울렸지만, 많은 사람이 별다른 반응을 하지 않았어요. EF 1급이던 토네이도는 시속 320킬로미터의 바람을 동반한 EF 5급으로 빠르게 강해졌어요.

오후 1:30	오후 5:17	오후 5:34	오후 5:41	오후 5:42	오후 5:45	오후 5:46	오후 5:50	오후 5:58	오후 6:12
미국기상청에서 토네이도 주의보를 발령했어요.	토네이도 주의보가 토네이도 경보로 바뀌었어요.	토네이도가 조플린에서 0.8킬로미터 떨어진 곳에 상륙했어요.	토네이도가 32번가와 사우스 블랙캣로드를 가로질러 이동했어요.	EF 4급으로 발달한 토네이도가 메디컬센터를 강타했어요.	토네이도가 메인스트리트를 지나 조플린 고등학교를 강타했어요.	토네이도가 EF 5급으로 세지고, 중심가 상점들을 강타했어요.	토네이도가 집들을 계속 파괴하면서 점점 힘을 잃기 시작했어요.	EF 3급으로 떨어졌지만, 차를 뒤집고 도로 표지판을 쓸어 버렸어요.	토네이도가 점점 더 약해지다가 완전히 사라졌어요.

2011년

시간순으로 보는 다중 소용돌이 토네이도

2011년은 미국에서 토네이도로 가장 많은 사람이 목숨을 잃고 피해도 컸던 해입니다. 5월 22일, 거대한 다중 소용돌이 토네이도가 미주리주 마을 조플린을 강타했어요. 토네이도가 휩쓸고 지나간 자리에는 처참한 광경이 펼쳐졌지요. 슈퍼셀이 동시에 토네이도 여러 개를 만드는 경우는 흔치 않아요. 다중 소용돌이 토네이도의 경우, 중심이 되는 큰 소용돌이 주위에 빙빙 도는 작은 토네이도가 최소 2개 이상 있어요.

최대 품속: EF 5급, 시속 320킬로미터 이상
이동 거리: 35.5킬로미터
사망자 수: 161명
부상자 수: 1,150명 이상
파괴된 집과 건물 수: 7,000채 이상
피해 금액: 지금 돈으로 약 3조 4,000억 원

토네이도 전과 후

토네이도의 영향력을 보여주는 조플린의 토네이도 전후 비교 사진이에요. 이러한 정보는 마을을 다시 세우고 앞으로 다가올 토네이도에 대비하는 데 꼭 필요해요.

끔찍한 파괴 현장

이 토네이도는 구조물을 산산이 조각내고 금속을 뒤틀어 잘라 버리면서 원래 모습을 알아볼 수 없는 처참한 풍경을 남겼어요. 가장 힘이 셀 때는 집 수백 채를 파괴하고 요양병원과 학교를 무너뜨렸으며 둑이 있던 자리에 콘크리트 덩어리만 남겼지요.

폭풍 추격자

경계 태세
폭풍 추격자들은 레이더 영상에서 폭풍의 갈고리 끝, 반사율이 높은 지역을 찾아요.

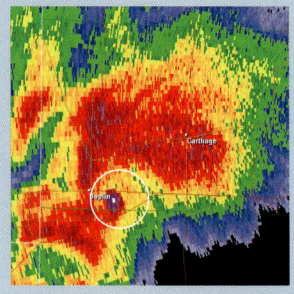

가까이 다가가요
어떤 사람들은 토네이도를 향해 달려가요. 이 폭풍 추격자(스톰 체이서)들은 자연의 원초적 힘을 가까이에서 경험하고 싶어 해요. 이들은 토네이도가 강타할 장소를 예측한 다음, 전선으로 곧장 뛰어들어서 강력하고 위험한 폭풍의 데이터를 직접 모으고 놀라운 영상을 촬영한답니다.

접시형 레이더 안테나
대기 데이터를 수집해서 차량에 탑재된 컴퓨터로 보내요.

폭풍을 쫓아요
전문적인 폭풍 추격자들은 수천 킬로미터 거리를 운전해서 지구에서 가장 위험한 토네이도에 접근해요. 폭풍에서 부는 바람은 시속 480킬로미터에 이르고 수시로 방향을 바꾸기 때문에, 폭풍 추격자들은 언제 가까이 가도 좋고 언제 후퇴하는 게 최선인지를 잘 알아야 해요. 수년 동안 폭풍 추격자들이 토네이도의 행동 방식에 관한 중요한 정보를 쌓은 덕분에, 과학자들은 앞으로 다가올 토네이도가 어떻게 움직일지 더 정확히 예측할 수 있게 됐어요.

자동차 옥상에 달린 기상 관측소
거센 폭풍이 몰아치려 하자 오스트레일리아의 폭풍 추격자 클라이브 허버트가 휴대용 기상 관측소를 조정하고 있어요.

폭풍을 맞을 준비를 해요.

추격 차량
이 연구 차량에는 뒤쪽 두 대, 앞쪽 한 대를 합친 총 세 대의 컴퓨터가 실려 있어요.

컵 풍속계
이 플라스틱 컵들은 바람이 세게 불수록 더 빠르게 돌아가요.

필수 장비
폭풍 추격자들은 최소한 디지털카메라, 노트북, GPS, 모바일 인터넷 피드, 무전기, 식량을 갖추어야 해요. 바람의 속도와 방향을 측정해야 하므로 왼쪽 사진과 같은 풍속계도 필요하지요. 어떤 차들은 토네이도가 불어올 때 사용할 다른 기기들을 싣고 다니기도 해요.

특수 장비 설치
토네이도 저층 바람과 그 피해를 측정하기 위한 특수 장비로 온도, 습도, 풍속, 기압 정보를 모아요.

지지대
바람이 세차게 부는 환경에서도 DOW를 지지해 줘요.

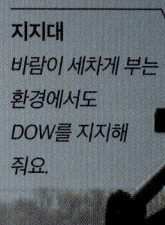

폭풍을 그려요
도플러 레이더는 폭풍이 커질 무렵 강수량과 다른 입자의 양을 파악하기 위해 써요. 도플러 레이더가 쏜 전파는 대기 중에 있는 입자를 때려요. 그러면 에너지가 흩어지는데, 그중 일부는 레이더로 곧장 되돌아와요. 오늘날 도플러 레이더는 에너지 전파를 수평으로도 수직으로도 보내기 때문에 3차원 이미지를 그릴 수 있어요.

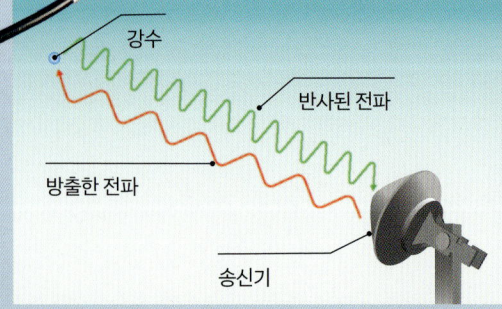

강수 / 반사된 전파 / 방출한 전파 / 송신기

도플러 레이더 탑재 차량(DOW)
첨단 기술로 무장한 도플러 레이더 탑재 차량(DOW)은 토네이도의 속도를 따라갈 만큼 빠르고, 토네이도의 힘을 견딜 만큼 튼튼해야 해요. 접시형 레이더 안테나는 DOW의 핵심 부품으로, 트럭 뒤편에 실을 수 있을 만큼 가벼우면서도 제대로 된 레이더 능력을 갖출 만큼 커야 해요. DOW 레이더는 토네이도 바람의 3차원 지도와 토네이도 속에 있는 다중 소용돌이 구조를 처음으로 그려냈답니다.

회전 팔
레이더는 데이터를 최대로 수집할 수 있도록 360도 회전해요.

섬광등
이 불빛은 폭풍우 치는 날씨 속에서 DOW를 더 잘 보이게 해 줘요.

제어실
차에는 컴퓨터와 라디오 장비가 있는 좁은 제어실이 달렸어요.

추격 차량
정부 전용 최첨단 차량부터 아마추어가 만든 차량까지, 모든 폭풍 추격 차량은 강력하면서도 빠른 바퀴를 자랑하지요.

토네이도를 안쪽에서 촬영하는 데 성공한 토네이도 관측 차량 TIV2

미국 재해기상연구센터(CSWR)의 도플러 레이더 탑재 차량 DOW7

미국 국립폭풍연구소(NSSL)의 2010년형 이동형 지휘 트럭

미국 국립폭풍연구소(NSSL)의 2017년형 이동형 메조넷 차량. 맞춤형 받침대를 달았어요.

눈 폭풍

온 세상이 하얘져요

매서운 추위와 강한 바람이 어우러지면서 눈이 폭풍처럼 맹렬하게 몰아쳐요. 눈앞은 온통 흰색이고, 얼음같이 차가운 바람이 눈송이를 이리저리 흩날리지요. 눈 폭풍 속에서는 거의 한 발짝도 움직이기 힘들어요. 게다가 극심한 추위까지 몰려오기 때문에 야외의 사람들은 목숨이 위험할 수도 있어요.

눈 폭풍 바람

살을 에는 듯이 날카로운 바람과 눈이 합쳐지면 눈 폭풍은 더욱더 무시무시해져요. 바람은 눈을 휘날려서 눈 더미를 쌓고, 폭풍 속을 걸어가려는 사람들에게 얼음덩어리를 집어 던져요. 그냥 공기도 매우 차지만, 바람이 불면 체감 온도가 20도 가량 더 낮아질 수 있지요. '체감 온도'란 바람이 불어서 실제 공기 온도보다 더 춥게 느껴지는 온도를 뜻해요.

제트기류 — 얼음장같이 차가운 바람을 몰고 와요.

북극

따뜻한 공기

눈 폭풍이 생기는 조건

겨울이 되면 극지방의 제트기류가 남쪽으로 북극의 차가운 공기를 몰고 와서 북아메리카와 시베리아에 눈 폭풍을 일으켜요. 이 북극 공기가 남쪽의 따뜻하고 습한 공기와 충돌하면서 말썽이 일기 시작하지요. 차가운 공기는 따뜻한 공기를 위로 밀어 올리면서 거대하고 차가운 구름을 만들어요. 이 구름의 빗방울은 아래에 있던 얼음처럼 차가운 북극 공기와 부딪히며 얼어서 눈이 된답니다.

눈 폭풍이 뭔가요?

미국에서는 눈 폭풍을 '블리자드(blizzard)'라고 불러요. 150년 전에는 이 단어가 일제히 총격을 가한다는 뜻이었어요. 하지만 1870년대, 아이오와주의 한 신문이 처음으로 블리자드라는 표현을 쓰며 눈 폭풍을 묘사하면서 그 표현이 굳어졌지요. 지금은 바람이 시속 56킬로미터 이상으로 불고, 3시간 이상 이어지며 400미터 앞까지만 겨우 볼 수 있을 정도로 시야를 가리는 눈보라를 눈 폭풍으로 정의해요.

눈 폭풍 상황에서 운전하는 건 엄청나게 위험해요.

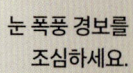

눈 폭풍 경보를 조심하세요.

화이트아웃

모든 불이 꺼지고 온 세상이 까매지는 정전 현상을 영어로 '블랙아웃'이라고 해요. 이와 비슷하게, 심한 눈 폭풍 때문에 온 세상이 하얘지는 현상을 '화이트아웃'이라고 한답니다. 극지방에서는 더 구체적인 상황에서만 화이트아웃이란 말을 써요. 눈이 너무 두껍게 쌓여서 아무것도 그림자를 드리우지 않고 지평선도 보이지 않아 오직 어두운 물체만 알아볼 수 있는 상태를 뜻하지요.

지면 눈 폭풍

맹렬한 바람이 이미 땅에 내려 있던 눈과 얼음을 들어 올려서 휘날리게 하는 지면 눈 폭풍도 있어요. '날림눈'이라 부르기도 하지요. 가장 비극적인 눈 폭풍은 1888년에 미국 대평원에서 235명의 목숨을 앗아간 '어린이 눈 폭풍(Children's Blizzard)'이었어요. 땅에 재앙이 닥치기 바로 직전까지도 따뜻한 날씨가 이어졌기 때문에 눈 폭풍이 몰아쳤을 때 많은 사람이 가벼운 옷만 입은 채 야외를 돌아다니고 있었지요.

1895년, 마차가 눈 폭풍에 갇혔어요.

눈 벽

'일본의 지붕'이라 불리는 다테야마 구로베 알펜루트는 일본 알프스 다테야마산을 통과해 지나가는 길이에요. 해마다 봄에 눈으로 된 벽이 생기는 이곳은 지구상에서 가장 눈이 많이 내리는 지역 가운데 하나예요. 눈 벽은 20미터 이상 쌓이기도 한답니다!

세기의 폭풍

1993년 3월 12일에 미국 동부 해안을 강타한 눈 폭풍은 미국 역사상 최악의 눈 폭풍 가운데 하나였어요. 이 눈 폭풍은 굉장히 넓은 지역에 0.3~0.9미터 높이의 눈 더미를 쌓았어요. 게다가 5등급 허리케인에 달하는 강력한 바람이 함께 몰아쳐서 눈을 날리고 집채만 한 높이로 다시 쌓아 올렸지요. 도로와 공항이 며칠 동안 폐쇄됐고, 약 13조 원의 재산 피해가 발생했으며, 300명 이상이 목숨을 잃었어요.

- 10센티미터 이상
- 25센티미터 이상
- 51센티미터 이상
- 76센티미터 이상
- 127센티미터 이상

모래 폭풍

사막 지역에는 비가 적지만 그 대신 모래 먼지가 많아요! 때때로 숨 막히는 거대한 모래 구름이 공중으로 솟아오르지요. 으르렁거리는 뇌우 때문일 수도 있고, 찬 공기가 뜨겁고 건조한 공기 아래로 밀고 들어가는 전선을 따라 부는 사나운 바람 때문일 수도 있어요. 모래 구름이 공기 중에서 빙빙 돌 때, 바람이 이 구름을 앞쪽으로 밀면서 끔찍한 모래 벽을 만들어요. 온 세상이 어두워지고, 사람들은 서둘러 대피하지요.

가장 유명한 모래 폭풍은 수단 남부의 '하부브'예요(83쪽을 보세요). 너무 유명한 나머지 전 세계에 이는 모든 모래 폭풍을 하부브라고 부르지요. 하부브에 모래와 먼지를 공급하는 사하라사막은 세상에서 가장 큰 모래 저장고라 할 수 있어요. 사하라사막의 미세한 모래들은 바람을 타고 유럽까지 가거나 심지어 대서양을 건너가 미국에 노란 공기를 흩뿌리고 찬란한 해넘이를 선사하지요.

낙타는 놀라울 만큼 하부브에 잘 적응한 동물이에요. 불어오는 모래로부터 눈을 보호하는 진한 제3의 눈꺼풀과 2줄로 된 긴 속눈썹이 있거든요. 이 사막 동물은 코로 모래가 들이닥쳐도 끄떡없어요. 왜냐하면 콧구멍을 닫을 수 있으니까요!

산사태

2006년 2월 17일, 거대한 산사태가 필리핀 서던레이테주의 마을 전체를 덮쳤어요. 이 사진은 끔찍한 사건이 발생한 지 3일 후, 해군이 생존자를 찾아 잔해를 뒤지고 있는 모습이에요. 1,000명 이상이 목숨을 잃고, 수천만 원어치의 농작물, 가축, 수산물 피해를 입었어요. 10일 내내 폭우가 쏟아지고 작은 지진까지 일어난 것이 산사태의 원인이었지요.

처참했던 사건들

오늘날 우리는 날씨를 전보다 더 잘 이해하게 됐지만, 안타깝게도 통제하지는 못해요. 허리케인, 홍수, 눈 폭풍, 가뭄이 다가온다고 기상학자가 미리 경고하더라도 이런 현상은 여전히 파괴적이지요. 위험한 날씨는 자신이 지나가는 길에 있는 어떤 것에라도 치명적인 영향을 미칠 수 있어요. 사람도 예외는 아니랍니다. 지금까지 날씨가 불러온 가장 파괴적인 사건들을 소개할게요.

1931년, 홍수에 잠긴 중국 한커우 시청

1927년, 미국 미시시피강 대홍수

허리케인

허리케인 주의보 시스템은 날이 갈수록 발전하고 있지만, 허리케인의 크기나 경로를 언제나 예측할 수 있는 건 아니에요. 2018년 10월, 허리케인 마이클이 미국 플로리다주 팬핸들을 강타했어요. 해안에 다다랐을 때는 무려 5등급 허리케인이 되어 시속 260킬로미터의 바람을 일으켰지요. 플로리다주에서만 16명이 목숨을 잃었어요.

1988년, 눈더미가 쌓인 미국 뉴저지주

홍수

홍수가 일으키는 피해는 그야말로 재앙이에요. 1927년, 미국 미시시피강 대홍수가 발생했을 때 강 근처에 살던 63만 명이 넘는 사람들이 집을 잃었어요. 1931년, 끔찍한 홍수가 중국 일부 지역을 여러 번 강타했을 때는 무려 400만 명이 목숨을 잃었고요. 3년의 가뭄 끝에, 눈과 얼음이 녹은 물에 봄비가 세차게 퍼부으면서 재앙이 일어났지요.

이제까지 미국을 강타한 5등급 허리케인은 5개뿐이에요. 사진에 보이는 마이클도 그중 하나지요.

눈

눈 폭풍은 지구상에서 가장 혹독한 날씨라고 할 수 있어요(114~115쪽을 보세요). 1988년, 어마어마한 눈 폭풍이 찾아와 북아메리카와 캐나다 동쪽 해안을 마비시켰어요. 시속 72킬로미터로 불어오는 바람이 눈더미를 15미터 높이까지 쌓아 올렸지요. 사람들은 일주일 동안 꼼짝없이 집 안에 갇혔어요. 미국 뉴욕시에서만 200명이 사망했고, 전체 지역에서 총 400명이 목숨을 잃었어요.

8월에 발생하는 전 세계 산불 가운데 약 **70퍼센트**는 **아프리카**에서 발생해요.

산불

2019년 12월, 최대 시속 80킬로미터의 강풍과 함께 산불 150개가 오스트레일리아 동부를 휩쓸었어요(184~185쪽을 보세요). 이 해에는 거대한 규모의 산불이 오스트레일리아뿐만 아니라 브라질, 아프리카, 미국 캘리포니아주, 인도네시아의 숲을 광범위하게 불태웠어요.

산불이 휩쓸고 간 후 갈 곳을 잃은 나미비아의 소들

가뭄으로 바짝 마른 오스트레일리아 레인보우밸리

가뭄

가뭄(188쪽을 보세요)은 어떤 자연재해보다도 많은 사람에게 영향을 미쳐요. 2017년에는 매달 지구의 3퍼센트가 넘는 넓이에 극심한 가뭄이 찾아왔어요. 가뭄이 오래 이어지면 경제가 어려워지고 산불도 자주 일어나며 질병이 더 잘 퍼져요.

날씨

관측

하늘의 여신

고대 이집트에서 모시던 신 가운데 하늘의 여신 누트가 있어요. 밤이 되면 누트가 태양신 라를 삼켰다가, 아침이 오면 다시 낳는다는 전설이 전해지지요. 낮과 밤이 반복되는 현상을 참 재미있게 설명하지 않았나요? 이 사진은 파라오 투탕카멘의 무덤에서 발견된 유물에 새겨진 누트의 모습이에요. 죽은 이를 보호하기 위해 두 날개를 활짝 펼치고 있지요. 누트의 파란 피부는 삶과 부활을 상징한답니다.

신화와 전설

과학과 기술이 발달하기 전에는 날씨 현상이 일어나는 원인을 다른 방식으로 설명해야 했어요. 오스트레일리아에서는 지구를 탈출한 어떤 자매가 집어 던진 얼음이 고드름이라고 생각했고, 일본에서는 폭풍을 일으켜 사람들을 영영 잠들게 하는 눈의 여신이 있다고 생각했지요. 아프리카에서는 무지개가 커다란 뱀이라고 믿었답니다.

그라운드호그데이
매년 2월 2일이면, 미국 펜실베이니아주 펑츄토니에는 '필'이라는 이름의 그라운드호그(마멋류에 속하는 대형 땅다람쥐)가 굴에서 나오는 걸 보기 위해 수천 명이 모여요. 그라운드호그가 이날 자신의 그림자를 보면 겨울이 6주 더 이어진다는 전설이 있답니다. 이 행사는 독일 전통에서 영감을 받은 지역 신문 편집장 클라이머 프레어스가 1887년에 처음 시작했어요.

필의 일기예보는 지금까지 약 39퍼센트의 확률로 들어맞았다고 해요.

바람을 다스리는 아이올로스가 그려진 이탈리아 주택의 타일

태양의 신
많은 문화권에서 날씨는 오직 신의 존재로만 설명할 수 있는 현상이었어요. 힌두교의 수리야는 태양 그 자체이면서, 동시에 태양의 신이에요. 기원전 1500년에 쓰인 초기 힌두교 경전 《베다》는 수리야를 에너지와 빛의 근원으로 묘사했어요. 수리야는 말 일곱 마리가 끄는 전차를 타고 이동한답니다.

힌두교의 태양신 수리야

천둥의 신
노르웨이 신화에서 토르는 천둥의 신이자 인류의 수호신이에요. 묠니르라는 커다란 망치를 든 강력한 존재지요. 이 지역 사람들은 천둥소리를 토르가 묠니르를 땅에 내리치는 소리라고 생각했답니다.

묠니르 형상에 둘러싸인 토르

바람의 신
고대 그리스 신 아이올로스는 신들의 왕 제우스가 직접 임명해서 바람의 수호자가 됐다고 전해져요. 아이올로스는 언제든 자유자재로 바람을 일으키고 조절할 수 있었어요. 주로 제우스나 다른 신이 거대한 폭풍을 일으키고 싶어서 아이올로스에게 지시를 내리는 경우가 많았지요.

비의 여왕
남아프리카 음푸말랑가의 로데 부족에게 비의 여왕은 중요한 존재예요. 나라를 다스리는 전통적인 통치자 가운데 유일하게 여성이기도 하지요. 비의 여신의 살아 있는 화신이라고 여겨지는 '모자지'라는 비의 여왕은 100개가 넘는 마을을 나스려요. 사람들은 비의 여왕이 비를 다루는 신비로운 능력을 지니고 있어서, 적을 무찌르기 위해 폭풍을 일으키거나 백성을 돕기 위해 온화한 비를 내릴 수 있다고 믿는답니다.

매년 열리는 기우제

허리케인의 신
아즈테 사람들은 세계를 창조한 4대 신이 있다고 믿었어요. 이 가운데 하나인 테스카틀리포카는 밤하늘의 신으로, 허리케인을 다루는 특별한 능력을 지녔지요. 전설에 따르면 테스카틀리포카는 자신의 형제이자 바람 외 신인 케찰코아틀과 싸움을 벌이기도 했어요. 테스카틀리포카는 보통 발이 하나밖에 없는 모습으로 그려지는데, 세계를 만들 때 한쪽 발을 잃었다고 해요.

내일의 날씨

수많은 정보를 처리해요

거의 최근까지도, 다음 날 날씨를 알고 싶으면 하늘을 올려다보며 추측할 수밖에 없었어요. 전 세계적인 노력 덕분에 오늘날의 일기예보가 등장했지요. 셀 수 없이 많은 기계가 대기를 24시간 내내 지켜보고 있어요. 커다란 슈퍼컴퓨터들이 정보를 처리하고, 이를 바탕으로 기상학자 수십만 명이 날씨를 예측한답니다.

수치 처리

기상학자들은 예보를 위해 전 세계 대기를 마치 바둑판 같은 격자망으로 나눈 뒤, 특정 위치와 높이에서 특정 시간의 온도, 습도, 바람, 기압 등을 수백만 번 측정해요. 고성능 컴퓨터가 이 수치를 처리해서 미래에는 어떻게 변할지 계산하고, 앞으로 다가올 날씨를 예측하지요.

일기예보 모델을 5~10분 간격으로 측정해요.

기둥과 기둥 사이의 변화, 고도에 따른 변화를 계산해요.

표면 위 변수들: 온도, 습도, 압력, 습도 흐름, 복사 흐름

대기 속 변수들: 바람 벡터, 습도, 구름, 온도, 높이, 강수, 에어로졸

일기예보 모델

수치만으로는 알 수 있는 게 별로 없어요. 일기예보 모델이 있어야만 수치가 의미를 갖지요. 일기예보 모델이란 아래 그림처럼 대기의 여러 요소가 어떻게 작동하는지에 관한 이론이지요. 기상학자들은 다양한 일기예보 모델을 컴퓨터에 설치해요. 그다음 컴퓨터에 새로운 데이터를 집어넣으면, 컴퓨터가 모델대로 계산해서 일기예보를 하지요.

현지 지식

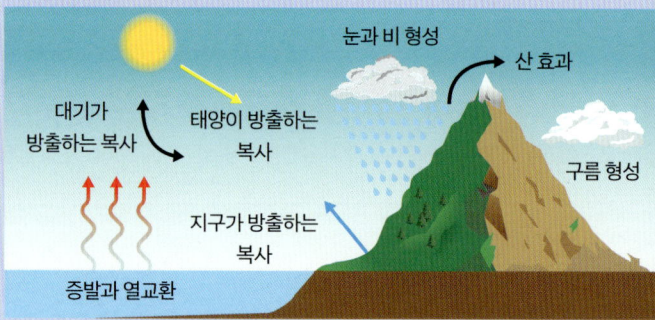

슈퍼컴퓨터가 인근 언덕이나 호수처럼 날씨에 커다란 영향을 미칠 수 있는 지역적 특징을 항상 아는 건 아니에요. 그래서 경험이 많은 기상 전문가들은 지역 일기예보를 더 정확히 하기 위해 직접 그 지역을 관찰하지요. 단순히 하늘을 올려다보는 게 아니라, 레이더와 위성 영상을 살펴보고 대기 상황을 측정한답니다.

나비 효과

1972년, 기상학자 에드워드 로렌츠는 다음과 같은 질문을 던졌어요. "브라질에 있는 나비 날갯짓 한 번이 텍사스에 토네이도를 일으킬 수 있을까?" 작은 사건이 연쇄반응(한 반응을 시작으로 계속해서 새로운 반응이 일어나는 것)을 일으키고 거대한 폭풍을 만들어 낼 수 있는지 설명하기 위해서였지요. 이처럼 불규칙하면서도 예측하기 불가능한 상황을 '카오스'라고 부르고, 이런 상황을 설명하는 이론을 '카오스 이론'이라 해요.

나비

로렌츠의 말은 나비의 날갯짓이 실제로 토네이도를 일으킨다는 뜻이 아니에요. 날씨에는 변수가 너무 많아서 작은 변화나 변동이 커다란 차이를 불러일으킨다는 사실을 표현한 거지요.

일기예보의 어제와 오늘

1850년대에 전파를 이용한 통신 방법인 전신이 새로 개발됐어요. 전신은 사람들에게 전선 폭풍이 다가오고 있다는 걸 미리 경고하는 데 쓰였지요. 그 후, 영국 해군 제독 로버트 피츠로이(1805~1865년)가 전신을 이용하면 넓은 지역에서 동시에 관측한 날씨 자료를 자신의 사무실로 보낼 수 있다는 사실을 깨달았어요. 피츠로이는 이 방법을 이용해 비슷한 날씨 형태가 반복된다는 걸 확인하고, 앞으로 날씨가 어떻게 변할지 예측할 수 있었지요. 그러고는 처음으로 일기예보를 신문에 실었답니다.

신문 일기예보

여러분은 일기예보를 어떻게 확인하나요?

디지털 예보

내일의 날씨 125

날씨 관측 장비

24시간 내내 전 세계에서 이뤄지는 노력

지금 이 시각에도 전 세계 곳곳의 측정 기기와 기상학자들은 1분도 빠짐없이 대기 구석구석을 관찰하고 기록하고 있어요. 멈추지 않는 전 세계 규모의 노력이지요. 하루에 2억 5,000개에 달하는 기상 관측 데이터를 기록한 뒤, 전 세계 슈퍼컴퓨터로 보내서 처리한답니다.

뭘 측정하나요?
주로 온도, 습도, 강수량, 기압, 풍속, 풍향을 관측해요. 오늘날에는 대부분 전자기기로 측정하지만, 어떤 사람들은 왼쪽 사진에 나온 물계량기 같은 전통 기기를 여전히 사용하기도 해요.

자동 기록

데이터 수집
기상학자들은 근처에 있는 기기에서 기록을 직접 얻기도 하지만, 주로 바다 한가운데나 높은 곳처럼 먼 장소에서 측정한 데이터가 필요해요.

전 세계에
기상학자들은 바다에 늘 떠 있는 부표부터 북극 얼음 위에 있는 기록계까지, 전 세계 모든 곳에 있는 자동 기록계 수만 개를 활용해요. 이런 기록계들은 센서를 통해 24시간 내내 데이터를 전송하지요.

북극에 있는 원격 자동 기상 관측소

남극에 있는 원격 기상 관측소

해양 부표

바다의 기상캐스터
전 세계의 바다 여기저기에 날씨를 확인하는 기기를 단 부표들이 둥둥 떠 있어요. 어떤 부표는 해저까지 연결된 긴 닻으로 한 자리에 고정됐고(고정된 부표), 어떤 부표는 해류를 따라 이리저리 떠다니지요(떠다니는 부표). 태평양에서 적도 부근을 따라 깊은 바다에 고정된 부표가 70개 있는데, 이를 '열대 해양 배열'이라 불러요. 엘니뇨 현상을 감시하는 데 매우 중요한 장비랍니다.

부표는 훌륭해
떠다니는 부표는 매시간 파도의 높이와 빈도(같은 현상이 자주 일어나는 정도)에 관한 데이터를 제공해요. 허리케인 부표는 대서양에서 유용하게 쓰이는데, 강력한 폭풍이 닥칠 때 훌륭한 예보 역할을 하지요.

바람 센서
온도 센서
데이터 기록기

크기가 큰 고정된 부표는 해안 근처에서 쓰여요.

떠다니는 부표는 먼바다에서 쓰여요.

햇살이 비치는 시간
디지털 이전 시대

옛날에는 날씨 관측 장비가 훨씬 간단했어요! 캠벨스토크스 일조계는 햇살이 비치는 시간을 기록하는 데 쓰던 장치예요. 위에 달린 유리공이 태양 빛을 모아서 기다란 종잇조각을 태우는 방식으로 기록했지요.

캠벨스토크스 일조계
태양이 하늘 위를 이동할 때, 일조계 위의 종이가 탄 자국도 함께 이동해요. 만약 구름이 태양을 가리면 종이가 타는 것도 멈추지요. 오늘날에는 햇살이 비치는 시간을 전자기기로 기록해요.

먼지를 찾아라
대기 먼지

에어로졸은 대기 속을 떠다니는 아주 작은 입자로, 물방울이 응결하는 '씨앗'이에요. 에어로졸이 없으면 구름이 생기지 못해요. 또 에어로졸은 태양 복사를 반사하거나 흡수하지요. 레이저로 고도 15킬로미터의 에어로졸까지 측정할 수 있어요. 왼쪽 사진은 독일의 라이프니츠 대류권연구소(TROPOS)에서 사용하는 레이저예요.

레이저 빔
연구소에서 레이저 펄스를 대기로 내보내면 펄스가 에어로졸 때문에 흩어져요. 이렇게 흩어진 빛을 망원경으로 관측해요.

온갖 종류의 에어로졸
라이프니츠 대류권연구소는 광물 먼지, 파도의 물방울, 화산, 산업과 교통으로 사람이 내뿜는 입자 등 모든 종류의 에어로졸을 연구해요. 에어로졸은 지구 기후에 커다란 영향을 미치지요. 이 연구는 우리가 에어로졸의 영향력을 더 잘 이해하도록 도울 거예요.

기상 관측 기구
높은 고도의 정보를 전달해요

매일 두 번 같은 시간에, 수소를 채운 풍선 1,000여 개가 전 세계 여기저기서 대기로 떠올라요. 이 풍선은 기상 관측 데이터를 보내는 '라디오존데'라는 기기를 부착하고 있지요. 풍선은 천천히 떠오르면서 자동으로 데이터를 기록해요.

풍선은 수소나 헬륨으로 차 있어요.

저 높은 곳까지
떠오른 지 약 2시간 후, 고도 약 30킬로미터에 도달하면서 풍선은 펑 터져요. 라디오존데는 되찾을 수 있도록 낙하산에 묶여 땅으로 내려오지만, 사라져서 찾지 못하는 경우가 많아요.

풍선은 비행기의 운항 방식을 결정하는 데 쓰이기도 해요.

오스트레일리아 서부에서 기상 관측 기구를 날리는 모습

북극 얼음 측정

북극은 전 세계의 냉장고예요. 흡수하는 것보다 더 많은 양의 열을 우주로 내보내서 지구를 시원하게 해 주지요. 하지만 최근 북극의 날씨가 엄청나게 변하고 있어요. 지난 30년간, 북극은 지구상의 다른 어떤 지역보다도 더 빨리 따뜻해졌어요. 바다의 얼음과 땅의 눈 덮개가 사라지고, 빙하가 후퇴하고 있지요.

2019년 9월, 쇄빙선 '폴라스턴호'가 노르웨이에서 북극해로 항해를 떠났어요. 역대 최대 규모의 극지 탐험에 나선 거지요. 당시 과학자와 기술자 60여 명과 승무원들은 약 두 달 동안 배를 타고 북극 중앙에 있는 얼음, 눈, 바다, 대기, 생물을 자세히 측정했어요. 이들이 모은 데이터를 바탕으로 전 세계 과학자들이 북극의 기후를 그 어느 때보다도 더 자세하게 연구할 거예요.

탐험대장 마르쿠스 렉스는 24시간 밤이 이어지는 극야 기간에 얼어붙은 북극해 한가운데에 온종일 서 있는 느낌을 이렇게 묘사했어요.

"정말 놀라운 경험이에요. 완전히 얼어붙은 이 풍경 속에서는 모든 색이 사라지고, 깜깜한 배경 위로 하얀 눈과 얼음만 보일 뿐이지요. 마치 달이나 다른 행성에 온 것만 같은 기분이에요."

기상 관측소

글로벌 네트워크

밤낮으로 날씨를 지켜보는 전 세계의 기상 관측소와 이들의 협동이 없다면, 우리는 일기예보를 받지 못할 거예요. 세계기상기구는 땅에 있는 관측소 1만 개, 높은 고도에 있는 관측소 1,000개, 배 7,000척, 고정된 부표 100개, 떠다니는 부표 1,000개, 기상레이더 수백 개, 비행기 3,000대를 이용해 데이터를 모아요. 관측소를 세울 때는 기록에 영향을 미칠 수 있는 건물, 나무, 언덕 등이 있는 장소에서 멀리 떨어진 곳을 꼼꼼하게 확인해 골라요. 관측소끼리도 간격을 일정하게 떨어뜨리지요. 기상 관측소는 전 세계에서 매시간 날씨를 관측한 짤막한 데이터와 하루 날씨를 요약한 데이터를 함께 수집해요.

지역 관측소
이 '협력' 기상 관측소는 옛 미국기상청 네트워크의 일부로, 1930년대에 미국 유타주 그레인저에 설치됐어요. 최초의 기상 관측자는 자원봉사자였지만, 1938년 기상청에서 공식으로 관측자 5명과 일기예보관 1명을 고용했어요.

휴대용 관측기
왼쪽의 기상 관측기는 여러분에 손에 들어올 정도로 작은 크기예요. 게다가 극한 조건에서도 작동하지요. 이 디지털 기상 관측기는 그린란드 빙상에서 녹은 물을 측정하고 있어요. 소형 센서가 달려서 화면에 데이터를 표시하지요.

이동식 관측소
남극 웨들해에서 빙붕 위를 떠다니고 있는 핼리 6호 연구소는 스키 위에 기기를 올려 만들었어요. 세계기상기구의 지구 대기 감시 프로그램의 일환으로, 대기 속 화학 성분에 관해 믿을 수 있는 정보를 제공해 준답니다.

풍향계
풍향계는 바람이 어느 방향에서 불어오는지 알려 줘요.

풍속계
바람이 불어서 컵이 움직이면, 컵과 연결된 발전기가 돌아가면서 바람 속도를 측정해요.

가시성 센서
빛이 흩어지는 각도를 측정해서 가시성을 기록하는 송신기, 수신기, 처리기가 있어요. 가시성은 우리 눈에 잘 보이는 정도를 말해요.

강우량 측정기
강우량 측정기는 매일, 매달, 매년 비가 얼마나 왔는지 추적할 수 있게 해 줘요.

기본 장비
자동 기상 관측소(AWS)는 관측한 정보를 송신하거나 기록해요. 대부분 여기 보이는 사진처럼 생겼지요. 이들은 측정한 값을 전기 신호로 바꿔서 유선이나 무선으로 보내요. 일부 자동 기상 관측소는 데이터를 단순히 저장하기만 할 뿐이라, 사람이 찾아가서 직접 가져와야 하지요.

방사선 차폐체
온도계와 습도계는 방사선을 막아 주는 차폐체 안에 들어 있어요. 방사선뿐만 아니라 눈과 비도 막지요.

데이터 기록기
데이터 기록기는 데이터를 모아서 무선 또는 유선으로 송신하거나, 나중에 사람이 와서 직접 수집할 때까지 저장해 둬요.

낮게 뜬 구름이 타이모산 레이더 기상 관측소를 감싸고 있어요.

보호용 돔
좀 모순되지만, 이 돔은 날씨를 측정하는 접시형 레이더 안테나를 날씨로부터 보호해요.

레이더 기상 관측소

타이모산 레이더 기상 관측소는 홍콩에서 가장 높은 산봉우리에 있어요. 이곳의 커다란 접시형 레이더 안테나는 비바람을 막는 돔 안에 들어 있지요. 도플러 레이더로 깜빡이는 마이크로파(전파의 일종)를 내보내서 비, 눈, 우박과 같은 강수(69쪽을 보세요)가 얼마나 멀리 떨어져 있는지 측정해요. 강수는 마이크로파를 흩어지게 하면서 에너지 일부를 송신기로 되돌려 보내요. 돌아온 신호가 얼마나 강한지를 보면 다가오는 폭풍이 얼마나 멀리 떨어져 있는지, 바람은 얼마나 빠른지 등을 알 수 있답니다.

위성 안테나
네트워크로 연결된 전 세계 기상 관측소에서 날씨 정보를 받아요.

송신기
이 타워는 타이모산 관측소의 일기예보를 다른 곳으로 보내는 역할을 해요.

이런 곳에도 관측소가?

어떤 날씨 정보는 지구상에서 가장 외딴곳에서 측정하기도 해요. 관측소를 설치하는 것부터 유지하는 것까지 전부 커다란 도전이지요.

카자흐스탄 톈산산맥 북부에 원격 강우량 측정기가 있어요.

미국 네바다주 라스베이거스 근처 사막 산봉우리에 있는 기상 관측소예요. 태양열을 동력으로 사용해요.

노르웨이 스피츠베르겐의 북극 자동 기상 관측소 위로 오로라가 빛나요.

인도양 안다만해의 태국 해안 근처 바위섬에도 기상 관측소가 있어요.

우주의 관측 장비

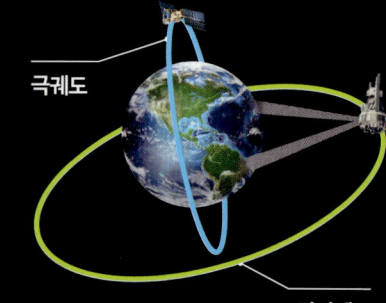

극궤도

정지궤도

세계에서 가장 뛰어난 전망대

우주에 떠 있는 인공위성은 대기를 가장 잘 볼 수 있는 최고의 전망대예요. 사진 한 장으로 허리케인 전체 모습을 볼 수도 있고, 분 단위로 허리케인이 커지는 걸 추적할 수도 있어요. 실제로 위성사진은 한 도시의 기온 변화부터 전 세계적인 공기의 순환까지 모든 걸 보여 줘요. 인공위성을 사용해서 먼 거리에서 데이터를 모으는 기술을 '원격 탐사'라 불러요. 원격 탐사는 지구에서 날씨를 관측하는 것만큼이나 중요하답니다.

우주의 눈

1975년부터 미국항공우주국(NASA)과 국립해양대기청(NOAA)이 운영한 정지궤도환경위성(GOES)은 과학자들에게 대기 데이터와 사진, 나아가 태양 활동에 관한 정보까지 꾸준히 제공하고 있어요. GOES 16호는 15분마다 한 번씩 지구 전체의 이미지를 찍을 수 있어요. 또 허리케인, 산불, 화산 폭발 등 극단적인 날씨 현상이 발생하는 지역을 골라서 30초마다 정보를 보내지요.

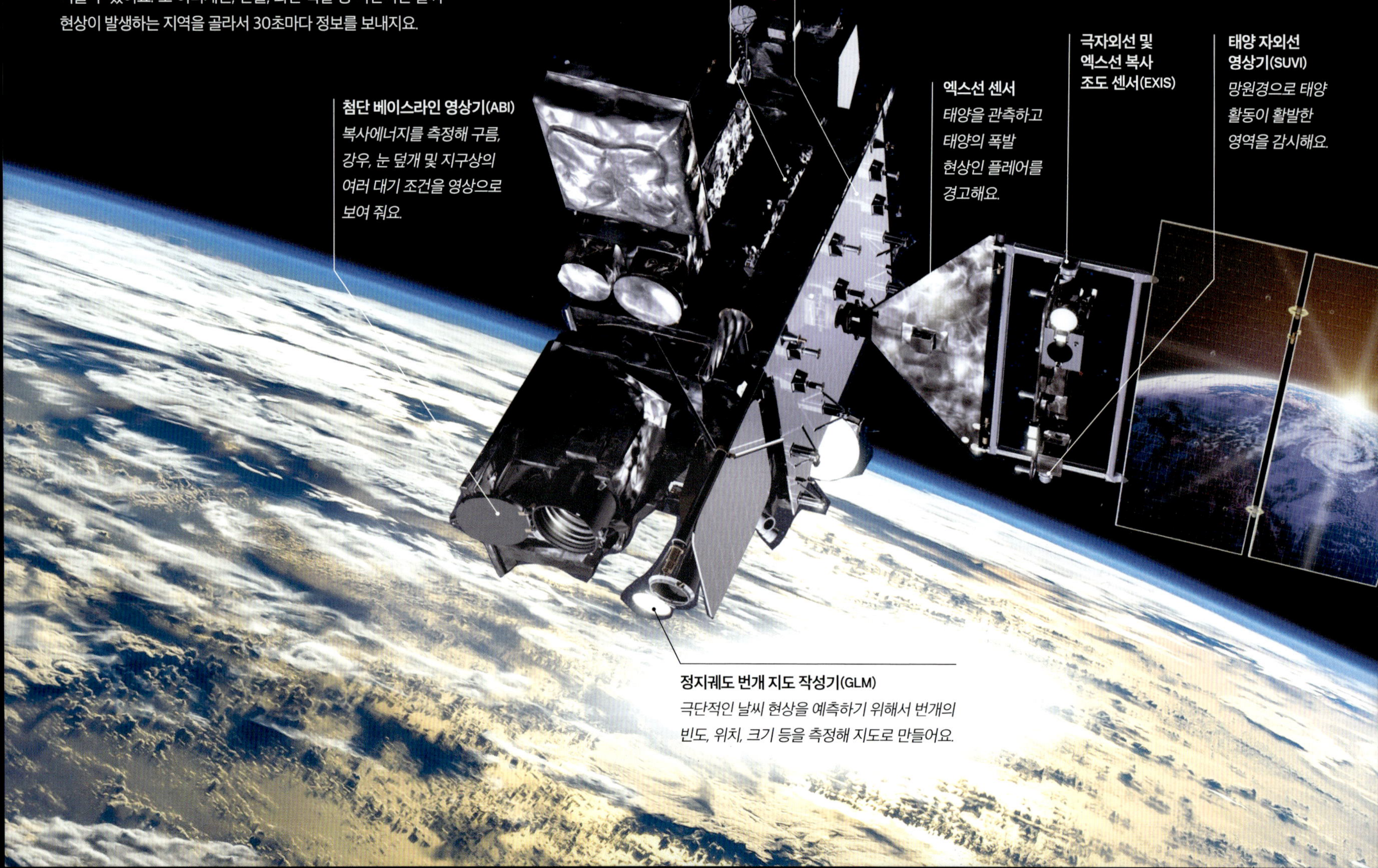

어느 쪽으로 돌까?

극궤도 인공위성은 약 850킬로미터 상공에서 남북으로 쉬지 않고 돌면서 사진을 찍어요. 하지만 사진이 찍히는 경로는 여러분이 예상하는 것처럼 남북으로 곧장 이어져 있지 않아요. 지구가 늘 자전하기 때문에 S자 모양으로 서쪽으로 구부러져 있지요. 반면 정지궤도 인공위성은 지구에 있는 사람이 보기에 전혀 움직이지 않아요. 실제로는 3만 6,000킬로미터 높이에서 지구와 함께 회전하면서 언제나 같은 장소에 머무르지요.

우주 환경 현장 수집기(SEISS)
자기권의 흐름을 감시하는 센서가 달렸어요.

우주 날씨 감지 센서
지구의 전력망이나 인공위성을 망가뜨릴 수 있는 태양에너지와 태양이 내뿜는 입자를 감시해요.

첨단 베이스라인 영상기(ABI)
복사에너지를 측정해 구름, 강우, 눈 덮개 및 지구상의 여러 대기 조건을 영상으로 보여 줘요.

엑스선 센서
태양을 관측하고 태양의 폭발 현상인 플레어를 경고해요.

극자외선 및 엑스선 복사 조도 센서(EXIS)

태양 자외선 영상기(SUVI)
망원경으로 태양 활동이 활발한 영역을 감시해요.

정지궤도 번개 지도 작성기(GLM)
극단적인 날씨 현상을 예측하기 위해서 번개의 빈도, 위치, 크기 등을 측정해 지도로 만들어요.

능동위성과 수동위성

어떤 인공위성들은 단순히 아래에 있는 대기 사진을 찍기만 해요. 이런 인공위성을 '수동위성'이라 불러요. 반대로 '능동위성'은 아래로 마이크로파를 전송해요. 빗방울, 우박, 눈송이, 얼음알갱이, 심지어 새 같은 공기 중 작은 물체를 건드리게 되면 이 마이크로파가 흩어져요. 인공위성의 안테나는 이때 흩어진 전파 일부가 되돌아오는 걸 잡아 내요.

GOES 인공위성이 미국 서부 해안을 찍은 '수동사진'이에요.

가시광선

어떤 인공위성은 구름 꼭대기의 사진을 찍을 때, 지상에서 찍는 사진처럼 가시광선을 사용해요. 가시광선은 우리 눈에 보이는 빛이지요. 이 사진을 보면 각 지역이 태양 빛을 얼마나 밝게 반사하는지 알 수 있어요. 구름이 두꺼울수록 반사하는 태양 빛도 더 밝기 때문에 구름 두께도 알 수 있어요. 풍경에 있는 다른 특징을 통해 눈과 구름을 구분해 낼 수도 있지요. 하지만 비에 관한 정보는 알 수 없어요. 또 밤에는 작동하지 못하지요!

도플러 레이더

도플러 레이더는 인공위성이 아닌 땅 위에서 원격 감지를 해요. 공항 레이더가 하늘에 떠 있는 비행기를 감지하듯이, 날씨 레이더는 마이크로파를 내보낸 뒤 이를 튕겨 내는 물체를 감지하지요. 예를 들어 도플러 레이더라는 특별한 종류의 허리케인 레이더는 어디서 얼마나 많은 비가 내리고 있는지 구체적인 지도를 그릴 수 있어요. 심지어는 바람이 얼마나 빠르게 부는지도 알 수 있답니다.

태양 전지

태양광 전지판 5개가 있어서 태양 빛으로 4,000와트 이상의 전력을 만들어요.

태양 센서

위성과 태양 사이의 각도를 감지한 뒤 조절하고, 위성 고도를 제어해요.

열적외선

적외선 인공위성은 구름 꼭대기나 땅 위의 열을 감지해요. 차가운 지역과 뜨거운 지역을 선명하게 보여 주지요. 심지어는 구름 꼭대기가 얼마나 높은지도 알 수 있어요. 구름 꼭대기가 차가울수록 구름이 더 높다는 뜻이거든요.

이 지도는 땅과 바다에서 열에너지를 감지해 보여 줘요.

수증기 감시 장치

수증기 감시 장치도 열화상 카메라처럼 적외선을 사용해요. 하지만 대기권 상층부에 있는 수증기의 복사열을 감지하는 데 초점을 맞추지요. 이 장치는 구름이 없는 맑은 하늘에서도 수증기를 감지할 수 있어요. 그래서 구름 낀 지역뿐만 아니라 전 세계 모든 곳에서 공기가 어떻게 움직이고 있는지 확인하는 데 도움을 주지요.

기후변화 관측

2018년, 일본에서 이부키 2호라는 특별한 인공위성을 발사했어요. 이부키 2호의 목적은 일본어로 '숨'을 뜻하는 이름에 걸맞게 온실가스, 특히 이산화탄소와 메테인을 감시하는 거예요. 온실가스는 지구 기후를 더 따뜻하게 만드는 주범이에요. 이부키 2호는 공기 중 온실가스 수치가 변하는 걸 보여 줄 뿐만 아니라, 이러한 기체가 어디에서 발생했는지도 정확하게 집어내고 있답니다.

이산화탄소 폐기물을 내뿜는 공장

우리 집 관측소

날씨를 직접 관측해 봐요

날씨에 관심이 있다면 직접 기상 관측자가 돼 보는 건 어때요? 마당이나 베란다가 있으면 나만의 기상 관측소를 세울 수 있어요. 아니면 그냥 창밖을 내다보는 것만으로도 충분하지요. 직접 날씨를 관측하고 기록하면 끝이에요. 좀 더 익숙해지면 직접 일기예보까지 할 수 있지요. 여러분 바로 주변에서 일어나는 날씨 현상을 하나하나 추적할 수 있는 건 오직 여러분 자신뿐이랍니다!

하늘 사진 찍기

사진은 날씨를 기록하는 훌륭한 방법이에요. 매일매일 하늘이 어떻게 변하는지 사진이나 영상으로 남기고, 뇌우나 특이한 구름 모양과 같은 큰 사건을 기록할 수도 있어요.

날씨 일기

나만의 날씨 일기를 써봐요. 아침이나 저녁을 골라 매일 같은 시간에 바깥의 온도, 바람의 세기와 방향, 하늘에 보이는 구름 종류를 기록하세요. 이게 바로 기상학이랍니다. 날씨 요소의 특징과 반복되는 정도를 구별하는 법을 배울 수 있도록 잘 정리해 상세하게 적어 두세요. 나중엔 자연스럽게 몇 시간에 한 번씩 적을 수 있을 거예요.

구름양 관찰

눈앞에 보이는 건축물이나 주변 지형을 사용해서 매일 정확히 같은 장소의 하늘 사진을 찍어요. 그러고는 사진을 직사각형 8개로 나누고 어떤 사각형에 구름이 더 많은지 확인해 보세요. 구름 낀 사각형과 맑은 사각형의 비율로 구름양의 단위인 '옥타'를 측정할 수 있어요. 구름이 하나도 없으면 0옥타, 구름이 하늘 전체를 뒤덮으면 8옥타랍니다.

기상학은 결국 날씨를 **기록**하는 게 전부예요.

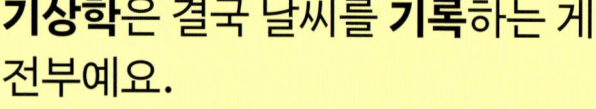

구름양 옥타 측정

구름양이 많은 날
18°C

낮게 낀 구름이 약간 있지만 거의 맑은 날
24°C

털구름이 약간 있지만 맑은 날
24°C

날씨 일지

여러분이 사는 지역 날씨를 어떻게 관측하면 좋을지 여기 있는 예를 참고하세요.

디지털 기상 관측소

약 8만 원 정도만 있으면 완벽한 디지털 기상 관측소를 마련할 수 있어요. 놀라울 만큼 다양한 기능이 들어 있지요. 온도, 습도, 풍속, 풍향, 기압 등 많은 정보를 자동으로 기록한답니다. 장치를 노트북에 연결해서 기록을 보관할 수도 있어요.

날씨 상자

나만의 날씨 상자도 만들 수 있어요. 먼저 튼튼한 플라스틱이나 나무 상자를 준비하세요. 그다음 접착제를 사용해서 안쪽에 온도계를 붙이세요. 마지막으로 밖으로 나가 비바람이 들이치지 않을 만한 장소를 찾아서 온도계가 똑바로 서도록 세워 두세요.

날씨 영웅

기상학자가 되고 싶나요? 최초의 아프리카계 미국인 여성 기상학자, 준 베이컨 버시에 관해 한번 알아보세요. 버시는 여성 기상학자로서는 최초로 미국 텔레비전에 출연하기도 했지요. 고등학교 때 처음으로 과학에 관심을 보이기 시작했어요.

구름양

이 기호들을 사용해서 여러분의 날씨 일지에 구름양을 기록하세요.

기호	구름양
○	0%
◓	10%
◔	20-30%
◑	40%
◑	50%
◕	60%
◕	70-80%
●	90%
●	100%

날씨 기호

날씨 일지에 공식적인 날씨 기호를 사용해도 좋지만, 자신만의 기호를 직접 만드는 것도 좋답니다! 1742년, 미국인 에드워드 오거스터스 홀리요크는 자신이 직접 만든 기호로 보스턴 지역의 날씨를 기록했어요.

컴퓨터 용량
독일의 고성능 슈퍼컴퓨터 '미스트랄'은 일기예보 모델을 기반으로 전 세계 기후변화를 미리 시험하고, 각 지역에 미치는 영향을 조사해요.

> 샌디나 하비와 같은 파괴적인 허리케인 이후에, **슈퍼컴퓨터**를 사용한 **일기예보**로 사람들의 **목숨을 구할** 수 있는 능력을 얻게 됐지요.

디지털 천재

컴퓨터의 힘

기상 관측자가 폭풍우가 치는 언덕에 웅크리고 앉아 날씨 기록을 읽는 걸 보노라면, 일기예보라는 게 첨단 산업처럼 보이지 않을 거예요. 하지만 주요 기상 센터에는 가장 커다랗고 성능 좋은 컴퓨터들이 늘어섰답니다. 최근에는 앙상블 일기예보(139쪽을 보세요)가 일기예보의 정확도를 많이 높였어요. 슈퍼컴퓨터가 없으면 불가능한 일이지요.

초기 컴퓨터
1960년대에는 일기예보에 IBM 7090 컴퓨터를 사용했어요. 이 컴퓨터의 작업 처리 능력은 여러분 집에 있는 데스크톱 컴퓨터의 0.00001퍼센트밖에 안 된답니다!

슈퍼컴퓨터
현재 미국 국립해양대기청은 서로 연결된 슈퍼컴퓨터 쌍을 만드는 작업을 하고 있어요. 2022년에 완공하면, 각각의 컴퓨터 성능은 12페타플롭스가 될 거예요. 플롭은 컴퓨터의 계산 처리 속도를 일컫는 단위로, 12페타플롭스는 1초 동안 간단한 계산을 1경 2,000조 번 할 수 있다는 뜻이에요. 비교하자면, 정말 성능 좋은 노트북도 100기가플롭스예요. 슈퍼컴퓨터가 노트북보다 10만 배 빠르답니다!

슈퍼컴퓨터가 관측 데이터를 더 많이 사용할수록, 일기예보도 더 정확해질 확률이 높아요. 가장 커다란 슈퍼컴퓨터는 매일 관측 데이터 2,000억 개 이상을 처리할 수 있어요. 하지만 슈퍼컴퓨터가 단순히 데이터를 기록하기만 하는 건 아니에요.

재해 예측

슈퍼컴퓨터는 관측 데이터를 일기예보 모델에 넣어요. 모델을 돌려서 미래의 수치를 전부 예측하고, 일기예보관들이 이해할 수 있도록 그래프, 지도, 그림 등으로 화면에 나타내지요. 게다가 슈퍼컴퓨터의 뛰어난 성능 덕분에 여러 장소에 있는 일기예보관들이 자신의 화면에서 직접 데이터에 접근하고 처리할 수 있답니다.

폭탄 사이클론이나 토네이도가 접근하는 등 위험한 날씨 상황이 발생할 때는 시간이 생명이에요. 슈퍼컴퓨터가 정부 당국, 심지어는 일반 시민들에게 긴급 경보를 발령해서 시간을 절약할 수 있지요. 너무 로봇 같은 목소리에 깜짝 놀랄 수는 있지만요!

3차원 레이더 토네이도 모델

1800년대 이후로 레이더는 비가 어느 방향으로 얼마나 빠르게 움직이고 있는지 '볼' 수 있게 됐어요. 마치 바람을 실제로 보는 것과 같은 효과예요. 뇌우 속에서 바람을 보는 능력은 매우 중요해요. 기상학자들은 훨씬 더 짧은 시간 안에 토네이도가 온다고 경고하고, 수많은 목숨을 구할 수 있게 됐어요. 이 사진은 2011년 미국 앨라배마 주에 찾아온 다중 소용돌이 토네이도 터스컬루사-버밍엄의 3차원 이미지예요.

앙상블 일기예보

컴퓨터를 이용한 일기예보는 전 세계의 기상 관측소에서 측정한 데이터에 좌우돼요. 이 데이터 수치가 현재 대기 상태에 관한 정확한 그림을 알려 주지요. 그러면 컴퓨터 모델이 이 수치를 사용해서 일기예보를 만들어요.

이론적으로는 그래요. 문제는 대기가 굉장히 혼란스럽다는 거예요. 미처 찾지 못한 데이터 속 미세한 차이가 어마어마하게 불어나서 결과를 완전히 뒤바꿀 수 있어요. 대기가 얼마나 혼란스러운지 표현하기 위해서 기상학자 에드워드 로렌츠가 다음과 같이 말한 건 유명하지요. "나비의 날갯짓 한 번이 연쇄반응을 일으켜 몇 주 후에 토네이도를 일으킬 수도 있다." 다시 말해 데이터에 1분짜리 실수만 있어도 컴퓨터 일기예보가 엄청나게 부정확해질 수가 있어요.

기상학자들은 앙상블 일기예보를 통해 이 문제를 해결하려고 해요. 우리 지구가 실제로 그런 것처럼, 일기예보 모델에서 초기 조건을 아주 약간씩 바꿔 가면서 컴퓨터로 여러 번 돌려 보는 거예요. 이렇게 나온 일기예보의 전체 집합을 앙상블이라고 불러요.

앙상블은 미래의 날씨를 한 가지만 보여 주는 게 아니라 범위로 알려 줘요. 일기예보관이 내린 일기예보 하나는 엄청나게 틀릴 수도 있지만, 앞으로의 날씨가 앙상블이 예측한 범위 안에 들어올 거라고는 상당히 확신할 수 있지요.

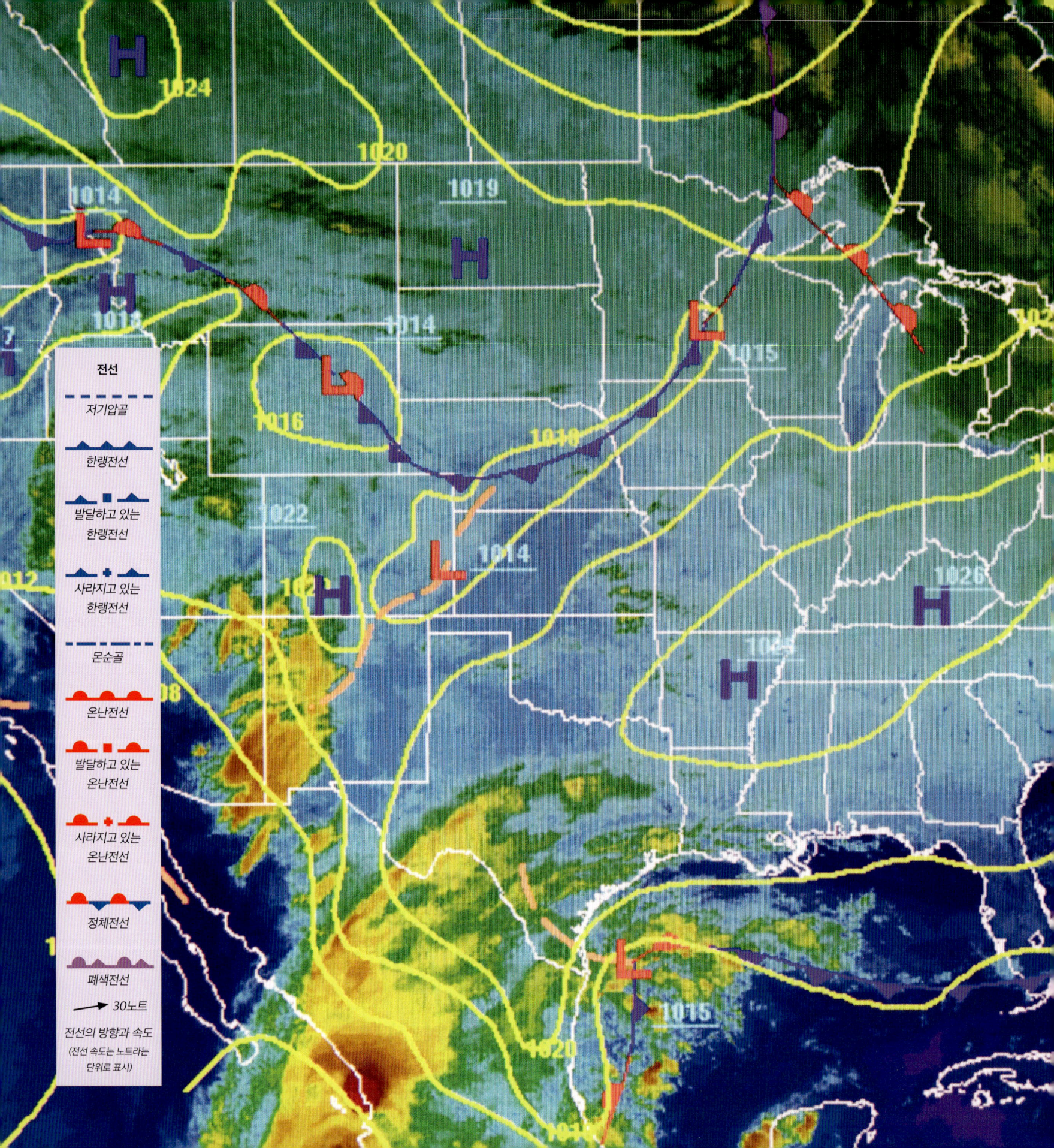

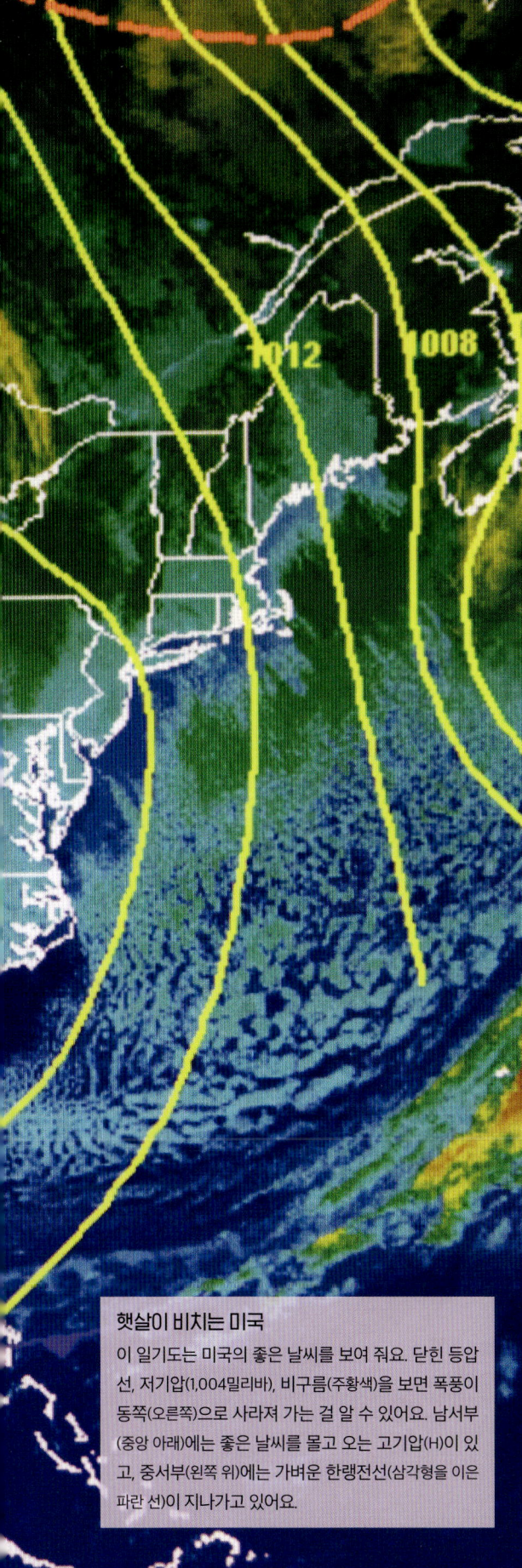

햇살이 비치는 미국
이 일기도는 미국의 좋은 날씨를 보여 줘요. 닫힌 등압선, 저기압(1,004밀리바), 비구름(주황색)을 보면 폭풍이 동쪽(오른쪽)으로 사라져 가는 걸 알 수 있어요. 남서부(중앙 아래)에는 좋은 날씨를 몰고 오는 고기압(H)이 있고, 중서부(왼쪽 위)에는 가벼운 한랭전선(삼각형을 이은 파란 선)이 지나가고 있어요.

일기도

대기의 기록

수 세기 동안, 날씨를 그려 넣은 지도인 '일기도'는 넓은 지역의 날씨를 한눈에 확인하고 예측하는 유일한 방법이었어요. 날씨의 변화를 바로 확인하고 어떤 날씨가 다가오고 있는지, 얼마나 나빠질 예정인지 알 수 있었지요. 왼쪽에 보이는 기호들은 특정 시간의 날씨 조건을 나타내요. 전선이 서로 만나는 지역을 조심하세요. 날씨가 요동치기 시작할 테니까요!

일기도에서 가장 확실한 특징은 등압선이에요. 기압(주로 밀리바 단위)이 똑같은 점을 연결한 길고 구부러진 선이지요. 어떤 영역에서는 한 바퀴 빙 돌아서 완전한 동그라미를 만들어요. 그 중심에는 H나 L이라고 쓰여 있어요. H는 고기압으로 공기가 가라앉는 곳이고, L은 저기압으로 보통 태풍의 중심이에요. 등압선의 간격이 좁으면 기압이 급격히 떨어져서 바람이 강하게 분다는 뜻이에요.
삼각형이나 반원을 이은 선은 전선을 나타내요. 삼각형을 이은 파란 선이 한랭전선, 반원을 이은 빨간 선이 온난전선이에요. 삼각형과 반원은 전선이 움직이는 방향을 나타내요.
어떤 지도에는 바람의 방향과 힘을 표시하는 화살표도 있지요. 구체적인 일기도는 기온, 구름양, 습도, 가시성, 비, 눈까지 각각 고유의 기호로 표시해 둔답니다.
텔레비전과 인터넷의 일기예보관은 지금도 이런 일기도로 날씨를 한눈에 보여 줘요. 컴퓨터 기술이 발달함에 따라 현란한 그래픽 디스플레이와 기발한 애니메이션도 등장했지만, 일기도는 여전히 친숙한 날씨 확인 방법이랍니다.

초기 일기도
최초의 일기도는 1816년에 손으로 그려서 만들었어요. 19세기 미국에서는 기상 관측자 모임이 스미스소니언에 날씨를 알리고 일기도 작성을 도왔답니다. 위 사진의 일기도는 1953년에 제작된 거예요.

19세기 후반에는 미국 육군 통신대가 일기도 작성을 담당했어요.

기호	날씨
⸴	이슬비
≡	안개
△	우박
∞	실안개
●	비
▽	소나기
▲	진눈깨비
⌇	연기
✻	눈
↯	뇌우
∽	허리케인

기호	풍속
○⎯	시속 1~4킬로미터
○⎯⎸	시속 5~8킬로미터
○⎯⎹	시속 9~14킬로미터
○⎯⎹⎸	시속 15~20킬로미터
○⎯⎹⎹	시속 21~25킬로미터
○⎯⎹⎹⎸	시속 26~31킬로미터
○⎯⎹⎹⎹	시속 32~37킬로미터
○⎯⎹⎹⎹⎸	시속 38~43킬로미터
○⎯⎹⎹⎹⎹	시속 44~49킬로미터
○⎯⎹⎹⎹⎹⎸	시속 50~54킬로미터
○⎯⎹⎹⎹⎹⎹	시속 55~60킬로미터
○⎯▲	시속 61~66킬로미터
○⎯▲⎸	시속 67~71킬로미터
○⎯▲⎹	시속 72~77킬로미터

기호	구름양
○	0퍼센트
◐	10퍼센트
◔	20~30퍼센트
◕	40퍼센트
◐	50퍼센트
◕	60퍼센트
◕	70~80퍼센트
◑	90퍼센트
●	100퍼센트

진실 또는 거짓

믿는 게 좋을걸요?

과학적 일기예보가 등장하기 훨씬 전에 살던 사람들은 자연에서 날씨를 예측할 만한 단서를 찾으려고 했어요. 날씨에 관한 오래된 믿음 가운데 어떤 것들은 단순히 미신에 불과하지만, 어떤 것들은 꼼꼼히 자연을 관찰한 결과랍니다. 여기에서는 옛사람들의 지혜 가운데 몇 가지를 소개할게요.

무리가 지면 비가 온다

"달무리나 햇무리가 지면 다음 날 비가 온다"라는 말이 있어요. 이 말은 사실이에요. 무리는 달이나 해가 높은 곳에 있는 털층구름을 통과해 비출 때 생겨요. 이 구름은 보통 온난전선이 오기 전에 나타나기 때문에, 무리가 진다는 건 정말로 비가 오고 있다는 신호지요. 하지만 겨울에는 아니에요. 겨울에 무리가 지면 차가운 공기가 다가온다는 신호랍니다.

저녁 하늘이 붉으면 다음 날 맑다

이 날씨 속담은 워낙 유명해요. 하지만 과학자들은 그 이유에 관해서 명쾌하게 결론짓지 못했지요. 하늘 색깔은 확실히 대기 조건에 따라 변해요. 그리고 많은 지역에서 태양이 지는 서쪽으로부터 날씨 현상이 찾아오기 때문에, 서쪽 하늘이 앞으로 다가올 날씨를 보여 주는 건 맞아요. 하지만 어떤 과학자들은 태양이 건조하고 먼지가 많은 하늘을 지나면서 빨갛게 보이는 거라서 건조하고 맑은 날이 오는 거라 생각해요. 한편 어떤 과학자들은 폭풍 구름 때문에 하늘이 빨개진 거라서 밤에는 비가 오지만 아침이 되면 맑은 거라고 생각해요.

성경
붉은 저녁 하늘 이야기는 신약 성경 마태복음에 처음으로 등장했어요.

모든 건 바다에서
붉은 아침 하늘은 전통적으로 항해사에게 내리는 자연의 경고였어요.

아침 하늘이 붉으면 폭풍이 온다

태양은 동쪽에서 떠요. 그리고 편서풍이 몰고 다니는 날씨 현상은 서쪽에서 동쪽으로 이동하지요. 아침에 하늘이 붉다면, 전선 폭풍이 오기 전에 나타나는 높은 구름의 아래쪽을 낮게 뜬 태양이 비추기 때문일 수 있어요. 정말로 거친 날씨가 다가오고 있다는 신호일 수도 있는 거지요.

되새김질
어떤 과학자들은 소가 특정한 울음소리를 내서 다른 소에게 날씨에 관해 알려 준다고 믿는답니다!

소의 일기예보

동물들은 확실히 사람이 느끼지 못하는 대기 변화를 느낄 수 있어요. 하지만 그게 어떻게 가능한지는 알아내기가 어려워요. 사람들은 소가 엎드려 있으면 비가 온다는 신호라고 생각했어요. 하지만 사실 소는 그냥 쉬고 싶을 때 엎드리는 것 같아요. 또 사람들은 소가 꼬리를 동쪽으로 하면 나쁜 날씨가 온다고 믿었어요. 이 말은 어느 정도 사실인 것 같아요. 소는 바람이 불어오는 쪽으로 등을 향하는 걸 좋아하거든요. 그러니 소 꼬리가 동쪽을 향한다는 건, 불안정한 날씨를 부르는 동풍이 다가온다는 뜻일지도 몰라요.

그라운드호그데이

북아메리카에 전해져 내려오는 이야기를 들어 봐요. 예로부터 그라운드호그가 겨울잠에서 깨어나는 2월 2일, 즉 그라운드호그데이가 되면 날씨에 관해 많은 걸 알 수 있어요. 만약 이날 하늘에 구름이 끼면 봄이 일찍 찾아온대요. 만약 하늘이 맑으면, 그라운드호그가 자신의 그림자를 보고 다시 굴속으로 들어가 버려서 6주 동안 겨울이 더 이어진다고 하고요. 그래서 올해는 과연…?

켈프는 바다 밑에 있는 숲에서 찾을 수 있어요.

켈프의 일기예보

다시마의 일종인 켈프는 놀라울 정도로 건강에 좋은 음식이에요. 옛날에는 많은 사람이 해변에서 켈프를 건져 와서 나중에 요리해 먹으려고 말리곤 했어요. 사람들은 켈프를 매달아 놓으면 습도 변화에 반응하므로 날씨 정보를 얻는 데 유용하다고 생각했어요. 날씨가 좋으면 켈프가 말라서 쪼글쪼글해지고, 비가 올 예정이면 부풀어 올라서 축축하고 흐물흐물해지지요.

물푸레나무

참나무

참나무가 물푸레나무보다 먼저 나오면…

미국 옛 속담에 "참나무가 물푸레나무보다 먼저 나오면 물방울이 튀고, 물푸레나무가 참나무보다 먼저 나오면 흠뻑 젖는다"라는 말이 있어요. 봄에 참나무 싹이 먼저 돋아나면 다가오는 몇 주 동안 가벼운 소나기만 오지만, 물푸레나무 싹이 먼저 돋아나면 폭우가 쏟아진다는 뜻이에요. 사실 과학적 근거는 전혀 없는 속담이랍니다!

진실 또는 거짓 143

일기예보

날씨를 예측해요

일기예보는 대부분 일상생활에 참고하는 데 쓰여요. 아침에 우산을 챙겨야 할지 선크림을 발라야 할지 결정하는 정도지요. 하지만 정말 위험한 폭풍이 몰아칠 때는 정확한 일기예보가 사람들의 목숨까지 구할 수 있지요. 사람들을 구하고 피해와 손상을 최소화하려면, 언제 무엇이 다가오는지 빠르고 정확하게 경고하는 일기예보가 꼭 필요해요.

쿠바
쿠바 동부에는 이미 폭풍이 도착했어요.

플로리다주
미국 플로리다주는 아직 바람이 잔잔해요.

허리케인 경보
허리케인이 다가오면, 이 사진과 같은 경보를 미국 텔레비전에서 볼 수 있어요. 2017년 9월, 쿠바 상공을 지나 미국 플로리다주로 다가오는 허리케인 어마의 도플러 레이더 인공위성 영상이랍니다. 비가 어느 지역에서 얼마나 세게 내리고 있는지를 보여 주지요. 현재 날씨 조건에 관한 상세한 데이터는 우리에게 최대한 많은 정보를 제공해 줄 수 있어요.

기압
태양 중심부의 기압은 925밀리바로 측정됐어요. 매우 강력한 허리케인이라는 뜻이지요.

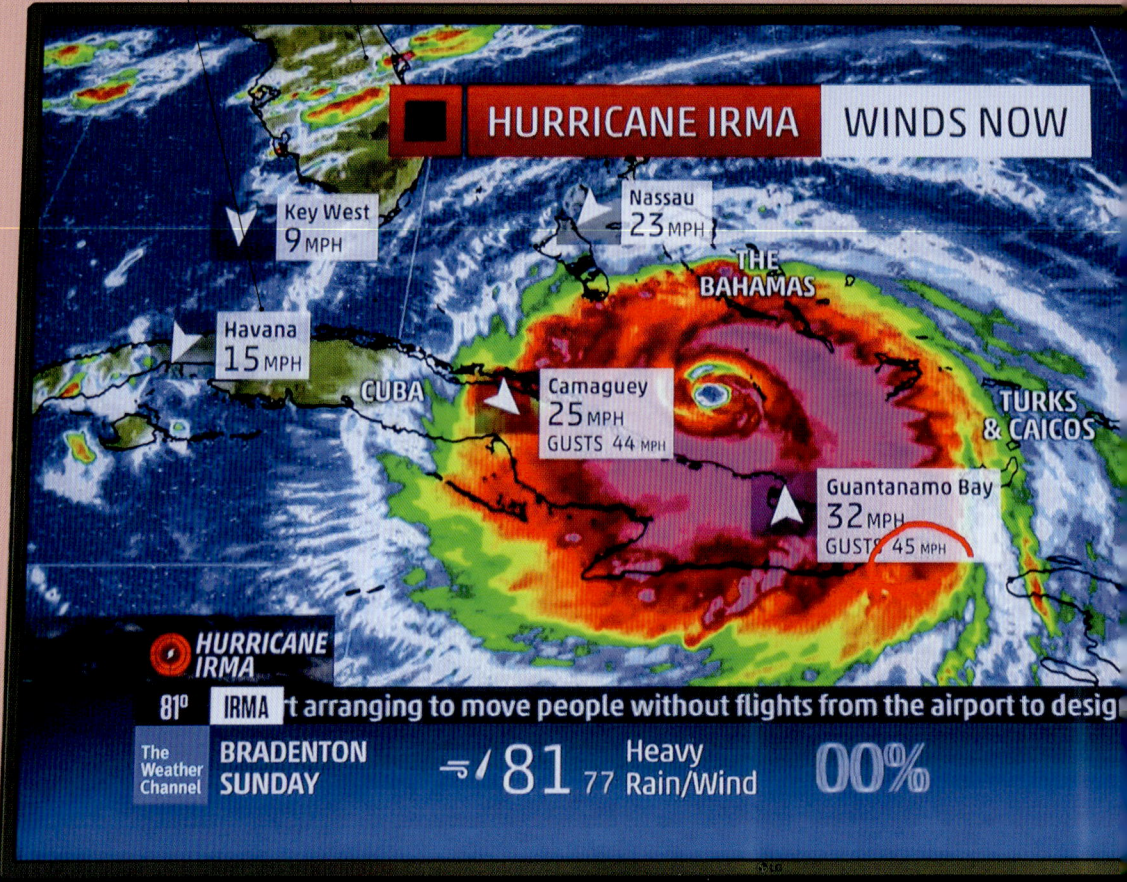

폭풍 감시
예상하지 못한 폭풍은 더욱더 치명적일 수 있어요. 미국기상청은 나쁜 날씨를 추적해서 최대한 신속하게 주의보를 발령하기 위해 밤낮으로 상황을 예의주시하고 있어요. 인공위성, 도플러 레이더, 숙련된 폭풍 관측자들이 쉬지 않고 하늘을 살피며 단서를 찾지요. 폭풍을 찾아내면, 얼마나 커다랗고 정확히 어디를 강타할 것인지를 알아내려고 노력해요.

미국 국립해양대기청의 폭풍 예측 직원들

경보 센터
토네이도가 발생할 위험에 관한 최신 정보를 전달하는 임무를 맡고 있어요. 토네이도가 다가오면 경보를 발령하지요.

토네이도 경보
토네이도가 다가오면 야외에 있는 경보 사이렌, 지역 텔레비전과 라디오 방송국, 케이블 채널, 국립해양대기청의 기상 라디오 등 여러 경로를 통해 경보를 알려요. 지역 라디오와 텔레비전 방송국은 대부분 폭풍 경보를 방송하지요. 스마트폰 앱도 사람들에게 위험한 날씨가 다가온다는 걸 경고해요.

폭풍예측센터
토네이도와 힘한 뇌우는 극단적으로 빠르게 생겨나요. 그리고 보통 굉장히 좁은 지역 안에서 조건이 맞으면 일어나지요. 미국 오클라호마주 노먼에 있는 폭풍예측센터는 토네이도나 뇌우가 발생하자마자 알아차리기 위해서, 초기에 경고 메시지를 던지는 단서를 살피지요.

날씨가 나빠지고 있을 때 스마트폰 앱이 사람들에게 경고해 줘요.

오늘 날씨는?
기상학자들은 오늘과 내일 날씨가 어떤지 알려 주기 위해 '실황예보'라는 방법을 사용해요. 슈퍼컴퓨터가 레이더와 인공위성으로 관측한 지역의 모든 날씨 정보를 처리해서, '현재' 날씨 상황을 완벽하게 그려 내요. 그다음 이를 토대로 6시간, 12시간, 24시간, 심지어는 48시간 후의 날씨를 상당히 정확하게 예측해 낸답니다.

이동 속도
허리케인이 시속 19킬로미터로 이동하고 있어요. 속도를 알면 허리케인이 언제쯤 여러분의 지역에 도달할지 예측할 수 있지요.

조심해요, 마이애미!
이 패널은 마이애미에 언제 어떤 영향이 있을지 알려 주고 있어요.

현지 지식
비행기가 안전하게 이착륙하려면 지상에서 부는 바람에 관해 정확한 정보가 필요해요. 하지만 일반 기상예보는 지상에서 부는 바람을 잘 예측하지 못해요. 그래서 공항과 같은 장소를 위한 일기예보는 지역 날씨 패턴에 관한 데이터를 반영해서 컴퓨터 기술로 수정하는 경우가 많아요.

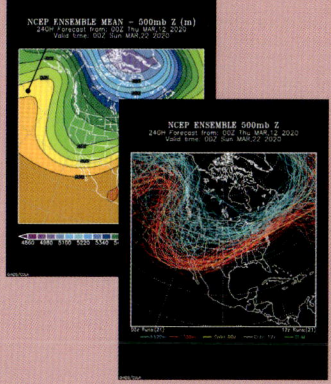

앙상블 일기예보
슈퍼컴퓨터가 이 정확한 일기예보를 만들어 냈어요.

더 먼 미래까지
오늘날 일기예보관들은 2주 후의 날씨까지도 예보하고 있어요. 앙상블 일기예보를 가능하게 힌 슈퍼컴퓨디(136~137쪽을 보세요) 덕분이지요. 앙상블 일기예보는 앞으로 2주 동안에 대해서 약간씩 다른 예보를 50개 정도 만들어 내요. 일기예보관들은 실제 날씨가 이 범위 안 어딘가에 들어올 거라고 자신할 수 있지요.

토네이도 사이렌

토네이도 주의보와 경보
토네이도 '주의보'는 혹시 토네이도가 다가올지도 모르니 대비하라는 뜻이에요. 토네이도 '경보'는 실제로 토네이도가 발견됐고 지금 다가오고 있다는 뜻이에요. 경보가 뜨면 곧바로 대피해야 해요.

일기예보 **145**

허리케인 추적

폭풍을 따라서

허리케인이 다가올 때, 땅에 있는 사람들은 허리케인이 언제 어디를 강타할지 알아야 해요. 플로리다주 마이애미에 있는 미국 국립허리케인센터에서는 전문가들이 열대 폭풍이 다가오는 것을 계속 주시하면서, 대중에게 경고할 준비를 하지요. 전 세계의 다른 기상 기관들과도 정보를 나눠요. 2016년 허리케인 허민이 강타했을 때도 국립허리케인센터는 준비가 돼 있었답니다.

정보 공유
국립허리케인센터는 미국연방재난관리청(FEMA)에 지금 존재하는, 또는 발생할 수 있는 모든 열대성 저기압에 관해 매일 요약 보고를 해요. 그 덕분에 연방재난관리청에서 적절한 긴급조치를 할 수 있지요.

허민을 주시하다

2016년 기상학자들이 아프리카 인근 해안에서 허리케인 허민이 만들어지는 걸 발견했을 때, 국립허리케인센터는 완전히 비상이 걸렸어요. 허민은 2005년 윌마 이후로 플로리다주에 상륙한 첫 허리케인이었어요. 하지만 국립허리케인센터 덕분에 플로리다주, 조지아주, 캐롤라이나주 해안에 사는 주민들은 허리케인에 대비할 수 있었지요.

8월 16~23일
기상학자들이 발생한 열대 요란 인베스트 99L을 추적하기 시작했어요. 이 열대 요란은 해안에서 벗어나 대서양을 가로지르면서 소나기와 뇌우를 점점 더 많이 뿌리고 있었지요.

8월 24~30일
열대 요란이 본격적인 소용돌이로 점점 발달하면서, 국립허리케인센터의 기상학자들도 이를 좀 더 긴밀하게 감시하기 시작했어요.

8월 25일쯤 리워드 제도에 폭우가 쏟아지고 그레이터앤틸리스 제도까지 도달했지요. 열대 요란이 빠른 속도로 이동하면서 강풍이 발생했어요.

8월 30일 오후 9시, 플로리다주 빅벤드 해안 지역에 허리케인 주의보가 발령됐어요.

8월 31일
국립해양대기청의 허리케인 헌터(148~149쪽을 보세요)들이 수집한 데이터로 폭풍이 이제 열대 폭풍의 세기로 발달했다는 것을 확인했어요. 기상학자들은 열대 요란이 허리케인으로 발달하는 과정을 죽 지켜보고 있었지요.

국립 기상 기관을 연결하는 허리케인 핫라인으로 논의한 후에, 멕시코만 연안 일부에 폭풍 해일 경보가 발령됐어요.

9월 1일
허리케인이 멕시코만에 다다르면서 상륙 시점에 가까워지고 있었어요.

협정세계시(UTC) 오후 6시, 미 공군 예비사령부 비행기가 측정한 결과, 플로리다주 애팔래치콜라의 남서부에서 폭풍이 허리케인 세기에 다다랐어요. 이제 시속 130킬로미터의 바람을 동반한 1등급 허리케인이 됐지요.

국립허리케인센터의 릭 냅 소장은 날씨 채널에서 허리케인 허민의 소식을 실시간으로 전했어요.

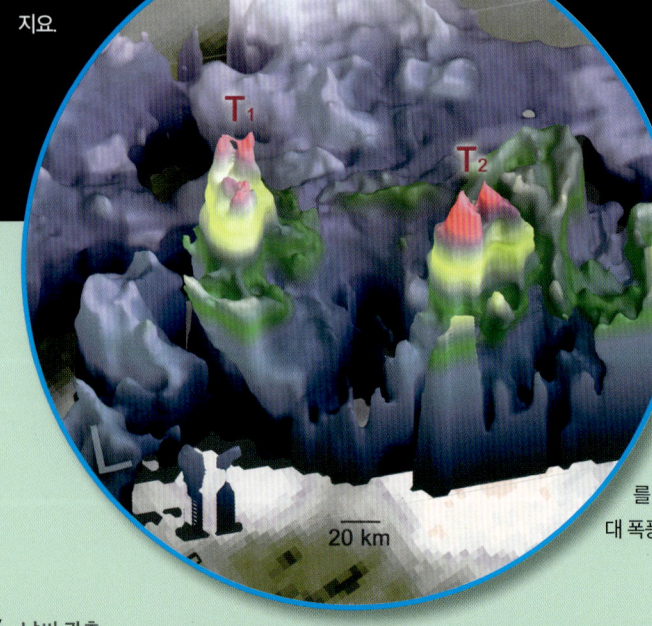

위성 관측
폭풍이 강해지려면, 해수면에 있던 열에너지가 대기로 들어갈 만한 경로가 있어야 해요. 8월 31일 오후 4시 9분, 전지구강수관측(GPM) 미션을 수행하는 인공위성이 왼쪽 그래프처럼 허민 안에서 '뜨거운 탑' 2개를 관측했어요. 이 관측으로 폭풍이 강해져서 열대 폭풍의 세기에 도달했다는 점을 확인했지요.

대비
허리케인에 대한 비상 대비에는 대피가 포함돼요. 사람들은 자신의 재산을 보호하고, 구호 물품이 제대로 있는지 확인하지요. 사진은 사우스캐롤라이나주 노스찰스턴의 인부들이 허민이 상륙하기 전에 지역 주민들을 위해 모래주머니를 준비하는 모습이에요.

허리케인 허민은 플로리다주에서 **5개**, 조지아주에서 **2개**, 노스캐롤라이나주에서 **3개**로 총 **10개**의 토네이도를 만들어 냈어요.

온대 저기압

허리케인이 온대 저기압이 되면, 힘이 약해지면서 넓게 퍼진 저기압 영역을 형성해요. 그 안에서 한랭전선과 온난전선의 기단이 비와 바람, 때로는 토네이도와 우박을 만들지요. 하지만 온대 저기압에서 부는 바람이 항상 허리케인의 바람보다 약한 건 아니에요. 어떨 때는 더 강하기도 한답니다.

폭풍이 지나간 자리

허민의 강풍과 홍수로 인한 재산 피해는 약 6,600억 원이었어요. 바닷물과 민물이 넘치면서 집과 건물을 파괴했지요. 플로리다주에서는 주 전역에 걸친 정전 때문에 25만 3,000명 이상이 피해를 입었고, 조지아주에서는 밭에서 재배하던 피칸의 80퍼센트가 사라졌어요. 2명이 안타깝게 목숨을 잃기도 했어요.

9월 2일

허민이 플로리다주의 세인트마크스 동쪽 빅벤드 해안을 따라 2.3미터의 폭풍 해일을 몰고 오며 상륙했어요.

허민이 땅을 지나갈 때 허리케인급의 지속 풍속은 기록되지 않았지만, 플로리다주에서 구조적 피해를 준 토네이도 2개가 보고됐어요. 허민은 조지아주, 사우스캐롤라이나주, 노스캐롤라이나주 해안 지역을 따라 이동하면서 홍수를 일으켰어요.

9월 3일

협정세계시 낮 12시, 허민이 오리건주 해안 근처에서 온대 저기압으로 변했어요.

미국 본토와 대서양을 가르는 장벽 같은 제도, 아우터뱅크스 위에서 허리케인급 바람이 기록됐어요. 지속 풍속이 시속 114킬로미터까지 측정됐고, 가장 빠르게는 시속 135킬로미터의 강풍이 불었어요.

9월 4~7일

태풍이 해안을 지나 동쪽 대서양 위로 멀어져 갔어요. 9월 5일까지는 시속 111킬로미터의 강풍을 유지했어요. 약한 저기압이 된 태풍은 힘을 잃으면서 북서쪽으로 방향을 틀고 다시 해안가로 접근했어요. 9월 7일까지 뉴저지주와 롱아일랜드 해안가를 돌아다녔어요.

9월 8일

바람이 강풍에도 못 미칠 만큼 약해진 저기압은 북동쪽으로 이동하다가 협정세계시 오후 6시, 매사추세츠주 채텀 부근에서 완전히 사라졌어요.

2018년 3월, 폭풍 해일이 매사추세츠주를 강타하고 있어요.

상륙 시점 감시

허민이 상륙하기 하루 전날 밤, 미국지질연구소(USGS)의 과학자들은 빅벤드 해안에서 다리, 부두 등 폭풍에 무너지지 않을 것 같은 구조물에 폭풍 해일 센서와 기압 감시 장치를 설치했어요. 측정값은 폭풍 피해가 얼마나 심했는지 평가하고 앞으로 있을 홍수를 예측할 컴퓨터 모델을 만드는 데 사용됐어요.

폭풍 해일과 해안 지역

피해의 주요 원인인 폭풍 해일은 허리케인이 상륙할 때 발생해요. 저기압, 강풍, 높은 파도가 한데 어우러져 해수면이 높아지면서, 왼쪽 위 사진처럼 커다란 홍수를 일으키고 때로는 사람들의 목숨까지 앗아 가지요. 허리케인 허민의 경우에는 점점 약해지고 있을 때조차도 오른쪽 위 사진처럼 롱아일랜드 해안가를 따라 거친 파도를 일으켰어요.

폭풍 해일이 뉴욕주 롱아일랜드 해안가를 강타하고 있어요.

허리케인 헌터

롤러코스터를 타요

미국 국립해양대기청의 비행기 '허리케인 헌터'는 높은 곳을 날아다니는 기상 관측소예요. 폭풍을 만나면 폭풍 근처를 비행하거나 아예 안으로 들어가서 연구하지요. 허리케인 헌터가 모으는 데이터는 허리케인이 얼마나 강력한 힘으로 어느 지역을 강타할 것인지 예측하는 데 정말 중요하답니다.

험난한 비행
'커밋'이라는 별명으로 불리는 'NOAA 록히드 WP-3D 오리온 N42RF'에는 바람과 비를 측정하는 레이더 시스템이 있어요. 몹시 험난한 여정이기 때문에 흔들림에 대비해서 안에 있는 모든 것, 심지어는 연필까지도 제자리에 고정해야 하지요.

폭풍의 눈은 처음이지?
사람이 처음으로 비행기를 타고 폭풍으로 들어간 건 1943년 7월 27일이었어요. 미국의 조셉 더크워스 중령이 랠프 오헤어 부조종사와 AT-6 텍산을 타고 텍사스주 갤버스턴 근처 1등급 폭풍 속으로 날아들어 갔지요. 더크워스 중령은 의도적으로 허리케인의 눈을 통과해 비행한 최초의 사람이 됐어요.

비슷한 두 종류
'미스 피기'라는 이름의 비슷한 비행기가 또 1대 있어요.

폭풍 연구
허리케인 헌터는 먼저 낮게 날면서 날씨를 관찰해요. 그러다가 허리케인이 발달하면, 더 높은 고도로 올라가 저기압 중심의 눈을 5~6번 지나가면서 낙하존데를 떨어뜨려요.

비행기 종류: 걸프스트림 VI
고도: 1만 3,715미터
비행하는 곳: 폭풍 주변을 날아요.

비행기 종류: P-3 허리케인 헌터
고도: 1,525~3,050미터
비행하는 곳: 폭풍의 눈 속으로 들어가요.

비행기 종류: 레이시언 코요테 드론
고도: 60~1,525미터
비행하는 곳: 낮은 고도를 날며 데이터를 모아요.

비행기 종류: 글로벌 호크 드론
고도: 1,830미터
비행하는 곳: 높은 고도를 날며 데이터를 모아요.

낙하존데
낙하존데는 대기 데이터를 모으기 위해 허리케인 헌터가 떨어뜨렸다가 다시 가져가는 장치예요. 풍속과 풍향을 감지하는 GPS 수신기와 기압, 온도, 습도 등 온갖 데이터를 측정하는 센서가 달렸어요. 낙하존데는 꼭대기에 낙하산이 있어서 땅으로 안전하게 내려갈 수 있어요.

비행기와 프로브
허리케인 헌터가 점점 변하고 있어요. 용감한 승무원들은 70년이 넘는 시간 동안 괴물 같은 폭풍으로 직접 들어갔지만, 2014년에 과학자들이 비행기에서 드론을 날려 대서양 위에 있는 허리케인으로 들여보내는 데 성공했지요. 앞으로는 허리케인에 직접 들어가 날씨를 관측하는 일은 드론 같은 원격 조종 기기가 도맡아 할 가능성이 커요.

우주의 도우미

허리케인을 관측하려면 여럿이 힘을 합쳐야 해요. 허리케인 헌터들이 폭풍 중심으로 들어가 고유한 데이터를 모으는 동안, 인공위성도 유용한 정보를 제공해 줄 수 있어요. 허리케인의 경로를 추적하는 한편, 다른 날씨 현상이 다가오는지도 확인할 수 있지요. 기상학자들에게는 가능한 한 많은 데이터가 필요해요.

엔진
'WP-3D'는 군용기를 개조한 것으로 엔진이 4개 있어요.

영상 촬영

비행기에 탑재된 다양한 기기로 영상을 촬영한 다음, 인공위성을 통해 국립허리케인센터나 다른 기관으로 보내요.

비행기 꼬리에 있는 도플러 X밴드 레이더는 수직과 수평 두 방향으로 허리케인을 스캔해요.

비행기 동체 아래쪽과 앞부분에는 C밴드 레이더가 있어요.

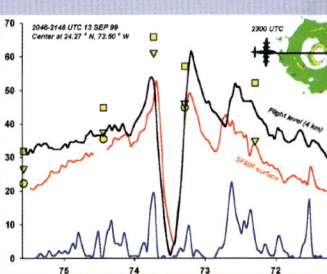

계단식 주파수의 마이크로파 복사계는 풍향과 함께 강우 여부를 측정해요.

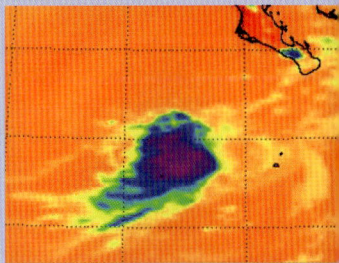

이 적외선 사진은 글로벌 호크 드론이 촬영한 열대 폭풍 프랭크의 사진이에요.

임무 수행 승무원

모든 임무에는 비행 계획, 항로, 고도를 정하는 조종사와 부조종사, 비행 감독관으로서 대기 데이터를 계속 감시하고 국립허리케인센터에 전송하는 공중 정찰 기상청 공무원, 날씨 상황을 확인하고 필요하면 낙하존데를 내보내는 기상 수송원이 함께해요.

허리케인 헌터 조종실 안에 있는 조종사와 부조종사

눈 속으로

2005년 8월 28일, 록히드 WP-3D 오리온은 허리케인 카트리나(90~91쪽을 보세요)의 눈 속으로 날아들어 갔어요. 보통 허리케인이나 태풍의 중심은 잔잔해요. 8월 28일 오전 11시쯤, 이 폭풍의 중심은 미시시피강 하구에서 약 360킬로미터 떨어져 있었어요. 폭풍의 경로에 있는 사람들은 즉시 대피하라는 안내를 받았지요.

허리케인 헌터 149

기상학의 새로운 시대

1965년 2월 12일, 국립환경위성센터의 운영 책임자가 전 세계 날씨 상황을 촬영한 사진 450개를 연결한 최초의 인공위성 지도를 연구하고 있어요. 이 '최초의 완전한 세계 날씨 사진'은 처음으로 극에 가까운 궤도에 올라탄 기상 위성인 타이로스(TIROS) 9호가 보낸 정보로 만들었어요. 타이로스 9호는 태양 전지 약 9,000개로 움직이는 배터리 21개가 달린 18면체 프리즘이에요. 광각 영상 카메라 2대로 지구의 구름양 사진을 찍었지요.

날씨 관측의 역사

"저녁 하늘이 붉으면 다음 날이 맑아 항해사가 기뻐해요. 아침 하늘이 붉으면 폭풍이 와서 항해사가 조심해요." 지난 50여 년 동안 우리는 날씨를 예측하는 최첨단 도구를 개발해 왔지만, 그전에는 더 불확실한 방법으로 날씨를 예측하면서 살아왔어요. 하지만 아주 먼 옛날인 기원전 300년 전에도 어떤 사람들은 시대를 뛰어넘는 능력을 발휘해 날씨를 이해하고 추적했답니다.

1570년에 그려진 이 그림에서는 오로라를 하늘을 밝히는 촛불로 묘사하고 있어요.

중국의 태음태양력

기원전 300년쯤, 중국 천문학자들은 1년을 24절기로 나눴어요. 각 절기는 각각 다른 날씨 현상과 연관이 있어요. 이 달력은 날씨 변화를 잘 반영했기 때문에, 농부들이 농업 활동을 조절하는 데 도움을 주었답니다.

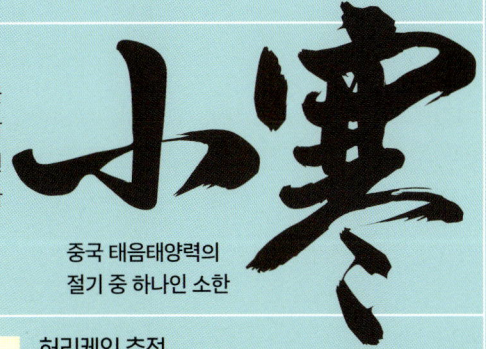

중국 태음태양력의 절기 중 하나인 소한

우주의 날씨

영국 천문학자 에드먼드 핼리는 그의 이름을 딴 혜성으로 가장 유명할 거예요. 핼리는 1716년에 오로라가 지구의 자기장선을 따라 움직이는 자성을 띤 우주 입자 때문에 생겨난다고 주장했어요. 이 분야에서 핼리는 선구자였고, 지구 자기학에 관한 그의 연구는 과학자들이 지구를 바라보는 방식에 혁명을 일으켰지요. 북극과 남극에 있는 오로라는 수 세기 전부터 관측됐지만, 오로라를 지구 자기장과 연관 지어 생각한 건 핼리가 처음이었답니다.

1934년, 오른쪽 날개에 기상기록계를 단 미국 해군의 날개가 두 겹인 비행기

초기의 날씨 관측

날씨가 하늘에서 시작하는 건 당연하지요. 그래서 초기 연구원들은 대기 높은 곳으로 연을 날리고 풍선을 띄웠어요. 풍선에는 기압, 기온, 습도 등을 기록하는 장치인 기상기록계를 달았지요. 1903년에 비행기가 발명되면서 하늘에 더 쉽게 오르게 됐어요.

허리케인 추적

1494년, 탐험가 콜럼버스는 스페인의 이사벨라 여왕에게 보낸 편지에서 쿠바 남쪽 대서양에서 만난 허리케인에 관해 유럽 최초로 묘사했어요. 그 후 1502년 항해에서 콜럼버스는 폭풍 우라칸이 다가온다는 신호를 감지하고, 배들이 대피할 장소를 찾았지요. 배 4대 중 3대가 닻줄이 끊어지면서 파도 쪽으로 내몰렸지만, 콜럼버스의 빠른 판단 덕분에 아무도 목숨을 잃지 않았답니다.

타이로스

폭풍 이름 짓기

사람들은 수 세기 전부터 허리케인에 이름을 붙였지만, 정해진 기준이 없어서 혼란스러울 때가 많았어요. 정확히 기록하기 위해서는 제대로 된 체계를 마련해야 했지요. 1953년, 미국은 '앨리스'를 시작으로 열대성 저기압에 여성 이름을 붙이기 시작했어요. 오늘날 폭풍의 이름은 세계기상기구에서 엄격하게 관리하고 있어요. 1979년 이후로는 허리케인의 이름을 지을 때 남성과 여성 이름을 둘 다 사용하고 있지요. 우리나라를 비롯한 아시아에서는 각 나라에서 제출한 신이나 동식물의 이름을 태풍에 붙이고 있어요.

제2차 세계대전에서 활약한 통신 관리 비행기

새로운 쓰임새

제2차 세계대전 동안 레이더 시스템은 임무 안내나 비행기 추적을 비롯한 모든 방면으로 쓰였어요. 전쟁이 끝난 뒤 전 세계 기상 서비스는 레이더 시스템을 이용해 강수 위치와 강도를 측정하기 시작했어요.

최초의 기상 관측 인공위성

1960년 4월 1일, 타이로스 1호가 발사됐어요. 지구 저궤도를 도는 최초의 기상 관측 인공위성이었지요. 타이로스 1호는 겨우 78일 동안 작동했지만, 지구의 구름양과 날씨 패턴을 우주에서 관측하고 정확한 데이터를 보낼 수 있다는 사실을 증명했지요.

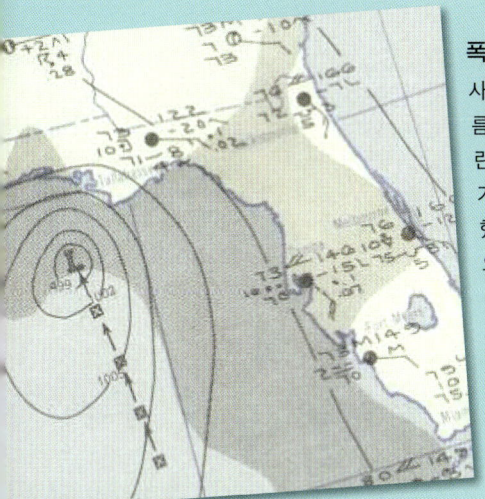

열대 폭풍 앨리스의 일기도

날씨

기후대

여러분은 어디에 살고 싶나요?

지구의 모든 곳에는 대부분의 시간 동안 유지되는 고유하고 전형적인 날씨가 있어요. 북극에서 일광욕을 즐기거나 아마존 열대우림에서 눈사람을 만드는 일은 없지요! 날씨는 매일매일 다르고 때로는 몇 시간 만에 극단적으로 변하기도 하지만, 한 지역에서 30년 이상을 평균 낸 날씨는 보통 일정해요. 이를 '기후'라고 부르지요. 기후는 그 지역이 대부분의 시간 동안 얼마나 따뜻한지 추운지, 습한지 건조한지 알려 줘요. 여러분이 사는 곳의 기후는 어떤가요?

지구의 기후대

가장 따뜻한 열대 기후는 태양이 가장 강하게 내리쬐는 적도 주변에 있어요. 반대로 가장 추운 한대 기후는 태양이 가장 약하게 내리쬐는 극지방에 있지요. 둘 사이에는 여름에 따뜻하고 겨울에 추운 온대 기후가 있어요. 각 기후대에서도 내륙 기후는 더 건조하고 극단적이지만, 해안 기후는 더 습하고 온화해요. 이렇게 기후를 분류하는 체계를 세울 때는 그 지역에서 자라는 야생 식물을 많이 참고해요.

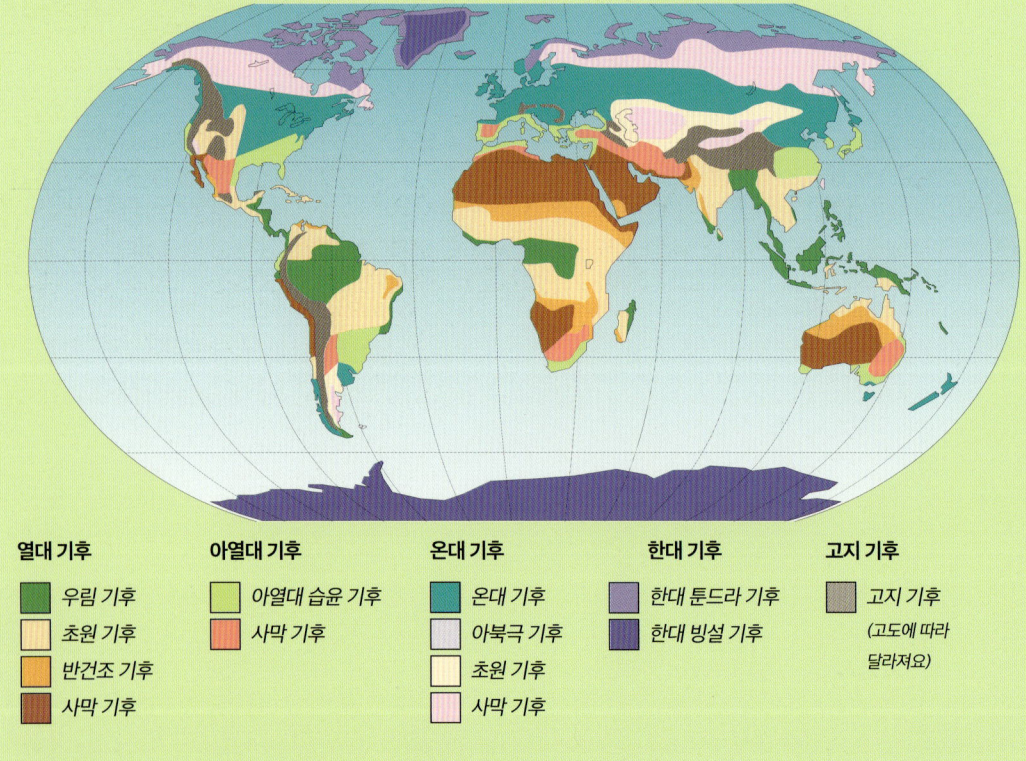

열대 기후
- 우림 기후
- 초원 기후
- 반건조 기후
- 사막 기후

아열대 기후
- 아열대 습윤 기후
- 사막 기후

온대 기후
- 온대 기후
- 아북극 기후
- 초원 기후
- 사막 기후

한대 기후
- 한대 툰드라 기후
- 한대 빙설 기후

고지 기후
- 고지 기후 (고도에 따라 달라져요)

날씨는 여러분이 매일 **뭘 입어야 할지** 알려 줘요. **기후**는 **옷장에** 어떤 옷을 갖춰야 할지 알려 주지요!

한대 기후
얼음장같이 차가워요

부들부들, 한대 기후는 매섭게 추워요! 겨울에는 몇 달간 어둡고, 차가운 바람이 눈과 얼음 위를 휘몰아쳐요. 항상 빛이 있는 여름에조차 기온은 10도 아래에 머물지요. 눈이 녹으면서 드러난 평원인 '툰드라'는 나무가 없고 황량하답니다.

온대 기후
계절에 따라 달라져요

안개가 자욱하고 색이 다채로운 가을, 서늘한 겨울, 바람이 많이 부는 봄, 따뜻한 여름. 온대 기후에서는 하루하루가 색달라요. 사람들이 날씨에 관해 얘기하길 좋아하는 것도 당연해요! 한대 기후의 한기와 열대 기후의 열기에 비하면 대체로 온화하지요.

열대 기후
휴가를 가고 싶은 천국이에요

열대 기후에서는 추위가 거의 없어요! 1년 내내 강한 열대 태양이 내리쬐어서 따뜻하지요. 하지만 매우 습해서 비에 흠뻑 젖을 수도 있고, 타는 듯이 건조해서 목이 탈수도 있어요. 열대지방의 많은 장소에서 1년의 절반은 비가 퍼붓고, 절반은 비가 내리지 않아 땅이 바싹 마른답니다.

한대 툰드라 기후: 겨울에는 매우 차고 건조한 반면, 여름에는 온화해요.

한대 빙설 기후: 1년 내내 온도가 영하에 머무르고 얼음이 얼어 있어요.

온대 기후: 사계절이 있고 겨울에는 쌀쌀해요.

아북극 기후: 겨울은 길고 추운 반면, 여름은 온화해요.

초원 기후: 여름에는 덥고 건조한 반면, 겨울에는 추워요.

사막 기후: 늘 건조하고 겨울에는 추워요.

우림 기후: 1년 내내 매우 따뜻하고 습해요.

초원 기후: 우기에는 폭우가 퍼붓고 건기에는 비가 거의 안 와요.

반건조 기후: 여름에는 따뜻하고 겨울에는 온화해요.

사막 기후: 매우 건조해서 1년 강수량이 25.4센티미터도 안 돼요.

기후 요소

전 세계의 지역마다 기후가 다른 데는 많은 요소가 작용해요. 여기에서는 그중 몇 가지를 소개할게요.

태양 빛
햇볕은 따뜻해요. 열대지방에 가장 강하게 내리쬐서 따뜻한 열대 기후를 형성하지요. 또 태양 빛의 세기가 1년에 걸쳐 남북으로 왔다 갔다 하면서 계절이 생겨나요.

바다
바다는 습기를 전달해서 해안 기후를 습하게 만들어요. 또 바다는 땅보다 뜨거워지거나 식는 데 시간이 더 오래 걸려요. 그래서 기후변화가 느리고, 단계적으로 일어나지요. 대륙 안쪽의 기후에 비해서 해안가의 기후가 훨씬 더 온화한 이유랍니다.

해류
해류는 시원하거나 따뜻한 물을 먼 거리에 걸쳐 운반하면서 날씨에 커다란 영향을 미쳐요. 만약 따뜻한 북대서양 해류가 해안가를 따라 동쪽으로 흐르지 않았다면, 유럽 북서부는 지금보다 훨씬 더 추웠을 거예요.

산
공기는 위로 올라가면 차가워져요. 그래서 산악 기후는 더 춥고 눈이 내리는 경우도 많아요. 비구름이 지나가는 길목이기 때문에 더 습하기도 하지요. 산봉우리가 바람에 있는 수분을 뺏어 가서, 바람이 부는 쪽 반대편에 있는 경사면은 훨씬 더 건조해져요.

바람
모든 지역에는 전형적인 '탁월풍'(41쪽을 보세요)이 있어요. 온대 기후에서는 비를 머금은 편서풍° 때문에 대륙의 서쪽이 훨씬 습해져요.

숲
숲은 공기에 수분을 더하고 땅에 그늘을 드리워서 기후를 더 온화하게 해줘요. 이산화탄소를 흡수해서 온실효과를 줄이기도 해요.

사막

휴, 현재 기온은 무려 45도! 게다가 더 올라가고 있어요. 세상에서 가장 크고 뜨거운 사막, 사하라사막에서는 평범한 하루지요. 하늘이 맑다는 건 그나마 밤이 되면 기온이 25도 이하로 떨어진다는 뜻이지만, 사하라의 여름날은 정말 찌는 듯이 더워요. 열대지방에서는 사막 대부분이 대륙의 서쪽에 있어요. 동풍이 대륙을 건너서 가장 멀리까지 이동해야 도착하는 지역이지요. 가장 뜨겁고 가장 넓은 이 지역은 전 지구의 날씨 순환과도 연관돼 있어요. 정확히는 해들리 순환과 관련되지요.

해들리 순환은 따뜻한 공기가 적도에서 올라가서 극지방을 향해 이동하다가 차가워지면서 다시 가라앉는 흐름이에요. 이때 가라앉은 공기는 마치 건조기 같은 역할을 해요. 매우 안정적이고 건조하며 깨끗하지요. 그러다 보니 해들리 순환에서 공기가 내려가는 부분에 있는 아열대에는 자연스럽게 사막이 생겨나지요. 이렇게 건조한 지역은 아주 기다란 벨트처럼 전 지구를 한 바퀴 두르고 있어요. 구름이 생기는 일이 거의 없고 비가 오는 일은 더더욱 없어요. 가끔 비가 오더라도 변덕을 부리다가 금방 그치며, 그나마 내린 물도 빠르게 증발해 버리지요.

사막 동물은 무더위 속에서 살아갈 수 있는 영리한 방법을 개발했어요. 나미브사막 딱정벌레는 안개와 이슬에서 수분을 모아요. 수분은 딱정벌레의 울퉁불퉁한 등에서 응결해 입으로 곧장 흘러들어 가지요. 하지만 정말로 걱정스러운 점이 있어요. 지난 10년간 사하라사막이 10퍼센트도 넘게 커지면서, 사막 끝자락에 사는 사람들과 동물의 삶은 힘들어졌답니다. 기후변화 때문에 해들리 순환이 더 강해졌을 뿐만 아니라, 극지방 쪽으로 더 멀리까지 뻗어 나가기 때문이에요.

엘니뇨

크리스마스에 찾아온 손님

3~7년마다 태평양 날씨가 갑자기 바뀌는 일이 발생해요. 평상시에는 열대 바람이 남아메리카부터 서쪽으로 불면서 따뜻한 물을 몰아요. 하지만 엘니뇨 현상이 일어나면 따뜻한 물이 다시 동쪽으로 흘러 들어 가면서 아메리카에 폭풍과 홍수를 일으켜요. 그리고 안정이 되기 전에 너무 많이 튕겨 나가면, 라니냐 현상이 일어나서 오스트레일리아에 홍수를 몰고 오고 아메리카에 가뭄을 일으키지요.

역사를 바꾼 엘니뇨 현상

역사가들은 스페인 정복자들이 페루의 잉카 제국을 정복할 때, 1532년에 일어난 엘니뇨 현상의 도움을 받았을 거로 생각해요. 스페인 쪽 지도자, 프란시스코 피사로 (오른쪽 그림)가 배를 타고 페루 해안으로 항해할 때 북동풍의 혜택을 받았다는 거지요.

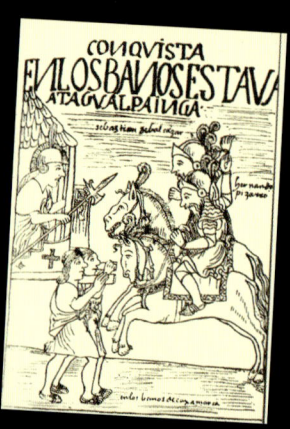

엘니뇨 현상

구름과 지표면 온도를 나타낸 이 지도는 테라 인공위성의 정보를 바탕으로 만들었어요. 지구에 일어난 엘니뇨를 볼 수 있지요. 따뜻한 물(빨강)이 남아메리카 서부의 페루와 에콰도르 연안에 있어요. 엘니뇨(El Niño)는 스페인어로 '아기 예수'라는 뜻이에요. 이 현상이 보통 크리스마스 시기에 발생하기 때문에 이런 이름이 붙었답니다.

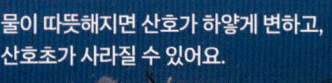

트롤어선

물이 따뜻해지면 산호가 하얗게 변하고, 산호초가 사라질 수 있어요.

좋은 점과 나쁜 점

엘니뇨가 일어나는 해에는 오스트레일리아 서부 지역 대부분의 기온이 평균보다 높아져요. 이렇게 증가한 열은 산호를 하얗게 바꾸고 가뭄과 파괴적인 산불을 일으켜요. 또 사이클론이 발생할 확률도 높아지지요. 하지만 물이 따뜻하면 물고기가 더 많이 모이기 때문에, 어부들에게는 엘니뇨가 최고의 선물이랍니다.

폭풍이 해일 파도와 끔찍한 홍수를 일으켜요.

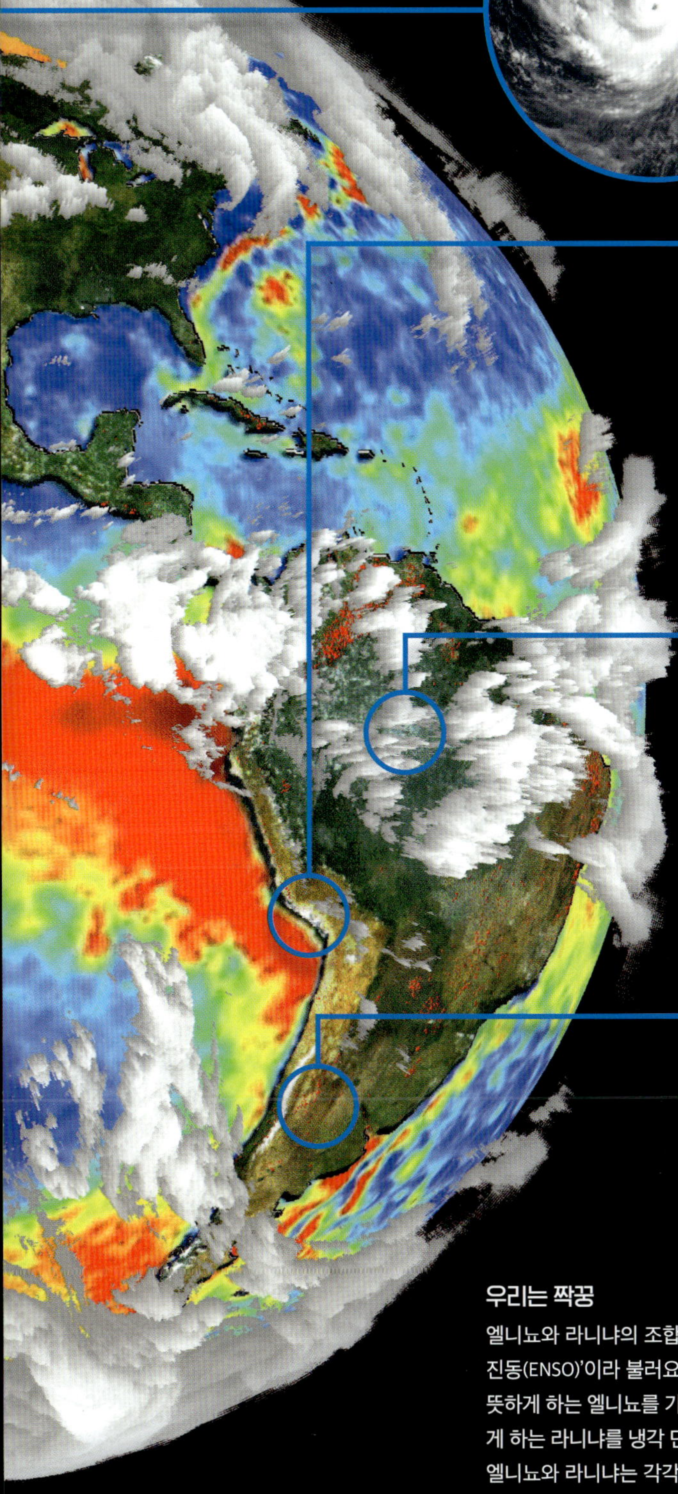

열대 폭풍

엘니뇨가 발생하는 해에는 태평양 동부에서 따뜻한 물이 뇌우를 만들고, 멀리 아메리카 안쪽에 비를 퍼부어요. 태평양 동부에서는 허리케인이 평소보다 더 자주 발생하지만 대서양, 멕시코만 연안, 카리브해에서는 평소보다 덜 발생해요.

홍수

엘니뇨는 남아메리카 서부 해안에 거친 날씨를 몰고 와요. 페루, 볼리비아, 칠레 서부, 아르헨티나 북부에 파괴적인 홍수와 산사태(왼쪽 사진)를 일으키지요. 1997년에서 1998년까지 엘니뇨가 발생했을 때는 페루에 엄청난 홍수가 나서 건물과 농경지에 약 4조 원의 피해가 발생했어요.

산불

엘니뇨는 아프리카, 인도, 동남아시아, 오스트레일리아, 아메리카에 가뭄을 일으키곤 해요. 숲이 우거진 지역은 산불이 일어날 조건에 완벽히 들어맞아서 큰 산불이 일곤 해요. 산불은 동식물을 파괴하고 사람이 사는 마을까지 위협하지요. 지구온난화로 엘니뇨는 더 강력해지고, 이렇게 만들어진 '슈퍼 엘니뇨' 때문에 피해는 점점 더 커져만 가요.

예측 불가

홍수, 화재, 가뭄으로 인한 피해와는 완전히 반대로, 엘니뇨가 봄과 여름에 브라질과 아르헨티나 남부에 비를 많이 내리면 농부들이 씨를 뿌리고 농작물을 기르는 데 도움이 될 수 있어요. 하지만 엘니뇨와 라니냐는 예측하기 불가능해서 농부들은 변하는 날씨 조건에 적응하는 법을 배워야 하지요.

우리는 짝꿍

엘니뇨와 라니냐의 조합을 '엘니뇨 남방진동(ENSO)'이라 불러요. 동태평양을 따뜻하게 하는 엘니뇨를 가열 단계, 시원하게 하는 라니냐를 냉각 단계라 부르지요. 엘니뇨와 라니냐는 각각 9~12개월 정도 이어지지만, 어떨 때는 몇 년간 이어지며 날씨를 불안정하게 만들어요.

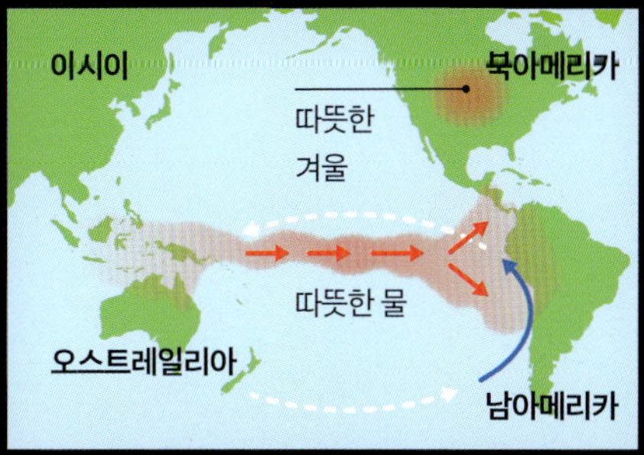

엘니뇨

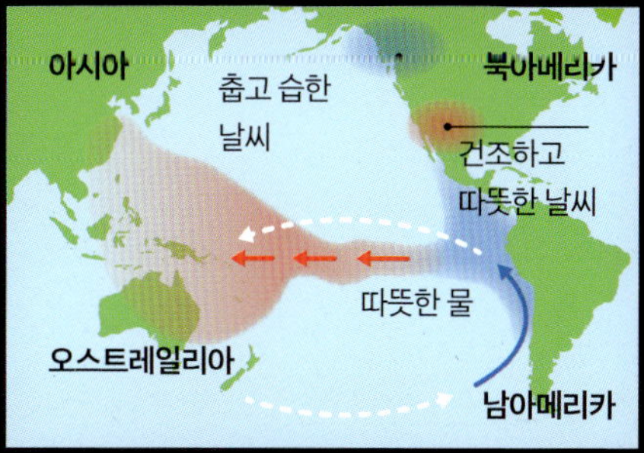

라니냐

몬순

생명을 살리기도, 앗아 가기도 하는 바람

열대 지방의 많은 지역에는 계절이 보통 2개뿐이에요. 하나는 반년 동안 비가 거의 안 오거나 아예 안 오는 건기고, 다른 하나는 반년 동안 폭우가 퍼붓는 우기지요. '몬순'은 이런 계절 변화를 일으키는 바람의 이름이자 폭우의 이름이기도 해요. 이 지역 사람들의 삶은 몬순 비에 많이 좌우돼요. 이 비는 가뭄에서 사람들을 살리는 소중한 구원자지만, 너무 늦게 찾아오거나 너무 심하게 내리면 재앙으로 변한답니다.

몬순은 왜 생길까?

아시아 몬순의 원인 가운데 하나는 태양이 가장 뜨겁게 내리쬐는 지역인 열대수렴대가 1년에 걸쳐 적도에서 남북으로 계속 움직이기 때문이에요.

비야, 어서 와

몬순 비는 수십억 명의 연간 강수량을 책임져요. 2018년 인도 강수량의 91퍼센트가 몬순 비에서 왔지요. 몬순 비는 그야말로 축복이에요. 오래 이어진 가뭄 끝에 따뜻한 날씨와 더불어 내리는 비는 구세주나 다름없답니다.

몬순은 어디서 생길까?

인도 몬순이 가장 유명하지만, 몬순은 아시아 남부와 오스트레일리아 모든 곳에서 일어나요. 서아프리카에서도 일어나지요. 어떤 과학자들은 미국 남부와 남아메리카에서도 일어난다고 주장해요.

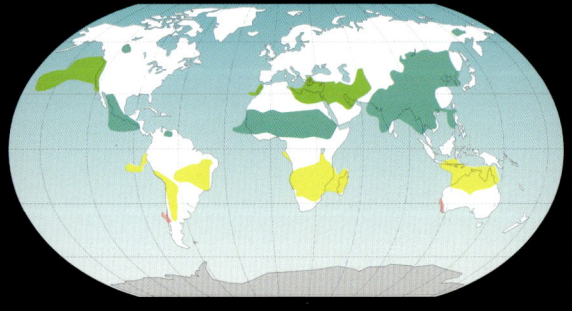

- 북반구 여름 몬순
- 북반구 겨울 몬순
- 남반구 여름 몬순
- 남반구 겨울 몬순

태국 푸껫섬에서 오토바이가 몬순 비를 뚫고 달려요.

아프리카 베냉에서는 몬순 비를 피하려고 기둥 위에 집을 지어요.

겨울 가뭄
북반구의 겨울에는 머리 위 태양이 적도 남쪽으로 이동하면서 열대수렴대도 함께 이동해요. 그 뒤를 따라서 아시아에서는 북동풍이 불다가, 적도를 넘어가면서 바람이 방향을 틀어 북서풍이 불지요. 대륙을 지나면서 바람은 몹시 건조해지고 가뭄을 일으켜요.

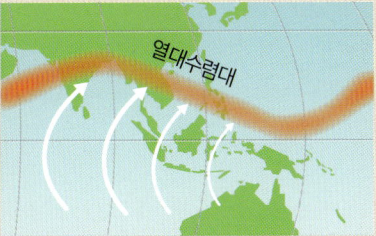
여름비
북반구의 여름에는 열대수렴대가 다시 북쪽으로 움직이고, 6월쯤에는 인도 훨씬 위쪽까지 이동해요. 열대수렴대를 따라 따뜻한 바람도 이동해요. 이 바람은 바다를 건너면서 수분을 머금었다가, 뜨거운 땅을 만나 따뜻한 공기가 위로 올라가게 되면 어느 곳에서든 세찬 비를 퍼붓지요. 이러한 우기는 열대수렴대가 다시 남쪽으로 건너갈 때까지 이어져요.

행복한 소들
여름에 내리는 몬순 비는 인도의 농업, 차 재배, 낙농업을 좌우해요. 몬순 바람은 수력발전소의 원동력이지요. '몬순'이라는 이름은 바람의 변화를 뜻하는 '마우심'이라는 아랍어에서 유래했어요.

몬순이 세운 홍수 기록
몬순 바람을 타고 오는 비는 지구상에서 가장 세찬 비 가운데 하나예요. 몬순 비 때문에 사람들은 집을 잃고, 심지어 목숨을 잃기도 하지요. 인도 체라푼지에서는 1995년 6월 15일에서 16일까지 48시간 동안 2,493밀리미터의 몬순 비가 내렸어요. 세계 신기록이었지요.

2011년
중국
300명 이상이 목숨을 잃거나 실종되고 1,200만 명이 집을 잃었어요.

2014년
말레이시아
24명이 목숨을 잃거나 실종되고 20만 명이 집을 잃었어요.

2015년
인도 남부
200명 이상이 목숨을 잃거나 실종되고 180만 명이 집을 잃었어요.

2017년
인도, 방글라데시, 네팔
1,200명 이상이 목숨을 잃거나 실종되고 4,000만 명이 집을 잃었어요.

2018년
인도 남부
600명 이상이 목숨을 잃거나 실종되고 500만 명 이상이 집을 잃었어요.

고대의 수수께끼

과거에 관한 단서들

수백만 년 전의 지구 기후는 어땠는지 궁금하지 않나요? 형사가 수수께끼 사건을 조사하듯이, 고기후학자라 불리는 과학자들은 옛날에 지구 환경이 어땠는지에 관한 증거를 찾아다녀요. 고기후학자는 지리, 동식물의 잔해, 얼음층과 같은 확실한 단서를 사용해 과거 지구 기후를 그려 내지요. 지구 기후의 역사(172~175쪽을 보세요)를 이해할수록 앞으로 기후가 어떻게 변할지 더 잘 알 수 있답니다.

빗방울이 남긴 자국
오래전 모래 위에 내린 비가 이 작은 크레이터(충돌구)를 만들었어요. 모래가 바위로 변하면서 자국이 그대로 보존됐지요. 과학자들은 빗방울의 크기를 계산해서 당시의 기압과 대기 밀도를 알아내요.

빙하 시대
기온이 낮고 지구의 많은 지역이 얼음으로 덮인 시기예요. 각각의 빙하 시대에도 '최대 빙하기'라는 정말 추운 기간과 그 사이사이에 조금 더 따뜻한 '간빙기'가 있어요. 지구에는 지금까지 주요 빙하 시대가 5번 있었어요.

휴로니아기
24억~21억 년 전

화산 활동이 부족해서 대기 중 이산화탄소량이 줄어들고, 그 결과 기온도 내려갔어요. 지구상의 유일한 생명체는 단세포 생물뿐이었지요.

크라이오제니아기
8억 5,000만~6억 4,000만 년 전

이 시기는 '눈덩이 지구'라고도 불러요. 온 지구가 꽁꽁 얼고 얼음덩어리가 적도까지 내려왔을 거라고 추측해요.

안데스사하라기
4억 6,000만~4억 3,000만 년 전

이 빙하 시대에는 지구 역사상 두 번째로 끔찍한 대멸종이 일어났어요. 빙하기가 끝날 무렵에 단순한 식물들이 진화했어요.

카루기
3억 6,000만~2억 6,000만 년 전

지구를 뒤덮은 식물이 이산화탄소를 흡수하고 산소를 내뱉으면서 온실효과(22쪽을 보세요)가 줄어들었어요. 그 결과 새로운 빙하 시대가 찾아왔지요.

제4기
260만 년 전~현재

인류가 등장하고 진화하기 시작했어요. 이 빙하 시대는 지금도 이어지고 있어요. 우리는 약 1만 년 전에 시작한 간빙기를 살고 있지요.

빙하코어
빙상과 빙하에 갇힌 공기 방울은 옛날에 지구 대기를 구성하던 성분을 알려 줘요. 과학자들은 이런 공기 방울을 찾기 위해 얼음을 드릴로 뚫어서 원통 모양의 '빙하코어'를 꺼내요. 그다음 공기 방울 속의 이산화탄소와 메테인의 양을 오늘날 수치와 비교하지요. 지금까지 가장 깊게 파낸 빙하코어는 남극과 그린란드의 표면에서 3킬로미터 아래까지 뚫은 빙하코어로, 무려 80만 년 전 정보를 담고 있답니다.

이 과학자는 얕은 곳의 빙하코어를 꺼내려고 남극 얼음덩어리를 뚫고 있어요.

빙하 시대 딱정벌레

2014년, 덴마크 슬로셍에서 늪을 발굴하던 과학자들은 안에 묻힌 곤충들을 발견했어요. 그중에는 1만 4,000년 전에 살았던 딱정벌레(왼쪽 사진)도 있었지요. 과학자들은 오늘날 똑같은 곤충이 사는 지역의 기온을 확인했어요. 그리고는 1만 4,000년 전 덴마크의 여름 기온은 지금과 비슷하지만, 겨울 기온은 영하 17도까지 떨어졌다는 결론을 내렸어요. 지금의 겨울 평균 기온보다 훨씬 더 낮은 온도랍니다.

위의 남극 얼음에서 은빛으로 보이는 건 수백 년, 또는 수천 년 전에 얼음이 만들어질 때 갇힌 공기 방울이에요.

산호가 품은 비밀

고기후학자들은 고대 열대 산호의 화석에서 우라늄 방사성 붕괴(원소가 방사선을 내며 다른 원소로 변하는 현상)를 측정해서 얼마나 오래됐는지 연대를 알 수 있어요. 한 장소에서 산호 화석을 찾고 연대를 확인할 수 있다는 이야기는 그 지역이 과거 어느 시점에는 열대 바다 아래 잠겨 있었다는 뜻이지요. 산호 화석의 골격 속 화학 성분은 산호가 자라면서 기온이나 강수량 등 기후변화에 어떤 영향을 받았는지도 알려 준답니다.

남극에서 파낸 빙하코어의 모습이에요. 어둡게 보이는 부분은 약 2만 1,000년 전에 빙상 위에 쌓인 화산재층이랍니다.

다른 단서들

자연에는 과거 지구 기후를 알려 주는 요소가 많아요. 요소 하나하나가 작은 퍼즐 조각 같답니다.

어떤 바위들은 사막 모래로, 어떤 바위들은 빙하에서 쓸려 나온 흙으로 만들어졌어요.

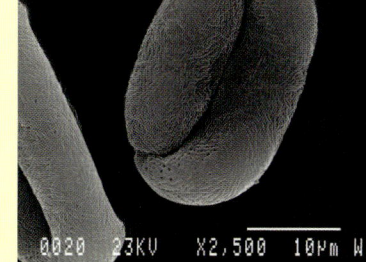

고대 꽃가루는 기후가 달라지면서 식물 군집이 어떻게 변해 왔는지 보여 줘요.

나무 몸통에 있는 나이테는 따뜻하고 습한 해에 간격이 더 넓어요.

플랑크톤 화석이에요. 이 작은 해양 생명체는 바다가 따뜻한 시기에 더 번성해요.

땅 밑에 있는 증거

동굴 속에 있는 종유석과 석순은 만들어질 당시의 지표면 날씨에 관해서 많은 걸 알려 줘요. 이 특별한 구조물들은 동굴 지붕을 통해 똑똑 떨어지는 물이 무기염층을 쌓으면서 생겨나요. 하나를 골라 잘라 보면 나이테 같은 층들을 확인할 수 있지요. 나이테 사이의 간격이 좁으면 기후가 건조했다는 뜻이고, 넓으면 습한 날씨가 이어졌다는 뜻이에요. 또 층의 화학 성분이 날씨에 관한 단서를 주기도 해요. 층 안에 있는 산소 동위원소(조금 다른 형태의 산소)를 확인하면 그 층이 빙하 시대에 생성됐는지 알 수 있어요. 이산화탄소 동위원소들은 당시에 식물이 얼마나 번성했는지를 알려 주지요.

고대의 수수께끼

해류

스코틀랜드 스카이섬의
코럴 비치

열을 퍼뜨려요

해류는 세계에서 가장 커다란 열 전달자예요. 해류는 열대 지역의 온기를 앗아 가면서 땅을 식혀요. 또 극지방에서 열대지방으로 차가운 물을 옮겨 오기도 하지요. 적도대 밖에서는 해류가 날씨 변화를 일으키고 기후를 정하는 주요 원인이에요.

표층 해류

해류는 두 종류로 나뉘어요. 그중에서 표층 해류는 바다 표면에서 바람이 조종하는 빠른 해류예요. 이 해류는 5개의 커다란 고리인 환류를 일으켜요. 환류는 북반구에서는 시계 방향으로, 남반구에서는 반시계 방향으로 돌아요. 열대지방에서는 무역풍 때문에 서쪽으로 이동하고, 중위도에서는 편서풍 때문에 다시 동쪽으로 이동하지요.

표층 해류는 위도에 따라서 시계 방향이나 반시계 방향으로 돌아요.

심층 해류

바다는 저 깊은 아래에서도 물의 밀도 차이 때문에 움직이고 있어요. 실제로 바다 전체가 커다란 컨베이어 벨트처럼 천천히 돌고 있지요. 북극에서 차가운 물이 가라앉는 것으로 시작해, 모든 대양을 빙글빙글 돌면서 무려 6세기에 걸쳐 놀라운 세계 여행을 한 바퀴 마쳐요. 이러한 끊임없는 열 순환이 없다면 세계의 기후는 훨씬 더 극단적이었을 거예요. 열대지방은 타듯이 뜨겁고 중위도는 얼듯이 추웠겠지요.

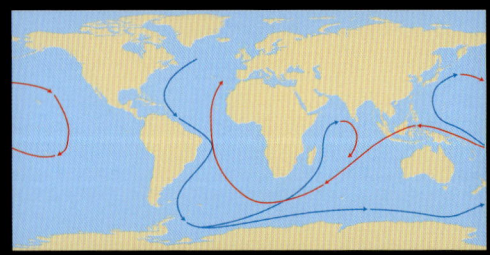

캘리포니아해류가 시원한 물을 남쪽으로 운반해서 미국 서부 해안은 더 시원해지고 안개도 잘 껴요.

멕시코만류가 멕시코만의 따뜻한 물을 대서양 건너로 운반하기 때문에 유럽 북서부의 날씨가 더 온화하고 습해져요.

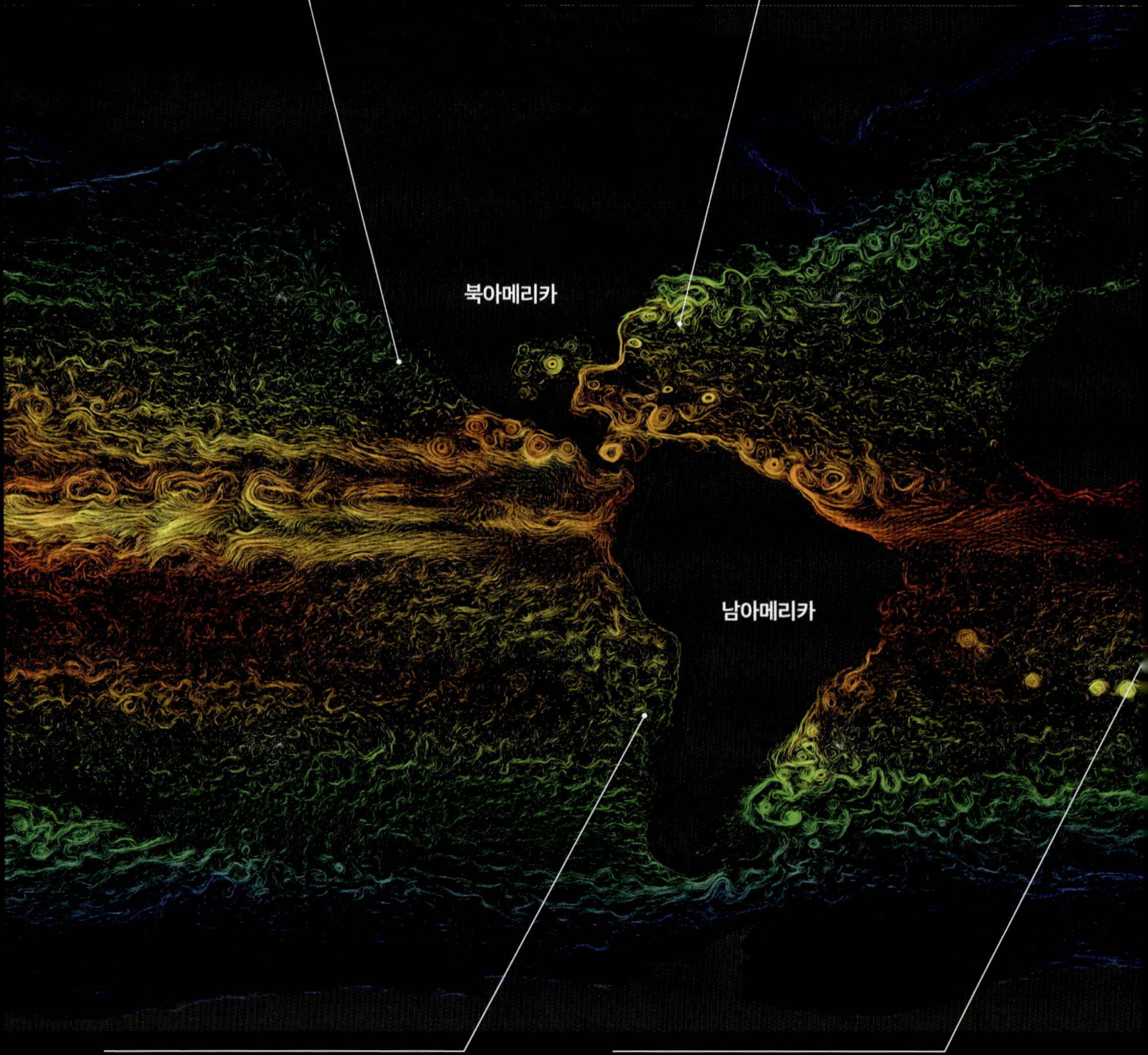

북아메리카

남아메리카

시원한 **페루해류**가 남아메리카의 서해안을 따라 북쪽으로 흐르면서 엘니뇨 현상이 일어나요.

벵겔라해류가 차가운 극지방 물을 서아프리카 해안을 따라 북쪽으로 운반하면서, 비가 더 많이 내리고 안개가 더 많이 끼게 해요.

멕시코만류

멕시코만류는 마치 중앙난방시스템 같아요. 멕시코만의 따뜻한 열대 지방 물을 끌고 플로리다주를 지나 북쪽으로 올라가서, 미국 동부 해안을 지나 대서양을 건너가지요. 멕시코만류 덕분에 영국과 아일랜드의 서부 해안은 날씨가 온화해요. 하지만 지구온난화가 북극의 얼음을 녹이면서 북대서양에 홍수를 일으키고 멕시코만류의 흐름을 막고 있어요.

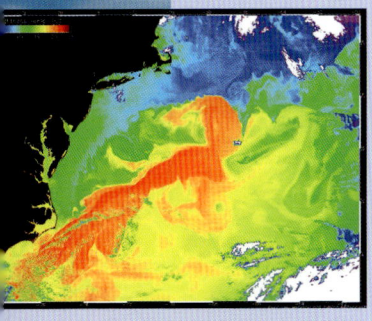

빨간색 부분이 멕시코만류예요.

벵겔라해류

해류는 구름과 비에 커다란 영향을 미쳐요. 벵겔라해류는 남대서양 동쪽에 있는 고리로, 남극의 한기를 아프리카 서부 해안으로 끌고 와요. 남서풍이 그 위를 지나 땅으로 불면 안개가 생겨나지요. 지속적인 안개는 나미브사막에 수분을 가져다주지만, 항해하는 배를 위험에 처하게 만들기도 해요.

해류의 속도

시속 6.6킬로미터: 멕시코만류의 평균 속도

150배: 멕시코만류는 아마존강보다 150배 많은 양의 물을 날라요.

100배: 심층 순환은 아마존강보다 100배 많은 양의 물을 날라요.

1,000년: 심층 순환이 전 세계를 한 바퀴 도는 데 걸리는 시간

8퍼센트: 전체 바다에서 표층 해류로 이동하는 바닷물의 비율

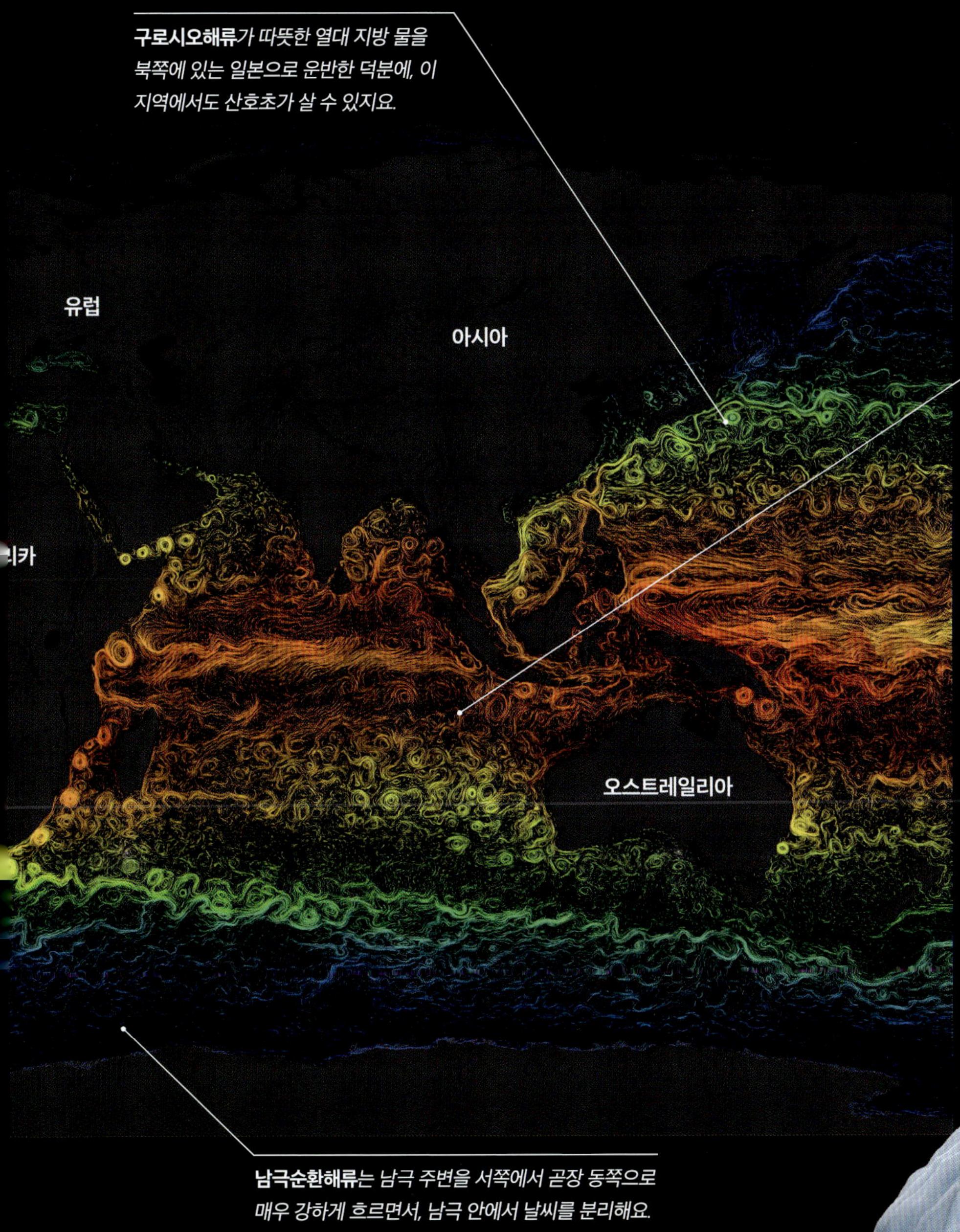

구로시오해류가 따뜻한 열대 지방 물을 북쪽에 있는 일본으로 운반한 덕분에, 이 지역에서도 산호초가 살 수 있지요.

고래와 상어는 해류를 따라 이동하며 먹이를 잡아먹어요.

남적도해류는 적도를 따라 서쪽으로 흘러요. 무역풍을 타고 주요 대양 전체를 지나가지요.

심층 순환이 멈추면 안 돼

과학자들은 그린란드 남쪽 바다에서 깊은 바닷속의 심층 순환이 남쪽으로 흐르는 속도가 점점 느려지는 걸 목격했어요. 밑으로 가라앉으면서 바다의 컨베이어 벨트를 움직이게 할 만큼 물의 밀도가 높은 지역은 남극을 빼면 이곳이 유일해요. 하지만 땅에 있는 얼음이 녹으면서 민물이 홍수처럼 밀려들고 있어요. 민물은 소금물 아래로 가라앉을 만큼 무겁지 않아요. 만약 물이 가라앉지 않으면, 순환이 멈추고 지구 기후에 걱정스러운 일들이 일어나게 될 거예요.

정말 슬프게도 바닷속 오염 물질은 해류를 타고 멀리까지 널리 퍼질 수 있어요. 북극에 있는 북극곰의 집까지 위협할 정도지요.

유럽
아시아
아프리카
오스트레일리아

남극순환해류는 남극 주변을 서쪽에서 곧장 동쪽으로 매우 강하게 흐르면서, 남극 안에서 날씨를 분리해요.

북극의 한기

지구상에서 가장 척박한 기후에서 살 수 있을까요? 캐나다 북극지방과 그린란드에 사는 이누이트족의 전통 집은 사람이 어떻게 혹독한 기후에서 살아남을 수 있는지를 보여 주는 훌륭한 예랍니다.

이누이트족은 적어도 1,000년 전부터 겨울을 나기 위해 눈으로 만든 돔 형태의 집을 지었어요(사진은 1924년에 촬영한 거예요). 먼저 곱고 촘촘한 눈을 파내서 칼로 모양을 만들어요. 그다음 눈 벽돌을 동그랗게 쌓고, 꼭대기를 나선형으로 다듬어요. 눈의 단열 기능 덕분에 집 안에 있는 열이 빠져나가지 않고 잘 보존돼요. 터널 모양 입구에는 물개 가죽으로 만든 덮개를 덮어서 흩날리는 눈송이를 막지요.

오늘날에는 전통 집에 사는 이누이트가 거의 없지만, 사냥을 하는 동안에는 여전히 눈으로 만든 집을 사용해요. 숙련된 이누이트는 1시간에서 2시간이면 이글루 한 채를 지어요. '이글루'는 이누이트어로 집을 뜻해요. 그러니 여러분도 사실은 이글루에 사는 거랍니다.

태양을 쫓아서

계절에 따른 산소 수치의 변화는 많은 수생동물이 호수나 바닷물 속에서 위아래로 오르내리게 만들어요. 하지만 서태평양 팔라우 제도의 엘마르크섬에 있는 소금물 호수에서는 특이한 해파리들이 독특한 이유로 이동하지요. 매일 황금해파리 60만 마리가 호수를 계속 돌며 하늘을 가로지르는 태양의 움직임을 쫓아요. 이 해파리 몸속에는 조류(물속에서 사는 단순한 형태의 식물)가 살고 있어요. 황금해파리는 조류가 햇빛을 충분히 받아서 광합성을 할 수 있도록 빙빙 돌며 헤엄치는 거예요. 그 대신에 조류는 황금해파리에게 에너지와 영양분을 준답니다.

이주하는 동물들

동물들이 대규모로 이주하는 여정은 한 편의 웅장한 영화 같아요. 이들은 계절에 따라 더 좋은 날씨 속에서 더 많은 먹이를 얻기 위해 다른 곳으로 이동하지요. 많은 동물이 가파른 역경과 험한 장애물을 극복하면서 놀라울 만큼 정확하게 길을 찾아가요. 동물의 이주 습성이 어떻게 변하고 있는지를 연구하면 기후변화가 동물계에 미치는 영향을 이해할 수 있답니다.

붉은물게가 해변으로 가고 있어요.

아프리카 누
흰기러기

많을수록 안전해
겨울이 되면 흰기러기들은 최대 1,000마리가 무리 지어서 북극 주변의 번식지를 떠나 더 따뜻한 미국 해안가를 향해 남쪽으로 이주해요. 아프리카 누 떼 역시 비를 따라 200만 마리나 무리 지어 이주해요.

섬을 가로질러
매년 크리스마스섬에서는 붉은물게 약 5,000만 마리가 숲에서 나와 해변으로 향해요. 이러한 봄 이동은 우기가 시작할 때 일어나요. 암컷은 수컷과 짝짓기를 한 뒤 바다에 알을 낳아요. 짝짓기를 마친 붉은물게들은 숲으로 돌아가고, 몇 주 뒤에 알에서 깨어난 붉은물게들도 숲으로 따라 들어가요.

된장잠자리

비를 따라가요
된장잠자리는 인도에서 아프리카로 날아갔다가 다시 돌아와요. 장장 1만 8,000킬로미터나 되는 긴 여정이지요. 이 곤충은 4세대에 걸쳐 모든 곤충 가운데 가장 긴 거리를 이주해요. 인도에서 몬순 비를 따라 아프리카에서 우기를 맞아요.

휴면 상태
외부 온도에 따라 체온이 변하는 변온동물은 때로 살아남기 위해 휴면을 하거나, 겨울잠 비슷한 상태에 들어가요. 가터뱀은 먹이를 구하는 서식지를 떠나 먼 거리를 이동하다 다 함께 겨울잠을 자는 곳에 모여요. 추운 시기에는 얼어 죽지 않으려고 가터뱀 수천 마리가 굴 안에서 함께 겨울을 나기도 한답니다.

북극제비갈매기

굴에서 겨울을 난 가터뱀이 밖으로 나오고 있어요.
혹등고래
아델리펭귄

태양을 찾아라
아델리펭귄은 남극에서 가장 작은 펭귄이에요. 작지만 강한 이 새는 따뜻한 여름철에 남극 해안가를 따라 수천 마리가 무리 지어 번식해요. 아델리펭귄은 기온 변화에 매우 민감해서 겨울에는 태양을 따라서 더 따뜻한 북쪽으로 이주해요. 어떤 펭귄들은 1만 7,600킬로미터나 이동한답니다.

장거리 이주
북극제비갈매기와 혹등고래의 이주는 입이 떡 벌어져요. 북극제비갈매기는 가장 긴 거리를 이주하는 철새로, 그린란드와 남극 사이를 왕복하면서 무려 8만 킬로미터나 이동해요. 혹등고래는 포유류 중 가장 긴 거리를 이주하는 동물이에요. 번식지에서 먹이가 많은 장소까지 이동했다가 1만 6,400킬로미터를 헤엄쳐 되돌아온답니다.

기후

위기.

기후 연대표

변화하는 지구

지구 기후는 언제나 변하고 있어요. 지금보다 훨씬 더 춥거나 훨씬 더 따뜻했던 때도 많았지요. 하지만 1880년 이후로 지금까지 지구 기온이 1.15도 올라갔어요. 그것도 대부분 최근 몇 년 사이에요.

아르헨티나의 빙하

꽁꽁 언 지구
빙상이 지구의 가장 많은 영역을 덮었던 마지막 빙기였어요. 엄청난 양의 빙상이 북유럽과 아시아를 덮었고, 북아메리카도 많은 지역이 1.6킬로미터가 넘는 두께의 빙상으로 덮였어요.

지구 탄생
중력이 기체와 먼지를 끌어당겨서 중심핵, 맨틀, 지각으로 된 새로운 행성을 만들었어요. 지구는 태양계 행성 중 태양에서 세 번째로 가깝지요.

페름기 대멸종
산성비가 많이 내리고 화산 활동이 활발해진 데다 대기 속 이산화탄소까지 급격히 증가하면서 대멸종이 일어났어요. 해양생물종의 약 95퍼센트, 육지 생물종의 약 70퍼센트가 사라졌어요.

4,200년 전 기후변화 사건
극적인 기후변화가 100년 동안 이어지면서 가뭄이 일어났어요. 그 결과 고대 이집트 왕국, 아카드 제국, 인더스 문명이 몰락했지요.

| 45억 년 전 | 23억 년 전 | 7억 년 전 | 5억 4,100만 년 전 | 2억 5,200만 년 전 | 6,600만 년 전 | 2만 년 전 | 기원전 1만 년 | 기원전 2200년 | 기원전 250년 ~ 서기 400년 |

산소 발생
지구 대기에 산소가 등장해요. 스트로마톨라이트 화석(아래 사진)이 그 증거예요. 이 사건으로 다세포 생물이 출현해요.

눈덩이 지구
지구 대륙이 빠르게 변하면서 대기 중의 이산화탄소를 빨아들이고, 온도가 급격히 떨어지면서 지표면이 눈과 얼음으로 덮였어요.

캄브리아기 대폭발
지구 생명체가 급격히 증가한 시기로, 약 2,000만 년 동안 이어졌어요. 삼엽충(위 사진)을 포함해 이때 등장한 동물은 대부분 부드러운 몸이 딱딱한 껍데기로 싸여 있었어요.

백악기-팔레오기(K-Pg) 대멸종
폭 15킬로미터짜리 소행성이 지구와 충돌하며 기후를 바꿔 버렸어요. 그 결과 공룡을 포함해 모든 동식물종 가운데 약 4분의 3이 사라졌지요.

홀로세
약 1만 년 전, 지구는 홀로세라는 간빙기에 들어갔어요. 이 시기 내내 빙하가 발달했다가 후퇴했다가를 반복했지요. 이런 변화는 최근 몇 년 동안 훨씬 심각해졌어요.

한니발이 알프스산맥을 넘고 있어요.

로마 온난기
유럽과 북대서양이 역사에 더 없을 정도로 따뜻했던 시기예요. 과학자들은 이때 알프스산맥의 빙하가 녹은 덕분에 한니발이 코끼리를 타고 산맥을 넘어 이탈리아에 쳐들어갔다고 생각해요.

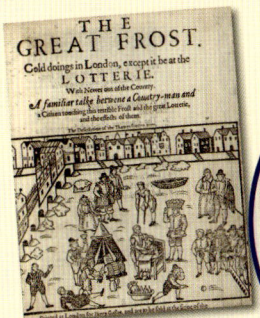
1608년 템스강 빙상 축제 안내 책자

소빙기
1300년에서 1850년 사이에 유럽과 북아메리카는 매년 기온이 0.6도씩 떨어지면서 평소보다 훨씬 추운 겨울을 보냈어요. 아마도 태양 복사나 화산 폭발이 늘어나면서 기온이 떨어진 것으로 보여요. 유럽에서는 강과 호수가 얼어붙어서 템스강(왼쪽 사진) 위에서 정기적으로 빙상 축제가 열렸답니다.

온실효과
프랑스 수학자이자 물리학자 조제프 푸리에가 '온실효과'를 처음으로 설명했어요. 프랑스 과학 아카데미에 발표한 지구 온도에 관한 논문에서 태양열이 지구에 어떻게 퍼지는지 설명했지요.

자동차의 출현

독일 기술자 카를 벤츠가 '가스엔진으로 움직이는 탈 것'을 공개했어요. '모터바겐'이라는 이름의 이 자동차는 내연기관을 갖추고 있다는 점에서 진정한 의미로 세계 최초의 자동차였지요. 벤츠의 아이디어는 교통 혁명을 일으켰어요. 자동차는 오늘날 기후변화의 큰 원인 가운데 하나가 됐어요.

중세 온난기

이 시기에는 따뜻한 날씨가 이어지면서 기후가 온화했어요. 그 덕분에 바이킹이 그린란드와 뉴펀들랜드에 정착하고, 산에 나무가 자랄 수 있는 높이(수목한계선)가 더 위로 올라갔지요. 영국에서 포도를 재배하고, 노르웨이 트론헤임에서 밀과 귀리를 재배했답니다.

이산화탄소 수치 증가
19세기 동안, 대기 중 이산화탄소가 약 290피피엠(100만분의 1 농도)으로 늘어났어요. 빙하 시대에는 이산화탄소 수치가 200피피엠이었지요. 2019년에 측정한 값은 415피피엠이었어요.

| 900~1300년 | 1315~1317년 | 약 1350~1850년 | 1804년 | 1800년대 | 1824년 | 1760~1840년대 | 1886년 |

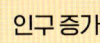

인구 증가
인구가 10억 명에 이르렀어요. 이후 1927년에 20억 명이 되기까지는 123년이 걸렸지만, 1960년에 30억 명이 되는 데까진 33년밖에 걸리지 않았지요.

산업혁명
현대 공장의 발명품과 석탄, 석유 같은 새로운 연료는 인류가 살아가는 방식을 완전히 뒤바꿔 놓았어요. 1760년대에 시작해 1840년대에 절정에 달한 산업혁명은 엄청난 양의 이산화탄소를 대기로 내뿜고, 화학 폐기물을 물과 흙으로 내보냈어요.

유럽 대기근
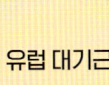
인구가 폭발적으로 늘어나고 중세 온난기가 끝나면서, 날씨가 나빠지고 사람들이 굶어 죽었어요. 한 독일 책의 삽화(위 사진)에는 '죽음'이 죽은 사람 위에 의기양양하게 올라타 있고, 아래쪽에 '기근'이 자신의 배고픈 입을 가리키는 모습이 그려져 있어요.

1804년, 세계 인구가 10억 명에 이르렀어요.

직물 공장 노동자들

1927년, 세계 인구가 20억 명에 이르렀어요.

물을 길으려면 먼 길을 가야 해요.

도시의 성장
도시가 점점 성장하고, 세계 인구가 100년 만에 2배가 됐어요.

1965년 경고
린든 존슨 미국 대통령의 '대통령 과학자문위원회'가 화석연료 사용이 지구 기후에 유의미한 영향을 끼치고 있다는 보고서를 발표했어요. "오염 물질이 전 세계적인 규모로 대기의 이산화탄소 함량을 바꿨다"라고 경고했지요.

세계 식량 위기
가뭄, 나쁜 날씨, 전 세계적인 비료 부족 등으로 곡물 생산량이 줄어들며 식량 위기가 닥쳤어요. 인구가 증가해서 식량이 더 많이 필요한데도 20년 만에 처음으로 식량 생산량이 줄어든 거예요.

폭염
기후를 기록하기 시작한 이후로 가장 무더운 해였어요. 그리스에서는 오랫동안 이어진 폭염으로 아테네와 인근 지역에서만 1,000명 이상이 목숨을 잃었어요. 1980년대는 역사상 가장 뜨거웠던 10년이에요. 1990년까지 기록된 가장 무더운 해 8위 중 무려 7개가 1980년대에 속해 있지요.

| 1927년 | 1927년 | 1950년대 | 1965년 | 1970년 | 1972년 | 1979년 | 1987년 | 1989년 |

1927년 탄소 배출량
화석연료를 태우고 산업 활동을 하면서 나오는 탄소 배출량이 1년에 10억 톤을 넘었어요. 1930년대 대공황이나 1945년 제2차 세계대전 종전과 같은 굵직한 사건이 아니고서는 연료의 수요가 줄어드는 일은 없었지요.

빙하 후퇴
과학자들이 전 세계의 빙하가 더 추운 곳으로 크게 후퇴하고 있다는 사실을 알아차렸어요. 측정 결과 1950년에서 1970년까지 중국에서만 빙하 612개 가운데 53퍼센트가 후퇴하고 있었어요.

'지구의 날' 제정
미국 위스콘신주 상원의원 게일로드 넬슨이 지구에 관한 경각심을 높이기 위해 지구의 날을 제정하고 환경 운동을 펼쳤어요. 미국인 약 2,000만 명이 함께했지요. 1990년쯤에는 141개국에서 2억 명 이상이 참여하게 됐답니다.

세계 기후 회의
기후변화를 주요 쟁점으로 한 세계 기후 회의가 스위스 제네바에서 처음으로 열렸어요. 회의에서는 세계 각국 정부에게 "인류 복지에 부정적인 영향을 미칠 수 있는, 인간 활동으로 인한 잠재적 기후변화를 예측하고 예방할 것"을 요청했어요.

1989년 탄소 배출량
화석연료를 태우고 산업 활동을 하면서 나오는 탄소 배출량이 1년에 60억 톤을 넘었어요. 오늘날 세계에서는 1년에 360억 톤의 탄소가 배출되고 있어요. 이 가운데 4분의 3은 겨우 15개국에서 배출하지요.

174 기후 위기

남극 서쪽의 빙산이 녹고 있어요.

1991년
필리핀 피나투보산이 폭발하면서 화산재가 성층권까지 올라갈 만큼 하늘 높이 치솟았어요. 에어로졸 오염 물질이 태양 빛이 지구에 도달하는 걸 막으면서 평균 기온이 떨어졌어요. 다시 원래 기온을 회복하는 데까지 2년이 걸렸지요.

2006년 경고
과학자들이 남극 서쪽의 빙상이 불안정하다고 경고했어요. 점점 빠른 속도로 덩치가 줄어들면서 무너지기 시작했다는 거예요.

2015년
과학자들은 남극 서쪽의 빙상이 돌이킬 수 없을 만큼 무너졌고, 앞으로 수 세기에 걸쳐 해수면이 올라갈 것이 확실하다고 발표했어요. 파리 협정에서 많은 국가가 온실가스를 줄이기로 목표를 세웠어요.

등교 거부 시위
2018년 8월 말, 15세 학생 그레타 툰베리가 스웨덴 국회 밖에서 기후변화에 관한 시위를 하면서 빠르게 국제 사회의 관심을 받았어요. 그녀는 하얀 피켓에 검은 글씨로 간단하게 적었지요. "기후를 위해 등교를 거부합니다."

| 1991년 | 1992년 | 2006년 | 2008년 | 2015년 | 2018년 | 2019~2020년 | 2020년 |

유엔 환경개발회의
브라질 리우데자네이루에서 열린 유엔 회의에서 154개국이 2000년까지 탄소 배출량을 1990년 수준으로 줄이기로 합의했어요. 또 인류가 기후 시스템에 '위험할 정도'로 영향을 미치는 걸 막기 위해 유엔기후변화협약(UNFCCC)을 채택했어요.

러시아에 사는 시베리아호랑이

나무 위에 사는 코알라

멸종 위기
국제 자연 보호 연합에서 기후변화로 동식물 수천 종이 위기에 처했다고 경고했어요. 멸종 위기종인 시베리아호랑이는 삼림 파괴에 더해, 기후가 따뜻해지면서 더 자주 발생하는 산불 때문에 서식지를 잃고 있어요.

오스트레일리아 산불
이 산불은 12만 6,000제곱킬로미터를 불태우고 주택 3,000채를 무너뜨렸어요. 산불로 동물 10억 마리가 죽거나 위험에 빠졌지요. 이 산불은 최고 기온도 갱신했어요. 2019년 12월 18일은 오스트레일리아 역사상 가장 더운 날로, 평균 기온이 무려 41.9도에 달했지요.

2020년, 세계 인구가 78억 명에 이르렀어요.

기후 연대표 **175**

화산이 만드는 날씨

이 놀라운 사진은 2009년 국제우주정거장(ISS)의 우주비행사들이 일본 북동쪽 사리체프 화산이 폭발하던 순간을 찍은 거예요. 커다란 화산이 폭발하면 엄청난 양의 기체, 먼지, 화산재가 공기 중으로 터져 나와요. 맑던 하늘이 갑자기 먼지로 가득 차지요. 먼지는 물방울을 잘 모아요. 그래서 거대한 뇌운이 만들어지면서 비가 쏟아지고 번개가 번쩍이며 천둥이 으르렁거리지요.

정말 규모가 큰 화산 폭발이 일어나면 지구의 기온이 낮아질 수도 있어요. 작은 폭발에서 나온 화산재는 대류권에 갇혀 있다가 비에 씻겨 내려가지만, 커다란 폭발은 화산재를 성층권까지 곧장 쏘아 올릴 수 있지요. 그러면 화산재가 멀리까지 퍼져 나가서 온 지구를 구름으로 감싸고 태양 빛을 차단해요.

1991년에 있었던 피나투보 화산 폭발은 이후 약 2년간 지구 전체 온도를 떨어뜨렸어요. 1815년 탐보라 화산 대폭발은 지구 온도를 3도나 낮췄지요. 유럽에서는 1816년을 '여름 없는 해'라 불러요. 농작물이 줄고 많은 사람이 굶어 죽었지요.

작은 폭발일지라도 이산화황으로 가득한 화산 연기를 내뿜을 수 있어요. 이산화황이 수분과 합쳐지면서 황산을 만들고, 황산은 화산 안개인 '화산 스모그'를 만들어 사람들의 건강을 해치지요.

아이슬란드의 아름다운 얼음이 후퇴하고 있어요. 앞으로 **100년이면 대부분 사라져 버릴지도 몰라요.**

변화하는 기후

전 세계가 함께 해결해야 할 과제

예전에는 과학자들이 '지구온난화'에 관해 이야기했지만, 지금은 '기후변화'라는 표현을 써요. 남는 열에너지 때문에 기온이 극단적으로 왔다 갔다 하고 폭풍우가 몰아치는 날이 잦아지면서, 기후가 안 좋은 쪽으로 변하고 있기 때문이지요.

올라가는 지구 온도

과학자들은 기후가 변하고 있다는 신호를 많이 확인했어요. 가장 처음 알아냈고, 측정하기도 가장 쉬웠던 신호는 다름 아닌 지구온난화지요. 평균 지표면 온도가 19세기 후반 이후로 1.15도 높아졌어요. 지금까지 가장 온도가 높은 해 가운데 5개는 2010년 이후에 기록됐답니다.

기후변화의 신호

바다가 따뜻해져요: 남는 열에너지를 흡수하면서 바다 표면 온도가 1969년 이후로 0.2도 상승했어요. 바다는 아주 천천히 따뜻해진다는 점을 명심하세요.

얼음과 빙하가 줄어들어요: 1993년부터 2016년까지 그린란드에서는 매년 얼음 2,860억 톤이 사라졌고, 남극 대륙에서는 1,270억 톤이 사라졌어요. 대부분 지역에서 빙하가 빠르게 후퇴하고 있어요.

눈이 덜 와요: 반세기 전보다 눈이 덜 오고, 봄에는 더 빨리 녹고 있어요.

해빙이 사라져요: 지난 20년간 북극 바다를 덮은 얼음(해빙)이 급격히 줄어들고 있어요.

해수면이 높아져요: 바다는 지난 100년 동안 0.2미터 높아졌고, 지난 20년 동안은 2배 더 빠르게 높아지고 있어요.

극단적인 날씨 현상이 사주 일어나요: 기록적인 폭풍과 기온이 더 자주 발생하고 있어요.

바다가 산성으로 변해요: 매년 이산화탄소 20억 톤이 바다로 들어가고 있어요. 이 여분의 이산화탄소 때문에 바다가 200년 전보다 30배 더 산성으로 변했지요.

집이 녹고 있어요
남극은 2020년에 20도를 넘기면서 최고 온도를 기록했어요.

해로운 기체들

온실효과

전 세계 기후는 공기 중의 몇몇 기체들 때문에 더 따뜻해졌고 더 활발히 움직이고 있어요. 이 '온실가스'들은 열을 대기 안에 가둬요. 온실가스는 원래 지구에 있던 존재로, 생명이 살기 좋은 환경을 만들었어요. 하지만 오늘날에는 인간 활동 때문에 대기 중에 온실가스가 너무 많아졌지요. 특히 이산화탄소와 메테인이 문제를 일으킨답니다. 우리는 석유, 석탄, 천연가스 등 화석연료를 태우면서 많은 양의 이산화탄소와 메테인을 공기 중으로 내보내고 있어요.

세 가지 위협

첫 번째, 이산화탄소가 늘어나고 있어요. 2020년 초, 과학자들은 공기 중에 있는 분자 100만 개 가운데 415개가 이산화탄소라는 사실을 확인했어요. 그렇게 많지 않은 것처럼 들리지만, 150년 전에 280개였던 것과 비교하면 엄청나게 늘어난 거예요. 이렇게 늘어난 원인은 주로 산업용 전기를 생산하고 자동차, 트럭, 비행기에 동력을 공급하려고 석유, 석탄, 천연가스를 태웠기 때문이에요.

두 번째, 메테인이 늘어나고 있어요. 메테인은 이산화탄소보다 효과가 30배 더 강력한 온실가스예요. 이산화탄소보다 양은 훨씬 적지만, 지난 몇 세기 동안 150퍼센트 더 늘어났어요. 한 가지 원인은 목축업인데, 가축으로 기르는 소들이 메테인을 많이 내뿜기 때문이에요. 수압파쇄법이라는 방법으로 땅에서 석유와 천연가스를 빼낼 때도 메테인이 많이 빠져나와요.

세 번째, 수증기가 늘어나고 있어요. 수증기는 모든 온실가스 가운데 대기에 가장 많아요. 대부분 바다에서 자연스럽게 증발한 거지요. 하지만 지구 기후가 따뜻해지면서 공기가 수증기를 더 많이 품고 더 따뜻해지고 있어요.

새로운 옷
만드는 과정에서 이산화탄소가 발생하고

비행기 여행
온실가스가 늘어나는 원인으로 떠올랐어요.

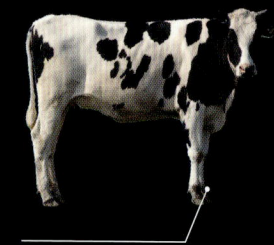

목축업
소와 다른 가축 들은 메테인을 내뿜어요.

만약 **대기가 전부 이산화탄소**라면, 지구는 금성과 비슷한 상태로 **태양계**에서 **가장 뜨거운 행성**이 될 거예요.

2017년, 허리케인 하비가 미국 텍사스주 남동쪽에 **역사에 남을 정도로 많은 비**를 퍼부었어요. 온난화가 일어나기 전에 **예상했던 것보다 훨씬 더 많은 양**이었지요.

영향

극단적인 날씨 현상들

기후변화는 이미 이 세상에 엄청난 영향을 미치고 있어요. 2020년 초, 거대한 산불로 오스트레일리아 전 지역에서 10억 마리가 넘는 동물이 죽고 말았어요. 이와 동시에 남극 대륙에서는 20도 이상이라는 역대 최고 기온을 기록하면서 얼음이 많이 녹아내렸어요. 한편 세계 다른 지역들은 평소보다 강력한 폭풍과 홍수로 고통받았지요.

기후 위기

기후 과학자들은 기후변화 때문에 날씨가 더 나빠지리라는 걸 알았어요. 하지만 지금 우리에게 일어나는 날씨 현상들은 생각했던 것보다도 훨씬 더 심각해요. 그래서 이제 과학자들은 '기후 위기'라는 표현을 더 많이 써요. 기후가 더 거칠어질수록 우리를 깜짝 놀라게 할 사건이 더 많이 발생할 거예요.

2019년 12월 18일, 오스트레일리아는 41.9도를 기록하며 역대 가장 뜨거운 날을 보냈어요.

2020년 2월, 남극 대륙의 기온이 20도를 넘기면서 얼음이 많이 녹아내렸어요.

어떤 영향이 있을까?

폭풍이 발생해요: 허리케인과 다른 폭풍이 더 강해지고 더 자주 발생할 거예요. 폭우가 퍼붓고 홍수가 날 거예요.

가뭄이 들어요: 가뭄과 홍수 둘 다 더 자주 일어날 거예요.

폭염이 찾아와요: 기록적이었던 여름 더위가 점차 평범한 일상이 될 거예요.

산불이 나요: 여름이 더 길어지고 더 건조해지면서 대규모 산불이 더 자주 발생할 거예요.

얼음이 녹아요: 극지방의 얼음이 녹으면서 태양 빛을 덜 반사해요. 온난화 속도가 더 빨라질 거예요.

영구동토층이 녹아요: 원래는 영구적으로 얼어 있던 땅인 영구동토층이 녹고 있어요. 얼음 속에 갇혔던 메테인이 빠져나오며 지구온난화를 더 빨리 일으킬 거예요.

해수면이 높아져요: 바다가 열을 받아 부풀고 빙상도 녹으면서 해수면이 1미터 높아져요. 해안가 저지대는 물에 잠길 거예요.

야생동물이 대량 멸종해요: 서식지가 변하면서 여러 종이 멸종할 거예요.

많은 사람이 이주해요: 어떤 장소는 살기 힘든 환경으로 바뀌어 많은 사람이 할 수 없이 이주하게 될 거예요.

식량이 부족해요: 많은 농작물이 잘 자라지 못할 거예요.

물이 부족해요: 물 부족 현상이 잦아지고 더 심각해질 거예요.

산불

통제할 수 없이 타올라요

불은 건조한 숲과 관목지에서 잘 붙어요. 많은 산불이 건조한 환경에서 자연적으로 발생하지요. 처음에 번개가 치면서 불이 붙는 경우도 많고요. 그런데 지구가 따뜻해지면서 산불이 날 가능성도 더 커졌어요. 산불이 나는 시기가 더 길어지고, 산불이 영향을 미치는 영역도 더 넓어지고 있지요.

산불 경고

불꽃, 마른 잔가지처럼 탈 것, 산소가 만나면 걷잡을 수 없이 큰 화재가 발생할 수 있어요. 이를 '연소의 3요소'라고 불러요. 단 몇 초만에 시속 23킬로미터의 속도로 불길이 번져서 숲을 잿더미로 바꾸고 마을 전체를 위협할 수 있어요.

미국 산불

산불은 매년 미국 땅 2만 제곱킬로미터 이상을 태워요. 이 사진은 네바다주 북부에서 난 산불이지만, 이런 산불은 캘리포니아주, 몬태나주, 아이다호주, 와이오밍주, 워싱턴주, 콜로라도주, 오리건주에서도 자주 발생해요. 산불은 대부분 비가 부족해 바싹 마른 땅에 사람이 실수로 또는 일부러 불을 피워서 시작돼요. 인명 피해와 재산 피해가 어마어마하지요.

가장 끔찍했던 산불들

덥고 건조한 날씨가 이어지고 불길이 맹렬히 타오를 조건만 맞으면, 산불은 전 세계 어디에서나 발생해요. 이제까지 기록된 최악의 산불들을 소개할게요.

1825년 10월
캐나다 뉴브런즈윅주 미러미시 화재로 300명이 목숨을 잃고, 1만 2,000제곱킬로미터가 불에 탔어요.

1871년 10월
미국 위스콘신주 페시티고 화재로 2,500명 이상이 목숨을 잃고, 4,900제곱킬로미터가 불에 탔어요.

1881년 9월
미국 미시건주 썸 화재로 280명 이상이 목숨을 잃고, 4,000제곱킬로미터가 불에 탔어요.

1910년 8월
미국 아이다호주와 몬태나주 대화재로 87명이 목숨을 잃고, 1만 2,000제곱킬로미터가 불에 탔어요.

1919년 5월
캐나다 앨버타주와 서스캐처원주 대화재로 11명이 목숨을 잃고, 2만 제곱킬로미터가 불에 탔어요.

화재 폭풍

화재 폭풍은 매우 맹렬해서 그 자체로 바람을 일으키는 불꽃이에요. 불꽃에서 뜨거운 공기가 치솟아 오르면서 폭풍급 바람을 사방에서 빨아들이고 불꽃은 더 맹렬하게 타오르지요. 산불은 그 주변보다 10배나 더 강한 바람을 일으킬 수 있어요. 1871년 미국 위스콘신주 페시티고 마을에 있었던 끔찍한 화재는 엄청나게 치명적인 화재 폭풍을 일으켰어요.

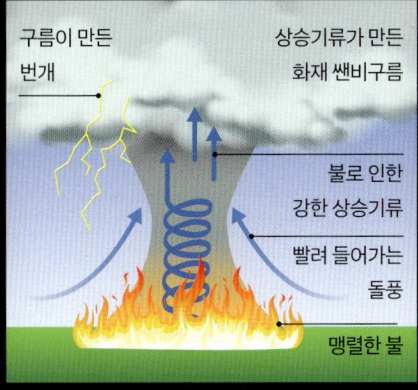

파이어네이도

과학자들은 불 소용돌이(왼쪽 사진)에 관해 오래전부터 알았어요. 불이 탈 때 불기둥이 빙빙 돌면서 위로 치솟아 오르는 현상이지요. 하지만 최근에 과학자들은 훨씬 더 무서운 '파이어네이도'라는 현상을 발견했어요. 불(파이어)과 토네이도를 합친 말이에요. 불 위에 생겨나는 상승기류가 엄청 거대하고 강력해서 토네이도가 돼 버린답니다. 상승기류가 천둥과 번개를 동반하는 뇌운을 만들고, 이 구름이 상승기류를 불타는 토네이도로 바꾸지요.

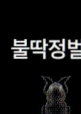
불딱정벌레

웜뱃

캥거루

불에 적응한 동물들

세월이 흐르면서 모든 생물종은 자연에서 주기적으로 발생하는 산불에 적응해 왔어요. 불딱정벌레는 불 속으로 날아가 죽은 나무에 알을 낳아요. 웜뱃은 다른 동물들이 불을 피해 자신의 굴에 숨게 해주고, 캥거루는 산불이 났을 때 도망치기 위해 빠른 속도로 움직일 수 있지요. 하지만 최근에 발생한 산불은 너무 빠르고 강렬해서 많은 동물이 죽고 말았어요.

불 안개

산불은 엄청나게 짙은 안개를 드리울 수 있어요. 불에서 나오는 연기는 작은 재를 공기로 내보내요. 그러면 이 재들이 응결핵이 돼서 평범했던 복사 안개를 수프처럼 걸쭉하고 두껍게 만들어요. 만약 운전하다가 도로에서 이런 안개를 맞닥뜨린다면 갑자기 시력이 사라진 느낌일 거예요. 불 안개는 산불이 자주 발생하는 지역에서 교통사고를 일으킨답니다.

1939년 1월
오스트레일리아 빅토리아주 블랙프라이데이 산불로 71명이 목숨을 잃고, 2만 제곱킬로미터가 불에 탔어요.

1949년 8월
프랑스 남서부 랑드 숲 화재로 82명이 목숨을 잃고, 5만 제곱킬로미터가 불에 탔어요.

1987년
중국과 러시아 블랙드래곤 화재로 200명 이상이 목숨을 잃고, 7만 3,000제곱킬로미터가 불에 탔어요.

1997~1998년
인도네시아 숲 화재로 주변 6개국에서 총 7,000만 명이 영향을 받았고, 1만 5,000제곱킬로미터가 불에 탔어요.

2014년 여름
캐나다 노스웨스트준주 화재로 목숨을 잃은 사람은 없었지만, 3만 5,000제곱킬로미터가 불에 탔어요.

2018년 7월
그리스 아티카의 해안 지역에서 100명 이상이 목숨을 잃고, 약 1,300제곱킬로미터가 불에 탔어요.

불의 대륙

2019년 12월과 2020년 1월, 오스트레일리아는 불에 휩싸였어요(13쪽을 보세요). 몇 달간 비가 내리지 않고 기록적인 여름 기온이 계속되면서 대륙 전 지역에 걸쳐 커다란 산불이 차례로 발생했어요. 이제까지 한 번도 본 적 없는 규모의 강한 산불이었지요.

최소 12만 6,000제곱킬로미터가 불에 탔어요. 33명 이상이 목숨을 잃고 3,000명 이상이 집을 잃었지요. 10억 마리가 넘는 동물이 죽어 버린 비극적인 사건이었어요. 아마 일부 동물종은 서식지가 파괴된 탓에 곧 멸종하게 될지도 몰라요.

미국 캘리포니아주에서 러시아에 이르기까지 전 세계에 걸쳐 파괴적인 산불이 점점 더 자주 발생하고 있어요. 산불의 크기도 점점 더 커지고 있고요. 전문가들은 지구 기후가 계속 따뜻해져서 이런 '초대형 산불'이 발생하는 거라고 확신해요. 기후가 따뜻하면 여름이 더 길고 건조해져서 식물의 수분이 적어지기 때문에 불의 연료가 더 많아져요. 또 뇌우가 더 자주 일어나면서 불씨를 던지는 번개도 더 자주 치게 되지요.

건조

폭염과 가뭄

2월은 원래 미국 샌프란시스코에 비가 가장 많이 오는 달이지만, 2020년 2월에는 비가 한 번도 안 왔어요! 날씨는 화창했겠지만, 지구의 물순환(20~21쪽을 보세요)을 생각하면 좋은 일이 아니에요. 눈과 비가 평균보다 적게 내리면 지하수가 줄어들고 토양이 건조해져서 농작물에 피해가 일어나고 물 부족 현상까지 발생해요.

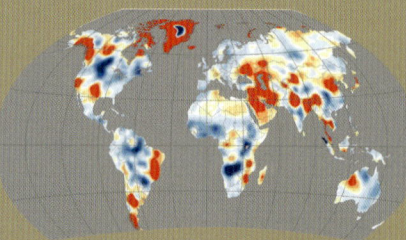

전 세계 물 공급원
이 지도는 2002년 이후로 전 세계 민물 공급원에 무슨 일이 발생했는지를 보여 주고 있어요. 진한 빨간색은 사용할 수 있는 민물의 양이 평균적으로 가장 많이 줄어든 지역을 나타내요.

가뭄

바싹 말라요

가뭄은 기본적으로 비가 내리지 않는 현상이에요. 하지만 겨울에 몇 주 동안 비가 안 온다고 해서 그걸 가뭄이라고 부르지는 않아요. 반면 농작물이 자라는 무더운 여름에 한 달간 비가 안 온다면 농부들에게는 재앙이나 다름없어요. 이러한 가뭄은 농작물 생산량에 영향을 미치지요. 가뭄은 보통 더운 날씨가 오랜 기간 이어지거나, 겨울에 눈이 너무 조금 오는 바람에 봄에 눈이 녹아도 저수지를 채우지 못할 때 발생해요. 가뭄은 허리케인 다음으로 재산 피해를 많이 일으키는 날씨 현상이랍니다.

물을 다루어요
물을 공급하는 첨단시설은 날씨, 토양 상태, 증발량, 식물의 물 사용량 등을 자동으로 확인해서 매일같이 변하는 물 사용 방식을 계산하고 물을 낭비하지 않도록 해줘요.

폭염

가뭄을 일으켜요

기후가 변하면서 극단적인 날씨 현상이 더 자주 일어나고 있어요. 특히 가뭄이 자주 일어나지요. 하지만 이런 날씨 현상은 지역에 따라 미치는 영향이 달라요. 2019년 여름, 서유럽이 기록적인 폭염을 겪는 동안 똑같은 날씨가 동아프리카와 인도에는 끔찍한 가뭄을 일으켰어요. 그해 말, 오스트레일리아는 역대 가장 뜨겁고 건조한 여름을 보냈지요. 거대한 산불이 일어나 몇 주 동안 타오르기도 했답니다.

2012년, 미국 중서부에는 폭염과 가뭄으로 약 36조 원의 재산 피해가 발생했어요.

더위를 식히자
42.6도에 달하는 기록적인 폭염이 찾아오자 프랑스 파리 사람들은 분수, 심지어는 센강으로 뛰어들어 더위를 식혔어요. 프랑스 남부에서는 기온이 역대 최고치인 46도까지 치솟았지요. 이 두 폭염은 약 1,500명의 목숨을 앗아 갔어요.

건조 지대

흙이 일으킨 재해

1930년대에 집중적으로 농사를 지은 데다가 가뭄까지 들면서, 대평원 남부의 많은 흙이 먼지로 바뀌어 버렸어요. 커다랗고 시커먼 먼지바람이 땅 위를 질주하며 휘몰아쳤고, 이 지역은 '더스트 볼'이라 부르는 건조 지대가 됐지요. 더스트 볼은 먼지가 가득 들어찬 그릇이란 뜻이에요. 가뭄이 오랫동안 이어지면 이런 현상이 또 일어날 수 있답니다.

1935년 5월 6일, 미국 캔자스주 롤라에 모래 폭풍이 일고 있어요.

수확량

토양 가장 위쪽에 있는 표토에 수분이 부족하면 식물들은 싹조차 틔우지 못해요. 하지만 초기에 수분을 충분히 흡수했다면, 이 사진처럼 최종 수확량은 괜찮을 수도 있어요.

날씨의 영향

남아프리카 음쿠제 사냥금지구역의 임팔라들이 물을 마시려고 물웅덩이에 모였어요. 임팔라 암컷들은 날씨가 너무 혹독하면 출산을 미뤄요. 또 이들은 태양이 가장 높이 떠 있는 한낮에 새끼를 낳아요. 이 시간에는 주요 포식자인 사자가 쉬기 때문이지요.

물웅덩이를 찍은 항공사진

물 공급원

가뭄에서 살아남아요

가뭄을 잘 견디도록 적응한 동식물도 비가 계속 안 오고 기록적으로 기온이 오르면 힘들어져요. 가뭄이 더 자주 일어나면서 동식물은 새로운 방법을 찾거나 물을 마시러 멀리까지 이동하게 됐지요. 과학자들은 탄자니아에서 코끼리, 얼룩말, 혹멧돼지, 노랑개코원숭이가 물웅덩이를 판 다음 2주 동안만 사용한다는 사실을 알아냈어요. 웅덩이나 강물이 깨끗한 빗물로 새로 채워지지 않다 보니 병에 감염될 위험이 있어 짧은 기간만 사용하는 것 같아요.

날씨 재앙

폭풍 이야기

최악의 날씨는 지나가는 길목에 있는 모든 걸 파괴하고 혼란을 불러일으켜요. 1980년부터 2019년 사이에 날씨나 기후와 관련한 주요 재해 258건이 미국을 강타했어요. 1만 명 이상이 목숨을 잃었고 훨씬 더 많은 사람이 다치거나 집을 잃었으며 각각 1조 원이 넘는 피해가 발생했지요. 기후가 변하면서 상황이 더 나빠질 것을 모두가 두려워하고 있어요.

재해 종류: 우박 폭풍
시기: 7월 4~5일
지역: 콜로라도주
피해 상황: 집, 자동차 피해
피해 금액: 약 1조 2,000억 원

재앙의 해

2019년은 미국 역사상 최악의 해 중 하나였어요. 미국 전역에 날씨나 기후 관련 재해가 14건 발생했지요. 홍수, 폭풍, 열대 저기압, 산불이 44명의 목숨을 앗아 가고, 피해 지역에 사회적·경제적으로도 커다란 타격을 입혔어요.

재해 종류: 산불
시기: 여름~가을
지역: 캘리포니아주, 알래스카주
피해 상황: 집과 건물 수백만 채 단전, 숲 파괴
피해 금액: 약 5조 4,000억 원

재해 종류: EF 4급을 포함한 토네이도 190개, 우박, 강풍
시기: 5월 26~29일
지역: 로키산맥, 중부와 북동부 주들
피해 상황: 12개 주에 걸친 집과 다른 구조물 피해
피해 금액: 약 5조 4,000억 원

재해 종류: 우박 폭풍
시기: 3월 22~24일
지역: 텍사스주, 오클라호마주
피해 상황: 집, 건물, 자동차 피해
피해 금액: 약 1조 9,000억 원

재해 종류: 최대 EF 3급의 수많은 토네이도, 강풍, 우박
시기: 10월 20일
지역: 텍사스주와 중부 주들
피해 상황: 6개 주에 걸친 집, 건물, 차량 피해
피해 금액: 약 2조 원

재해 종류: 열대 폭풍 이멜다
시기: 9월 17~21일
지역: 텍사스주
피해 상황: 홍수로 건물 수천 채와 자동차 수천 대 피해
피해 금액: 약 6조 원

에너지를 절약하는 하루 시간표

'탄소발자국'이란 우리가 살아가면서 대기 중으로 내뿜는 탄소의 양을 측정하는 방법이에요. 매일 하는 행동 몇 가지를 조금만 바꿔도 탄소발자국을 엄청나게 줄일 수 있답니다. 우리가 사용하는 에너지를 얻으려고 석탄, 석유, 천연가스를 태우는 행위는 대기 중으로 이산화탄소를 내뿜어요. 간단하게 말하자면 에너지를 덜 쓰는 게 탄소발자국을 줄이는 최고의 방법이지요! 우리가 실천할 수 있는 몇 가지 방법을 소개할게요.

혹시 오늘 설거지 담당인가요? 설거지가 나올 때마다 식기세척기를 돌리는 대신 모아 뒀다가 기계를 꽉 채워서 돌려 봐요. 수도꼭지를 계속 틀어 놓지 말고 물을 받아 그릇을 씻고 헹구세요.

목욕보다 샤워가 훨씬 더 에너지를 절약하고 물도 아낄 수 있어요. 샤워를 하나 목욕을 하나 깨끗해지는 건 똑같은데 말이지요.

오늘 하루 지구를 위해 훌륭한 일을 했다는 사실에 뿌듯함을 느끼며, 잘 자요!

비행기 여행은 탄소를 많이 배출해요. 어떤 음식은 비행기를 타고 전 세계 하늘을 날아다니고 있지요. 수입품 대신 우리나라 식재료로 저녁 식탁을 차려 보는 건 어떨까요?

새 옷을 갖고 싶나요? 옷을 만드는 작업에는 에너지가 많이 들어가요. 그러니 필요 없는 옷은 다른 사람이 입을 수 있도록 중고가게에 가져가 보세요. 그곳에서 마음에 드는 옷을 고를 수도 있고요.

에너지 효율이 좋은 전구를 써 보는 건 어떨까요? 어떤 전구는 전기를 80퍼센트나 덜 사용하고, 25배 더 오래 쓸 수 있답니다.

교실에서 마지막으로 나간다면 불 끄는 걸 잊지 마세요!

혹시 출력해서 제출해야 하는 숙제가 있나요? 선생님이 괜찮다고 하면 양면으로 출력해서 종이를 아끼세요.

여러분의 학교는 분리수거와 재활용을 하나요? 많은 쓰레기가 다른 물건으로 탈바꿈할 수 있답니다.

집 안에 햇살이 들어오도록 커튼을 열어젖혀요! 집을 따뜻하게 하려고 보일러를 켤 필요가 없을지도 몰라요.

아침 먹을 시간이에요. 냉장고 문을 불필요하게 열어 두지 마세요. 차나 음료를 마실 때도 필요한 만큼의 물만 끓여요.

물을 아껴요. 이를 닦는 동안 수도꼭지를 틀어 두지 마세요.

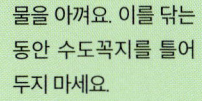

오전 7:00
오전 7:20
오전 7:30
오전 8:00
오전 8:30
오전 9:00
오전 10:00
오전 11:00
오전 12:30

집을 나서기 전에 전등과 냉난방기기 스위치를 꺼요. 창문을 닫았는지도 확인하고요. 집안이 냉기나 온기를 더 오래 유지해서 냉난방을 덜 해도 된답니다.

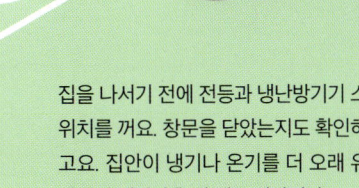

이제는 집의 여러 기기를 원격으로 조종할 수 있어서, 꼭 필요할 때만 에너지를 쓸 수 있어요. 어떤 스마트 온도 조정 장치는 스마트폰 앱으로도 조종할 수 있어요.

학교가 조금 멀다면 부모님 차 대신 자전거를 타거나 대중교통을 이용해요. 어떤 사람들은 자동차를 더 느리게 몰기도 해요. 그러면 연료를 덜 쓰거든요.

선생님과 함께 통풍구를 한번 확인해 보세요. 통풍구가 막히면 뜨거운 공기를 퍼내려고 에너지를 굉장히 많이 쓰게 돼요. 겨울에 난로를 켜는 대신에 옷을 더 껴입어서 에너지를 절약할 수 있어요.

점심을 먹으러 갈 때 컴퓨터를 끄세요.

전자기기에 충전이 필요하지 않을 땐 충전기 플러그를 뽑아 두세요. 충전기는 사용하지 않을 때도 전력을 쓰거든요.

하루 시간표 **193**

날씨 영웅

전 세계의 영웅들

미국의 기상학자 클리블랜드 애비(1838~1916년)는 신시내티에 공공 기상 서비스를 만들고 1987년 2월 최초로 공식적인 일기예보를 했어요. 이 정신을 이어받아 오늘날 기상학자들은 재해가 닥쳤을 때 텔레비전에 나와 중요한 기상 정보를 알리지요. 지난 수 세기 동안, 날씨를 전하기 위해 많은 사람이 피나는 노력을 했어요. 시대를 초월한 날씨 영웅을 몇 명 소개할게요.

후지타 테츠야
1920~1998년

후지타 테츠야는 미국으로 건너간 일본 기상학자예요. 강력한 폭풍, 특히 토네이도에 관해서 그 누구보다도 많은 지식을 전해 주었어요.

폭풍
후지타는 토네이도 그룹이라는 개념을 처음 도입하고, 피해 상황과 바람 속도를 연결하는 후지타 등급을 만들었어요. 후지타가 없었으면 폭풍에 관한 연구가 이만큼이나 이루어지지 못했을 거예요.

콜로라도주에 발생한 토네이도

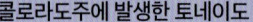

후지타는 토네이도의 힘을 평가하기 위해 후지타 등급을 개발했어요.

짐 캔토어
1964~현재

어렸을 때부터 날씨에 푹 빠진 짐 캔토어는 날씨 전문 방송국인 웨더채널에서 한평생 일했어요. 일기예보관으로 데이터를 연구하고, 방송인으로서 거대한 폭풍과 날씨 현상을 대중이 쉽게 이해할 수 있게 설명해 주었지요. 최신 정보를 알려 주는 건 물론이고요.

고된 직업
캔토어는 이 일을 하면서 가장 힘든 건 그날 날씨에 관한 모든 정보를 파악하기 위해 매일같이 새벽 3시 15분에 일어나야 하는 점이라고 말했어요.

준 베이컨버시
1928~2019년

준 베이컨버시는 아주 어릴 때부터 과학에 마음을 빼앗겼어요. 자란 뒤에는 미국 캘리포니아대학교 버클리캠퍼스(UCLA)에서 기상학 학위를 딴 최초의 아프리카계 미국인 여성이 됐답니다.

중요한 순간
1971년, 소속 앵커가 은행을 터는 사건이 일어나면서 버펄로 방송국은 혼란에 빠졌어요. 이때 베이컨버시가 숙련된 과학자로서 폭염을 정확히 예측하면서, 아프리카계 미국인 여성 가운데 처음으로 일기예보를 해냈지요. 베이컨버시는 곧바로 유명해졌답니다.

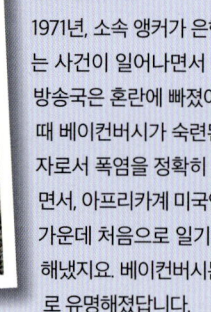

에이다 몬존
1965~현재

푸에르토리코 출신인 에이다 몬존은 WIPR TV의 수석 기상학자예요. 푸에르토리코 출신 여성 가운데 최초로 미국 기상학자 협회의 석좌교수로 임명됐어요.

허리케인 어마
2017년, 몬존은 허리케인 어마가 카리브해 근처를 지나가는 경로를 추적했어요. 또 푸에르토리코의 섬들을 쑥대밭으로 만들어 놓은 허리케인 마리아가 다가올 때, 사람들에게 필요한 정보를 제공하고 조언했지요.

알프레드 베게너

1880~1930년

알프레드 베게너는 독일 과학자이자 세계 기록을 보유한 열기구 조종사예요! 열기구를 너무 좋아한 나머지, 날씨와 기단을 추적하는 데 열기구를 사용하는 길을 처음으로 열었답니다.

탐험

베게너는 극지방 제트기류의 존재를 증명하려고 그린란드로 여러 번 탐험을 떠났어요. 그곳에서 연구원들에게 식량을 갖다주려고 나섰다가 돌아오는 길에 세상을 떠났지요. 베게너는 지구 대륙이 움직이고 있다는 대륙이동설로도 유명해요.

다니엘 가브리엘 파렌하이트

1686~1736년

다니엘 가브리엘 파렌하이트는 독일에서 태어나 자랐어요. 1701년에 부모님이 같은 날 모두 돌아가시면서, 네덜란드 암스테르담으로 보내져 상인 밑에서 일했지요. 파렌하이트는 과학 기기에 푹 빠졌고, 여러 지역을 여행하면서 과학자와 기기 제작자를 관찰했어요.

온도계 발명가

파렌하이트는 최초로 수은을 이용한 온도계를 만들었어요. 또 오늘날에도 쓰이는 화씨를 개발했지요. 물의 어는점(섭씨 0도)은 화씨로 32도고, 끓는점(섭씨 100도)은 화씨로 212도예요.

조앤 심프슨

1923~2010년

어린 시절 조앤 심프슨은 미국 코드곶 앞바다에서 작은 배를 타고 하늘에 떠다니는 구름을 쳐다보는 걸 좋아했어요. 제2차 세계대전 때 학생조종사가 되면서 기상학에 관해 배웠고, 나중에는 사관후보생들에게 기상학을 가르치게 됐지요. 그 후 미국에서 여성 최초로 기상학 박사학위를 땄답니다.

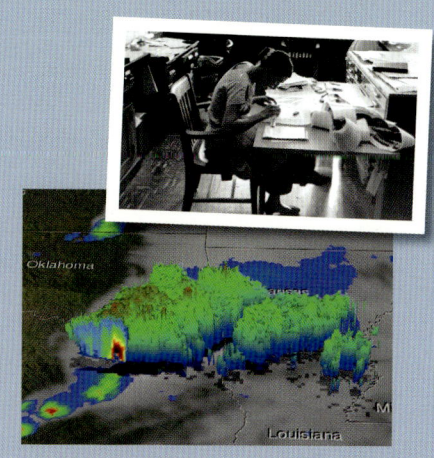

구름 모델

심프슨은 많은 업적을 남겼어요. 특히 열과 수분이 어떻게 열대 지방에서 다른 지방으로 퍼져 나가는지 설명하고, 허리케인에 관해 새로운 정보를 밝혀냈지요. 최초의 컴퓨터 구름 모델을 개발하고, 미국항공우주국(NASA)에서 열대 강우를 연구하는 TRMM 인공위성의 수석 과학자로 일했어요.

날씨 영웅

날씨 연구의 미래

2019년 후반, 미국항공우주국(NASA)은 지구 날씨와 우주 날씨가 만나는 대기권 상층부의 이온권으로 탐사선 아이콘(ICON)을 발사했어요. 지구와 우주 날씨가 어떻게 서로 영향을 주고받는지 알아내기 위해서였지요.

국제우주정거장(ISS)에서 촬영한 이 사진에는 이온권에 있는 빨간 '대기광'의 밝은 줄무늬가 뚜렷해요. 대기광이란 태양 복사가 거대한 바람을 타고 여행하면서 이온권에 있는 원자와 분자를 이온화(원자가 전자를 잃거나 얻어 이온이 되는 것)할 때 발생하는 빛이지요. 지구의 계절이 변하고 낮과 밤 사이에 온도가 변하고 지구로 들어오는 태양 복사량이 변하면서 이 바람은 시간에 따라 크게 달라져요.

쉴 새 없이 변하며 요동치는 이온권은 국제우주정거장이 있는 곳이자, 무선 통신과 GPS 신호가 오가는 지역이에요. 이곳에 변화가 있으면 신호가 왜곡되거나, 심하면 완전히 끊겨 버리기도 해요.

아이콘은 지표면으로부터 88.5킬로미터에서 580킬로미터 사이 상공에서 97분마다 지구를 한 바퀴 돌고 있어요. 크기는 냉장고만 해요. 아이콘이 우리 지구와 우주 사이의 줄다리기에 관해서 무엇을 발견할지 다 함께 지켜봐요!

가뭄
비가 아예 안 오거나, 거의 안 오는 기간이 매우 오래 이어지는 현상. 심각한 물 부족 현상을 일으킨다.

강수
하늘에서 떨어지거나 땅 근처에서 응결하는 물 또는 얼음. 비, 눈, 우박, 이슬, 안개 등이 있다.

겨울잠
동물들이 겨울에 깊은 잠을 자거나 그와 비슷한 무기력 상태에 들어가는 현상

고기압
주변보다 기압이 높은 지점. 북반구에서는 바람이 시계 방향으로 불고, 남반구에서는 반시계 방향으로 분다.

고도
지구 해수면을 기준으로 측정한 물체의 높이

고드름
떨어지는 물방울이 얼면서 생겨나는 얼음덩어리. 아래로 갈수록 가늘어진다.

광합성
식물이 양분을 만드는 방법. 태양에너지를 이용해 이산화탄소와 물을 당으로 바꾸고, 그 과정에서 산소를 내보낸다.

기단
온도, 기압, 습도가 거의 일정하고 대륙이나 해양의 많은 부분을 덮고 있는 거대한 공기 덩어리

기상학
날씨에 관한 과학적 연구

기상학자
날씨와 기후를 연구하는 과학자

기압
공기의 무게 때문에 생기는 누르는 힘. 대기압이라고도 한다.

기압계
기압을 측정하는 기기

기후
특정 지역의 전형적인 날씨. 최소 30년 넘게 측정한 날씨의 평균을 내서 얻는다.

기후변화에 관한 정부 간 패널(IPCC)
과학적 정보를 토대로 기후변화를 이해하고 대책을 마련하기 위해 1988년에 설립됐다.

낙하존데
낙하산을 붙인 날씨 관측 기기로, 비행기에서 폭풍 속으로 떨어뜨려 데이터를 모은다.

눈송이
눈 조각 또는 하나의 결정

눈 폭풍
시속 56킬로미터가 넘는 바람이 불고 3시간 넘게 이어지는 눈보라

대기
지구를 둘러싸고 있는 기체. 지구 중력이 붙잡고 있으며 우주를 향해 수백 킬로미터 높이까지 뻗어 있다.

대류
공기나 유체가 열 때문에 순환하는 현상. 따뜻하고 가벼운 공기는 위로 올라가고 차갑고 밀도가 높은 공기는 아래로 가라앉는다.

등압선
일기도에서 기압이 같은 지역을 연결한 선

라디오존데
온도, 습도, 압력을 측정하고 전송하기 위해 풍선에 부착하는 기기

메테인
온실가스의 한 종류로 색과 냄새가 없는 기체

멸종
동물종이나 식물종의 마지막 개체가 죽으며 이 세상에서 완전히 사라지는 것

몬순
인도, 동남아시아, 다른 열대지방에서 나타나는 우기와 건기의 연간 패턴

단어 풀이

미국 국립해양대기청(NOAA)
미국 상무부에서 환경 연구를 수행하는 기관

밀도
어떤 물질이 특정 부피 안에 얼마나 많이 들어 있느냐를 뜻하는 말. 많이 들어 있을수록 밀도가 더 높고 무겁다.

반구
지구의 절반. 북반구와 남반구가 있다.

보퍼트풍력계급
바람의 세기를 측정하는 척도. 0(고요)부터 12(싹쓸바람)까지 있다.

복사
파동이나 입자 형태의 에너지 방출

빙산
빙하나 빙상에서 떨어져 나와 바다를 둥둥 떠다니는 커다란 얼음덩어리

빙상
지하 기반암의 대부분을 덮고 있는 거대한 대륙 얼음덩어리

빙하
천천히 움직이는 얼음덩어리 또는 얼음 강. 계곡에 눈이 수년에서 수십 년간 쌓이면서 압축된 얼음이다.

빙하 시대
지구 역사에서 특별히 추운 시기. 빙상이 극지방에서부터 멀리까지 뻗어 간다.

사이클론
저기압 영역에서 만들어지는 회전 폭풍으로 바람을 안쪽으로 끌어들인다.

사피르-심슨 등급
바람 속도를 바탕으로 허리케인의 힘을 분류하는 방법. 1등급(가장 약한 허리케인)부터 5등급(가장 강한 허리케인)까지 있다.

삼림 파괴
목재를 얻으려고 숲을 파괴하거나 농사를 지으려고 땅을 개간하는 작업

상륙 시점
바다 위에서 생겨난 허리케인의 눈이 땅에 닿는 시점

상승 온난 기류
위로 올라가는 따뜻한 공기의 흐름

서리
공기 중에 있는 수분이 차가운 표면에서 얼면서 만들어지는 하얀 얼음 결정

세계기상기구(WMO)
전 세계 날씨와 기후 데이터를 모으고 배포하는 국제 기구

수증기
기체 상태의 물. 지구 대기는 수증기를 포함하고 있다.

슈퍼셀
움직이는 거대한 뇌우로 토네이도를 일으킨다.

199

알베도
표면의 반사율. 즉, 들어오는 복사선 대 반사되는 복사선의 비율

에어로졸
대기 중의 안개처럼 기체를 떠다니는 고체 또는 액체 입자

열대성 저기압
바다 위에서 발생해 강력히 회전하는 열대 폭풍. 허리케인, 태풍, 사이클론은 모두 열대성 저기압이다.

열대수렴대(ITCZ)
무역풍이 북쪽과 남쪽에서 모여들어 만나는 열대 지방의 저기압대

열섬
아스팔트 때문에 태양에너지를 더 많이 흡수하는 것과 같은 여러 요인으로 주변보다 기온이 높은 도시 지역

스모그
안개가 대기 오염 물질과 결합해 생기는 짙은 기체

습도
공기 중에 있는 수증기의 양 또는 비율

안개
지표면 근처에서 작은 물방울이 만드는 두꺼운 구름. 시야를 방해한다.

안티사이클론
바람이 나선형으로 빠져나가는 고기압 영역. 맑고 화창한 날씨가 나타난다.

오로라
북극과 남극 근처에서 밤하늘을 밝히는 색색의 빛 띠. 북반구에서는 북극광, 남반구에서는 남극광이라 부른다.

오염
자연을 더럽히고 살아 있는 생명을 해롭게 하는 모든 것. 오염 물질에는 공기 중으로 빠져나가는 기체도 포함된다.

오존층
대기권 상층부에 있는 오존 기체의 얇은 층. 태양에서 나오는 해로운 적외선을 차단한다.

온난전선
차가운 기단과 따뜻한 기단이 만나는 경계선. 따뜻한 공기가 차가운 공기 위로 타고 오르면서 앞으로 나아간다.

온실가스
지구 대기 중 온실효과를 일으키는 기체. 가장 중요한 온실가스는 이산화탄소와 수증기다.

온실효과
공기 중에 있는 특정 기체가 태양열이 다시 우주로 나가는 걸 막아서 대기가 더 따뜻해지는 효과

용오름
보통 얕고 따뜻한 물 위에서 생겨나는 공기의 소용돌이. 물을 가로질러 이동하면서 토네이도로 발달할 수 있다.

우박
구름에서 떨어지는 얼음 알갱이

운석
대기에서 다 타버리지 않고 지구 표면에 도착하는 유성체

응결
기체가 냉각해서 액체로 변하는 현상. 예를 들어 수증기가 응결하면 물로 변한다.

이산화탄소
대기 안에 있는 색과 냄새가 없는 기체로, 온실효과에서 중요한 역할을 한다.

이슬점
공기 중의 수증기가 응결하는 온도

이주
사람이나 동물이 한 장소에서 다른 장소로 먼 거리를 움직이는 일. 주로 계절에 따라 이동한다.

저기압
주변보다 기압이 낮은 지점. 북반구에서는 바람이 반시계 방향으로 불고, 남반구에서는 시계 방향으로 분다.

적도무풍대
완전히 고요하거나 바람이 정말 살짝만 부는 적도 지방의 바다 영역

전선
두 기단 사이의 경계선으로, 보통 날씨 변화가 일어나는 곳

절대영도
이 세상 모든 것이 도달할 수 있는 가장 낮은 온도

제트기류
상층 대기에서 부는 매우 강한 공기 흐름

중력
물체가 서로 끌어당기고, 땅으로 떨어지게 하는 힘

증발
액체에서 기체로 변하는 현상. 예를 들어 태양열을 받은 물은 공기 중으로 증발한다.

증산
식물이 내보낸 물이 증발하는 현상. 주로 잎에서 일어난다.

지구온난화
태양열을 가두는 온실가스가 공기 중에 너무 많아져서 지구 기후가 점차 따뜻해지는 현상. 화석연료를 태우는 행동이 주요 원인이다.

태풍
태평양 위에서 발생하는 열대성 저기압. 우리나라를 포함한 아시아에 영향을 미친다.

토네이도
슈퍼셀에서 아래로 내려오며 격렬히 회전하는 공기의 소용돌이. 중심부 기압은 극도로 낮을 수 있다.

폭풍 해일
폭풍의 저기압 때문에 해수면이 이례적으로 상승하는 현상. 밀물이 높아져 해안가를 쑥대밭으로 만든다.

단어 풀이

폭풍의 눈
허리케인이나 태풍과 같은 폭풍 중심부에 있는 맑고 고요한 영역

풍속계
바람의 속도를 측정하는 데 쓰는 기기

한랭전선
차가운 기단과 따뜻한 기단이 만나는 경계선. 차가운 공기가 따뜻한 공기 밑으로 파고들면서 앞으로 나아간다.

해류
바닷물의 일정한 흐름. 표층 해류는 바람 때문에 움직이고, 심층 해류는 물의 온도와 염분 함량에 따른 밀도 차이 때문에 움직인다.

허리케인
카리브해와 북대서양에서 발생하는 강력한 열대성 저기압

화석연료
석탄, 석유, 천연가스 등 탄소를 바탕으로 한 연료. 수백만 년 전에 살았던 생명체의 잔해에서 만들어진다.

환류
거대한 고리를 그리며 도는 해류

단어 풀이

초등학생이 꼭 알아야 할
날씨와 기후

초판 1쇄   2022년 5월 30일

지은이   존 판던, 숀 캘러리
옮긴이   이송교

펴낸이   김한청
기획편집   원경은, 김지연, 차언조, 양희우, 유자영, 김병수
마케팅   최지애, 현승원
디자인   이성아, 이신애
운영   최원준, 설채린

펴낸곳   도서출판 다른
출판등록   2004년 9월 2일 제2013-000194호
주소   서울시 마포구 양화로 64(서교동, 서교제일빌딩) 902호
전화   02-3143-6478
팩스   02-3143-6479
이메일   khc15968@hanmail.net
블로그   blog.naver.com/darun_pub
인스타그램   @darunpublishers

ISBN   979-11-5633-463-7 73450

* 잘못 만들어진 책은 구입하신 곳에서 바꿔 드립니다.

* 이 책은 저작권법에 의해 보호를 받는 저작물이므로,
    서면을 통한 출판권자의 허락 없이 내용의 전부 또는 일부를 사용할 수 없습니다.